ŒUVRES COMPLÈTES
DE
CASIMIR DELAVIGNE

DE L'ACADÉMIE FRANÇAISE

NOUVELLE ÉDITION

POÉSIES

Messéniennes — Chants populaires
Poésies diverses

Derniers Chants. — Poëmes
Ballades sur l'Italie

PARIS
LIBRAIRIE ACADÉMIQUE
DIDIER ET Cie, LIBRAIRES-ÉDITEURS
35, QUAI DES AUGUSTINS, 35

ŒUVRES COMPLÈTES
DE
CASIMIR DELAVIGNE
IV

POÉSIES.

Paris. — Imp. P.-A. BOURDIER et Cⁱᵉ, rue Mazarine, 30.

ŒUVRES COMPLÈTES
DE
CASIMIR DELAVIGNE
DE L'ACADÉMIE FRANÇAISE
NOUVELLE ÉDITION

POÉSIES

Messéniennes. — Chants populaires
Poésies diverses

OEuvres posthumes

Derniers Chants
Poëmes et Ballades sur l'Italie

PARIS
LIBRAIRIE ACADÉMIQUE
DIDIER ET Cie, LIBRAIRES-ÉDITEURS
35, QUAI DES AUGUSTINS, 35
1864

Tous droits réservés.

SUR

L'ESPRIT ET LE CARACTÈRE

DES MESSÉNIENNES.

C'est une chose digne de remarque, qu'à toutes les époques de son beau talent, M. Casimir Delavigne s'est toujours associé, soit à la pensée librement exprimée, soit aux lointaines espérances de l'opinion populaire, et qu'il n'y a pas une de ses Messéniennes qui ne soit l'écho d'un regret donné au passé, en vue du présent. On peut suivre dans ses vers le chemin qu'a fait l'opinion depuis 1815, car le poète est aussi historien; mais, pour faire son histoire, il laisse là les petits hommes et les petites choses; il plane sur la France, il saisit cette pensée publique, pensée austère et inflexible, où chacun contribue malgré soi et à son insu.

Dès 1815 il débute dans la carrière par trois MESSÉNIENNES qui répondaient aux impressions du moment. C'était après Waterloo; quoique cette défaite ne fût venue qu'après vingt-cinq ans de victoires, les bons citoyens déploraient que la France fût ainsi mise hors de combat, et que le grand mouvement militaire qui avait remué toute l'Europe, et planté le drapeau tricolore sur toutes les capitales, se terminât par un échec à nos armes. Le poëte alors prit sa lyre, et il chanta les vaincus : au lieu d'aller offrir un encens banal à la nouvelle cour, il se fit le courtisan des braves de la vieille garde, et il flétrit avec amertume ces misérables querelles de parti qui livraient à l'étranger le sol de la France. Dès lors il mérita d'être appelé le poëte national, le poëte de la patrie. Il venait d'exprimer avec sa verve et son enthousiasme de jeune homme des regrets qui étaient au fond de tous les cœurs généreux ; il avait fait un acte de courage en se déclarant contre les vainqueurs, dans un temps où il y avait plus de bénéfice à les aimer que de prudence à les haïr.

Quand il vit le Musée dévasté, les barbares mettre le levier sous nos statues, et les emporter comme un butin de guerre, il protesta éloquemment contre ce sauvage abus de la victoire. Comme poëte, il adressa de touchants adieux à ces merveilles des arts, à ces dieux de la Grèce que la fortune exilait de leur patrie adoptive, à ces Muses qui penchaient devant l'ennemi leurs têtes abattues, à ce dieu des Neuf Sœurs, qui ne trouvait pas même un trait pour terrasser ces profanateurs. Comme citoyen, il rappela fièrement aux étrangers qu'ils pouvaient bien emporter des statues, mais qu'ils n'emporteraient pas nos titres de gloire, et qu'il fallait renouveler la face de l'Europe, s'ils voulaient y effacer nos champs de bataille et la trace des pas de nos armées.

Enfin, les étrangers quittèrent la France, et notre sol fut libre ; mais déjà les divisions des partis, le choc des ambitions rivales, l'avidité des faux serviteurs, répandaient quelques nuages sur le berceau de nos libertés renaissantes. On s'était vu à la veille d'un démembrement ; une carte de partage avait été dressée par les puissances envahissantes, et, si ce n'eût été le vieux respect qu'inspirait la plus glorieuse nation du monde, et la crainte d'une immense réaction, les princes auraient peut-être décidé autour d'une table verte que nous serions traités comme pays de conquête. Eh bien! échappés au danger de cette dernière épreuve, à peine étions-nous maîtres de notre sol que la discorde s'y établissait à la place des étrangers : alors celui qui avait rendu un courageux hommage aux morts de Waterloo, celui qui avait protesté contre la dévastaion de nos musées, fit un touchant appel à l'union ; celui qui était jeune donna une leçon d'oubli aux vieillards ; celui qui sortait à peine des bancs universitaires gourmanda les partis avec une sagesse prématurée ; et son dernier adieu aux armées qui évacuaient notre sol fut un hymne à la concorde, qui rend les peuples invincibles.

Les Messéniennes suivantes, où le poëte chante la gloire et les malheurs de Jeanne d'Arc, furent inspirées, ce nous semble, par le même sentiment qui animait les trois premières, c'est-à-dire par le besoin de protester contre le plus grand de nos revers. Mais, cette fois, il y eut moins d'amertume dans les regrets du poëte : quelques années avaient déjà passé sur cette blessure, et lui avaient ôté ce qu'elle avait de vif et de poignant. Le spectacle de l'enfantement lent et laborieux de nos libertés, les progrès de l'esprit public dans la voie des gouvernements constitutionnels, nos combats de tribune, une nouvelle éloquence politique, dégagée des formes âpres et de l'enflure démagogique des tribuns de 93 ; un sentiment de curiosité et presque d'égoïsme qui concentrait l'attention de la France sur les débats de ses mandataires : toutes ces choses faisaient croire aux esprits les plus sages qu'il n'y avait eu à Waterloo ni vainqueurs ni vaincus, mais seulement un grand homme tombé, et une charte victorieuse. Le poëte comprit parfaitement ce mouvement de l'opinion : aussi n'adressa-t-il pas à l'étranger des imprécations directes et passionnées ; il lui rappela seulement notre gloire passée, il évoqua un des plus beaux souvenirs de l'histoire de nos pères, il chanta la mystérieuse héroïne qui avait purgé notre sol de la domination anglaise. Ce n'était plus un appel aux armes, mais une allusion pleine de mélancolie au plus énergique mouvement du vieux peuple de France pour sauver l'indépendance du sol, mais un moyen délicat de nous tenir en haleine, et une leçon cachée pour tempérer dans l'esprit des rois de l'Europe l'ivresse d'une première bataille gagnée contre la France.

Le temps changea, les esprits se modifièrent; en France, le lendemain ne ressemble jamais à la veille. Le poëte se pliait merveilleusement à ces changements de temps, à cette mobilité de l'opinion. Sitôt qu'un pas était fait vers l'avenir, il en était averti; sitôt qu'une pensée généreuse se faisait jour dans cette France si ardente et si expansive, il la recueillait et la popularisait.

Vous souvenez-vous de l'année 1821? Nous sommes si habitués aux grands événements, que cette année-là, qui en fut si pleine, se confond dans notre mémoire avec toutes celles de la restauration. Pourtant, que de choses et que de mouvement dans le monde à cette époque! Naples est étouffée par l'Autriche, après avoir essayé d'un parlement et goûté d'une liberté orageuse et passagère. Le Piémont, travaillé par de jeunes enthousiastes et par le voisinage contagieux de la France et de ses institutions libérales, un jour touche à la liberté, et le lendemain héberge les armées autrichiennes. L'Autriche, cette police permanente des idées constitutionnelles, pousse ses lourds bataillons partout où elle aperçoit l'ombre d'une charte. L'Espagne civilisée cherche à tirer du bourbier l'Espagne monacale, et montre sa constitution écrite à des masses qui ne savent pas lire; la France, tout occupée des fortunes diverses de la charte de

Louis XVIII, dont on fait tour à tour une lettre morte ou une lettre à double sens, paraît se recueillir sous le ministère faible et froid de M. de Richelieu, comme pour se préparer à traverser les six années de M. de Villèle. La politique de l'Angleterre, ici se cache, là se laisse voir, fait son profit du mal comme du bien ; et pendant que de petits hommes d'État, réunis en congrès à Laybach, décident que la révloution napolitaine n'a été qu'une émeute, celui qui, du rocher où il était enchaîné, tenait encore le monde en haleine, meurt, faute d'air et d'espace, captif d'un geôlier anglais !

Au bruit de la révolution de Naples, la conspiration du Piémont avait éclaté ; or, entre le premier acte et la catastrophe il ne se passa qu'un mois. On n'en sut rien en France, car nous avions alors la censure, cette vie artificielle des mauvais gouvernements. Si j'ai bien consulté les journaux du temps, on leur laissa dire qu'une douzaine d'écoliers de l'université avaient paru au spectacle couverts d'un bonnet rouge, et qu'on avait arrêté plus tard une centaine de têtes folles tentant de la sédition à Alexandrie. Il en coûta quelques sacs de florins à l'Autriche et une ombre de guerre. La *révolte* apaisée et le niveau passé, tout rentra dans le silence.

Vers le même temps, la Grèce, la belle Grèce d'Homère, secouait les chaînes dont elle était chargée depuis trois siècles. Cette terre, où le voyageur cherchait des débris de monuments et non des hommes, commençait à retrouver des générations qui n'avaient pas peur de mourir, et prouvait qu'elle n'était qu'endormie quand on la croyait descendue dans la tombe. Partout des tentatives généreuses, partout du sang versé pour la sainte cause des libertés humaines, partout d'éclatants efforts pour hâter un meilleur avenir, témoignaient hautement que l'heure était arrivée d'une de ces grandes crises où la Providence renouvelle la face des sociétés et ouvre à l'homme des voies nouvelles de perfectionnement. La France, quoique soucieuse alors pour ses propres libertés, sympathisait ouvertement avec une cause pour laquelle tant de braves gens mouraient ailleurs ; et pendant que l'autorité s'efforçait de jeter une teinte de ridicule sur des entreprises avortées, et les regardait comme des soulèvements de place publique, qui, n'ayant pas le succès de notre révolution, avaient le tort de paraître la singer, le peuple applaudissait aux tentatives et adoptait les vaincus. C'est que, malgré nos luttes intérieures, l'opinion populaire, forte de l'appui de ses amis et des fautes mêmes de ses ennemis, sûre que la liberté briserait à la fin les entraves qui gênaient son développement, entretenait au dehors un besoin d'expansion et de sympathies.

Cet intérêt généreux du peuple, en faveur des mouvements insurrectionnels qui éclataient en Grèce et en Italie, ne pouvait pas échapper au poëte national, qui avait pris pour muse la Liberté. Il pleura sur les malheurs de Naples, mais en mêlant les sévères conseils de la politique aux accents émus du poëte ; et il ne put se défendre d'un sentiment d'ironie amère en voyant ce peuple, qui avait accueilli la liberté dans ses murs et s'était soulevé à son appel, s'enivrer trente jours plus tard avec les Autrichiens au pied du laurier de Virgile. Il pleura aussi sur la Grèce ; mais, en la voyant si constante et si résignée, il n'eut pour elle que des chants d'amour ; les rois eux-mêmes entendirent sa voix, et jetèrent un moment leur sceptre entre la Grèce et les barbares, afin d'arrêter ces grandes effusions de sang humain.

Ce fut à cette époque que le poëte partit pour l'Italie ; il avait besoin de respirer. Il vint errer sur les ruines du monde romain ; il visita l'Italie, l'insouciante Italie, où les générations passent du sommeil à la mort sous le plus beau ciel du monde et parmi les débris de la plus grande histoire du passé. Là, il interrogea la Sibylle qui répondait jadis à Énée; mais il vit que les noms de Liberté et de Patrie n'avaient plus d'écho, même chez la Sibylle. Il s'arrêta sur les lagunes de Venise; il vit l'herbe qui désunit les degrés de ses palais, le Rialto désert, le lion de Saint-Marc que nos armées avaient enlevé à Venise dégénérée, et que l'Autriche lui a rendu, mais pour écraser les pâles descendants des époux de l'Adriatique, en face du vieil emblème de leur puissance.

La France était alors occupée à remplir un pieux et douloureux devoir; elle assistait aux funérailles du général Foy. La nouvelle en vint à notre poëte, lorsqu'il était à Rome, promenant ses rêveries du Célius au Palatin, et contemplant les flots d'or qu'épanche à son coucher un soleil d'Italie. Alors il détourna ses regards du spectacle de la ville éternelle, et il suivit avec nous le convoi de l'homme libre, qui était mort à la peine en défendant les franchises populaires; il chanta sur les tombeaux des grands hommes de la Rome antique, cet homme pleuré par tout un peuple, et il sentit dans son cœur un noble orgueil en voyant sa patrie donner au passé et à l'avenir cette grande leçon de reconnaissance nationale : assis près des débris d'un peuple mort, il cessa un moment de s'attendrir sur ces jeux de la fortune pour se recueillir dans la pensée de son pays, et pour envoyer à un peuple plein de mouvement et de vie le tribut de son poëte bien-aimé. Ainsi, à trois cents lieues de la France, au milieu des distractions du voyage, dans un monde plein de souvenirs, il n'oubliait pas sa sainte mission; et il se faisait encore l'interprète du peuple dans cet hommage funèbre rendu à un homme qui avait combattu sous le glorieux drapeau de Waterloo, et dont la vie, commencée dans les camps, usée par la guerre, avait achevé de s'éteindre dans les combats de la tribune.

Cette marche simultanée du poëte et de l'opinion publique à travers les événements qui ont modifié l'état de la France depuis 1815, n'est-elle pas un fait éclatant de la pièce qui termine ce recueil? La cause du poëte n'est-elle pas en 1830, comme en 1815, la cause du peuple? Et la victoire des trois grands jours ne devait-elle pas être chantée par le poëte des idées libérales?

Telles sont les destinées de la poésie chez les nations libres et civilisées, et de nos jours le sort du poëte est digne de son génie.

MESSÉNIENNES

ENVOI DES MESSÉNIENNES

A MADAME ***.

Les voilà ces chants funéraires,
Faible tribut de ma douleur;
Lisez; le trépas de nos frères
Pour vous, du moins, fut un malheur.

Aux beaux jours de notre vaillance
Leurs noms immortels sont liés;
Ils revivront chers à la France,
Et mes vers seront oubliés.

La jeunesse ira d'âge en âge,
Parcourant des chants meurtriers,
Visiter en pèlerinage
Les mânes de nos vieux guerriers.

Alors paraîtront à sa vue
Leurs glaives par le temps rongés,
Leurs os brisés par la charrue...
Alors nous les aurons vengés.

ENVOI DES MESSÉNIENNES.

On verra la France, animée
D'un souvenir triste et pieux,
Combattre et vaincre aux mêmes lieux
Pour ensevelir son armée.

Leur cendre vole au gré du vent
Dans ces champs témoins de leur gloire,
Mais notre courage et l'histoire
Se chargent de leur monument.

LIVRE PREMIER

> ..... « J'ai préféré la forme de l'élégie, que des
> « auteurs très-anciens ont souvent choisie pour re-
> « tracer les malheurs des nations. C'est ainsi que
> « Tyrtée, dans ses élégies, avait décrit en partie les
> « guerres des Lacédémoniens et des Messéniens;
> « Callinus, celles qui de son temps affligèrent l'Ionie;
> « Mimnerme, la bataille que les Smyrnéens livrèrent
> « à Gygès, roi de Lydie. » (ANACHARSIS, ch. XL.)
>
> Tout le monde a lu, dans le Voyage d'Anacharsis, les élégies sur les malheurs de la Messénie; j'ai cru pouvoir emprunter à Barthélemy le titre des MESSÉ-NIENNES, pour qualifier un genre de poésies nationales qu'on n'a pas encore essayé d'introduire dans notre littérature.

I

LA BATAILLE DE WATERLOO.

JUILLET 1815.

Ils ne sont plus, laissez en paix leur cendre:
Par d'injustes clameurs ces braves outragés
A se justifier n'ont pas voulu descendre;
   Mais un seul jour les a vengés :
Ils sont tous morts pour vous défendre.

Malheur à vous si vos yeux inhumains
   N'ont point de pleurs pour la patrie!

Sans force contre vos chagrins,
Contre le mal commun votre âme est aguerrie;
Tremblez, la mort peut-être étend sur vous ses mains!

Que dis-je? quel Français n'a répandu des larmes
    Sur nos défenseurs expirants?
Prêt à revoir les rois qu'il regretta vingt ans,
Quel vieillard n'a rougi du malheur de nos armes!
En pleurant ces guerriers par le destin trahis,
Quel vieillard n'a senti s'éveiller dans son âme
Quelque reste assoupi de cette antique flamme
    Qui l'embrasait pour son pays?

Que de leçons, grand Dieu! que d'horribles images
L'histoire d'un seul jour présente aux yeux des rois!
Clio, sans que la plume échappe de ses doigts,
    Pourra-t-elle en tracer les pages?

Cachez-moi ces soldats sous le nombre accablés,
Domptés par la fatigue, écrasés par la foudre,
Ces membres palpitants dispersés sur la poudre,
    Ces cadavres amoncelés!
Éloignez de mes yeux ce monument funeste
    De la fureur des nations:
      O mort! épargne ce qui reste!
    Varus, rends-nous nos légions!

    Les coursiers frappés d'épouvante,
    Les chefs et les soldats épars,
    Nos aigles et nos étendards
    Souillés d'une fange sanglante,
    Insultés par les léopards,
    Les blessés mourant sur les chars,
Tout se presse sans ordre, et la foule incertaine,
    Qui se tourmente en vains efforts,
    S'agite, se heurte, se traîne,

Et laisse après soi dans la plaine
Du sang, des débris et des morts.

Parmi des tourbillons de flamme et de fumée,
O douleur! quel spectacle à mes yeux vient s'offrir :
Le bataillon sacré, seul devant une armée,
S'arrête pour mourir.
C'est en vain que, surpris d'une vertu si rare,
Les vainqueurs dans leurs mains retiennent le trépas;
Fier de le conquérir, il court, il s'en empare :
LA GARDE, avait-il dit, MEURT ET NE SE REND PAS.

On dit qu'en les voyant couchés sur la poussière,
D'un respect douloureux frappé par tant d'exploits,
L'ennemi, l'œil fixé sur leur face guerrière,
Les regarda sans peur pour la première fois

Les voilà ces héros si longtemps invincibles!
Ils menacent encor les vainqueurs étonnés.
Glacés par le trépas, que leurs yeux sont terribles!
Que de hauts faits écrits sur leurs fronts sillonnés!
Ils ont bravé les feux du soleil d'Italie;
De la Castille ils ont franchi les monts;
Et le Nord les a vus marcher sur les glaçons
Dont l'éternel rempart protége la Russie.
Ils avaient tout dompté... Le destin des combats
Leur devait, après tant de gloire,
Ce qu'aux Français naguère il ne refusait pas,
Le bonheur de mourir dans un jour de victoire.

Ah! ne les pleurons pas! sur leurs fronts triomphants
La palme de l'honneur n'a pas été flétrie;
Pleurons sur nous, Français, pleurons sur la patrie :
L'orgueil et l'intérêt divisent ses enfants.
Quel siècle en trahisons fut jamais plus fertile?
L'amour du bien commun de tous les cœurs s'exile;

La timide amitié n'a plus d'épanchements ;
On s'évite, on se craint ; la foi n'a plus d'asile,
Et s'enfuit d'épouvante au bruit de nos serments.

O vertige fatal ! déplorables querelles
Qui livrent nos foyers au fer de l'étranger !
Le glaive étincelant, dans nos mains infidèles,
Ensanglante le sein qu'il devait protéger.

L'ennemi cependant renverse les murailles
  De nos forts et de nos cités ;
La foudre tonne encore, au mépris des traités ;
  L'incendie et les funérailles
Épouvantent encor nos hameaux dévastés ;
D'avides proconsuls dévorent nos provinces ;
Et, sous l'écharpe blanche ou sous les trois couleurs,
Les Français, disputant pour le choix de leurs princes,
Détrônent des drapeaux et proscrivent des fleurs.

  Des soldats de la Germanie
   J'ai vu les coursiers vagabonds
Dans nos jardins pompeux errer sur les gazons,
Parmi ces demi-dieux qu'enfanta le génie ;
J'ai vu des bataillons, des tentes et des chars,
Et l'appareil d'un camp dans le temple des arts.
Faut-il, muets témoins, dévorer tant d'outrages ?
Faut-il que le Français, l'olivier dans la main,
Reste insensible et froid comme ces dieux d'airain
  Dont ils insultent les images ?

Nous devons tous nos maux à ces divisions
  Que nourrit notre tolérance.
Il est temps d'immoler au bonheur de la France
Cet orgueil ombrageux de nos opinions :
Étouffons le flambeau des guerres intestines.
Soldats, le ciel prononce ; il relève les lis :

Adoptez les couleurs du héros de Bovines,
En donnant une larme aux drapeaux d'Austerlitz.

France, réveille-toi! qu'un courroux unanime
Enfante des guerriers autour du souverain!
Divisés, désarmés, le vainqueur nous opprime;
Présentons-lui la paix, les armes à la main.

Et vous, peuples si fiers du trépas de nos braves,
  Vous, les témoins de notre deuil,
  Ne croyez pas, dans votre orgueil,
Que, pour être vaincus, les Français soient esclaves.
Gardez-vous d'irriter nos vengeurs à venir;
Peut-être que le Ciel, lassé de nous punir,
  Seconderait notre courage,
  Et qu'un autre Germanicus
Irait demander compte aux Germains d'un autre âge
  De la défaite de Varus.

II

LA DÉVASTATION DU MUSÉE

ET DES MONUMENTS.

La sainte vérité, qui m'échauffe et m'inspire,
Écarte et foule aux pieds les voiles imposteurs :
Ma Muse de nos maux flétrira les auteurs,
  Dussé-je voir briser ma lyre
Par le glaive insolent de nos libérateurs.

Où vont ces chars pesants conduits par leurs cohortes?

Sous les voûtes du Louvre ils marchent à pas lents :
　　Ils s'arrêtent devant ses portes ;
Viennent-ils lui ravir ses sacrés ornements ?

　　Muses, penchez vos têtes abattues :
Du siècle de Léon les chefs-d'œuvre divins
Sous un ciel sans clarté suivront les froids Germains ;
Les vaisseaux d'Albion attendent nos statues.
　　　Des profanateurs inhumains
Vont-ils anéantir tant de veilles savantes ?
Porteront-ils le fer sur les toiles vivantes
　　Que Raphaël anima de ses mains ?

Dieu du jour, dieu des vers, ils brisent ton image.
C'en est fait : la victoire et la divinité
　　　Ne couronnent plus ton visage
　　　D'une double immortalité.
C'en est fait : loin de toi jette un arc inutile.
Non, tu n'inspiras point le vieux chantre d'Achille ;
Non, tu n'es point le dieu qui vengea les Neuf Sœurs
　　　Des fureurs d'un monstre sauvage,
Toi qui n'as pas un trait pour venger ton outrage
　　　Et terrasser tes ravisseurs.

　　Le deuil est aux bosquets de Gnide.
　　Muet, pâle et le front baissé,
　　L'Amour, que la guerre intimide,
　　Éteint son flambeau renversé.

　　Des Grâces la troupe légère
　　L'interroge sur ses douleurs ;
　　Il leur dit, en versant des pleurs :
　　J'ai vu Mars outrager ma mère [1].

---

[1] La Vénus de Médicis.

Je crois entendre encor les clameurs des soldats
Entraînant la jeune immortelle :
Le fer a mutilé ses membres délicats ;
Hélas ! elle semblait, et plus chaste et plus belle,
   Cacher sa honte entre leurs bras.
Dans un fort pris d'assaut, telle une vierge en larmes,
Aux yeux des forcenés dont l'insolente ardeur
Déchira les tissus qui dérobaient ses charmes,
   Se voile encor de sa pudeur.

Adieu, débris fameux de Grèce et d'Ausonie,
Et vous, tableaux errants de climats en climats ;
Adieu, Corrége, Albane, immortel Phidias ;
   Adieu les arts et le génie !

Noble France, pardonne ! A tes pompeux travaux,
Aux Puget, aux Lebrun, ma douleur fait injure.
David a ramené son siècle à la nature :
Parmi ses nourrissons il compte des rivaux...
Laissons-la s'élever cette école nouvelle !
Le laurier de David de lauriers entouré,
Fier de ses rejetons, enfante un bois sacré
Qui protége les arts de son ombre éternelle.

   Le marbre animé parle aux yeux :
   Une autre Vénus plus féconde,
   Près d'Hercule victorieux,
   Étend son flambeau sur le monde.
   Ajax, de son pied furieux,
   Insulte au flot, qui se retire ;
   L'œil superbe, un bras dans les cieux,
   Il s'élance, et je l'entends dire :
   « J'échapperai malgré les dieux. »

Mais quels monceaux de morts ! que de spectres livides !
Ils tombent dans Jaffa, ces vieux soldats français

Qui réveillaient naguère, au bruit de leurs succès,
Les siècles entassés au fond des Pyramides.
   Ah! fuyons ces bords meurtriers!
D'où te vient, Austerlitz, l'éclat qui t'environne?
Qui dois-je couronner du peintre ou des guerriers?
Les guerriers et le peintre ont droit à la couronne.

Des chefs-d'œuvre français naissent de toutes parts;
Ils surprennent mon cœur à d'invincibles charmes:
Au Déluge, en tremblant, j'applaudis par mes larmes;
   Didon enchante mes regards;
Versant sur un beau corps sa clarté caressante,
A travers le feuillage un faible et doux rayon
   Porte les baisers d'une amante
   Sur les lèvres d'Endymion;
De son flambeau vengeur Némésis m'épouvante!
Je frémis avec Phèdre, et n'ose interroger
L'accusé dédaigneux qui semble la juger.
Je vois Léonidas. O courage! ô patrie!
Trois cents héros sont morts dans ce détroit fameux;
Trois cents! quel souvenir!... Je pleure, et je m'écrie:
Dix-huit mille Français ont expiré comme eux!

 Oui, j'en suis fier encor: ma patrie est l'asile,
   Elle est le temple des beaux-arts:
   A l'ombre de nos étendards
Ils reviendront ces dieux que la fortune exile.

L'étranger, qui nous trompe, écrase impunément
La justice et la foi par la force étouffées;
Il ternit pour jamais sa splendeur d'un moment.
Il triomphe en barbare et brise nos trophées.
   Que cet orgueil est misérable et vain!
Croit-il anéantir tous nos titres de gloire?
On peut les effacer sur le marbre ou l'airain;
Qui les effacera du livre de l'Histoire?

Ah! tant que le soleil luira sur vos États,
Il en doit éclairer d'impérissables marques:
Comment disparaîtront, ô superbes monarques!
Ces champs où les lauriers croissaient pour nos soldats?
Allez, détruisez donc tant de cités royales
Dont les clefs d'or suivaient nos pompes triomphales;
    Comblez ces fleuves écumants
Qui nous ont imposé d'impuissantes barrières;
Aplanissez ces monts dont les rochers fumants
    Tremblaient sous nos foudres guerrières.
Voilà nos monuments : c'est là que nos exploits
Redoutent peu l'orgueil d'une injuste victoire:
Le fer, le feu, le temps plus puissant que les rois,
    Ne peut rien contre leur mémoire.

III

DU BESOIN DE S'UNIR

APRÈS LE DÉPART DES ÉTRANGERS.

    Toi que l'univers adore,
    O toi que maudit l'univers,
Fortune, dont la main, du couchant à l'aurore,
Dispense les lauriers, les sceptres et les fers,
Ton aveugle courroux nous garde-t-il encore
    Des triomphes et des revers?

Nos malheurs trop fameux proclament ta puissance:
Tes jeux furent sanglants dans notre belle France.
Le peuple mieux instruit, mais trop fier de ses droits,
Sur les débris du trône établit son empire,

Poussa la liberté jusqu'au mépris des lois,
    Et la raison jusqu'au délire.

Bientôt, au premier rang porté par ses exploits,
Un roi nouveau brisa d'un sceptre despotique
    Les faisceaux de la République,
    Tout dégouttants du sang des rois.

Pour affermir son trône il lassa la victoire ;
D'un peuple généreux prodigua la valeur.
L'Europe qu'il bravait a fléchi sous sa gloire :
    Elle insulte à notre malheur.
C'est qu'ils ne vivent plus que dans notre mémoire,
Ces guerriers dont le Nord a moissonné la fleur.
O désastre ! ô pitié ! jour à jamais célèbre
Où ce cri s'éleva dans la patrie en deuil :
Ils sont morts ! et Moscou fut le flambeau funèbre
Qui prêta ses clartés à leur vaste cercueil.

Ces règnes d'un moment, et les chutes soudaines
De ces trônes d'un jour l'un sur l'autre croulants,
Ont laissé des levains de discorde et de haines
    Dans nos esprits plus turbulents.

Cessant de comprimer la fièvre qui l'agite,
Le fier républicain, sourd aux leçons du temps,
Appelle avec fureur, dans ses rêves ardents,
    Une liberté sans limite ;
Mais cette liberté fut féconde en forfaits :
Cet Océan trompeur, qui n'a point de rivages,
N'est connu jusqu'à nous que par de grands naufrages
    Dans les annales des Français.

« Que nos maux, direz-vous, nous soient du moins utiles ;
« Opposons une digue aux tempêtes civiles ;
« Que deux pouvoirs rivaux, l'un émané des rois,

« L'autre sorti du peuple et garant de ses droits,
« Libres et dépendants, offrent au rang suprême
« Un rempart contre nous, un frein contre lui-même. »

Vainement la raison vous dicte ces discours ;
L'égoïsme et l'orgueil sont aveugles et sourds :
Cet amant du passé que le présent irrite,
Jaloux de voir ses rois d'entraves dégagés,
  Le front baissé, se précipite
  Sous la verge des préjugés.

Quoi ! toujours des partis proclamés légitimes,
  Tant qu'ils règnent sur nos débris,
L'un par l'autre abattus, proscrivant ou proscrits,
  Tour à tour tyrans ou victimes !

Empire malheureux, voilà donc ton destin !...
Français, ne dites plus : « La France nous est chère ! »
Elle désavoûrait votre amour inhumain.
Cessez, enfants ingrats, d'embrasser votre mère,
  Pour vous étouffer dans son sein.
Contre ses ennemis tournez votre courage ;
Au conseil des vainqueurs son sort est agité :
Ces rois qui l'encensaient, fiers de leur esclavage,
  Vont lui vendre la liberté.

Non, ce n'est pas en vain que sa voix nous appelle ;
Et s'ils ont prétendu, par d'infâmes traités,
Imprimer sur nos fronts une tache éternelle ;
Si de leur doigt superbe ils marquent les cités
Que veut se partager une ligue infidèle ;
Si la foi des serments n'est qu'un garant trompeur ;
Si, le glaive à la main, l'iniquité l'emporte ;
Si la France n'est plus, si la patrie est morte,
Mourons tous avec elle, ou rendons-lui l'honneur.

Qu'entends-je? et d'où vient cette ivresse
Qui semble croître dans son cours?
Quels chants, quels transports d'allégresse!
Quel brillant et nombreux concours!
De nos soldats la foule au loin se presse;
D'une nouvelle ardeur leurs yeux sont embrasés:
Plus d'Anglais parmi nous! plus de joug! plus d'entraves!
Levez plus fièrement vos fronts cicatrisés...
Oui, l'étranger s'éloigne; oui, vos fers sont brisés:
    Soldats, vous n'êtes plus esclaves!

    Reprends ton orgueil,
    Ma noble patrie;
    Quitte enfin ton deuil,
    Liberté chérie;
    Liberté, patrie,
    Sortez du cercueil!...

D'un vainqueur insolent méprisons les injures:
Riches des étendards conquis sur nos rivaux,
Nous pouvons à leurs yeux dérober nos blessures,
    En les cachant sous leurs drapeaux.

Voulons-nous enchaîner leurs fureurs impuissantes?
Soyons unis, Français; nous ne les verrons plus
Nous dicter d'Albion les décrets absolus,
Arborer sur nos tours ses couleurs menaçantes;
Nous ne les verrons plus, le front ceint de lauriers,
Troublant de leur aspect les fêtes du génie,
    Chez Melpomène et Polymnie
Usurper une place où siégeaient nos guerriers;
Nous ne les verrons plus nous accorder par grâce
Une part des trésors flottant sur nos sillons.
    Soyons unis; jamais leurs bataillons
De nos champs envahis ne couvriront la face:
La France dans son sein ne les peut endurer,

Et ne les recevrait que pour les dévorer.
Ah! ne l'oublions pas; naguère dans ces plaines,
   Où le sort nous abandonna,
Nous n'avions pas porté des âmes moins romaines
Qu'aux champs de Rivoli, de Fleurus, d'Iéna;
Mais nos divisions nous y forgeaient des chaînes.
Effrayante leçon qui doit unir nos cœurs
      Par des liens indestructibles :
      Le courage fait des vainqueurs,
      La concorde, des invincibles.

Henri, divin Henri, toi qui fus grand et bon,
Qui chassas l'Espagnol et finis nos misères,
Les partis sont d'accord en prononçant ton nom.
Henri, de tes enfants fais un peuple de frères.
Ton image déjà semble nous protéger,
Tu renais; avec toi renaît l'indépendance :
O roi le plus français dont s'honore la France,
Il est dans ton destin de voir fuir l'étranger!

Et toi, son digne fils, après vingt ans d'orage,
Règne sur des sujets par toi-même ennoblis;
Leurs droits sont consacrés dans ton plus bel ouvrage:
Oui, ce grand monument, affermi d'âge en âge,
Doit couvrir de son ombre et le peuple et les lis.
Il est des opprimés l'asile impérissable,
La terreur du tyran, du ministre coupable,
      Le temple de nos libertés.
Que la France prospère en tes mains magnanimes,
Que tes jours soient sereins, tes décrets respectés,
      Toi qui proclames ces maximes:
O rois, pour commander, obéissez aux lois;
Peuple, en obéissant, sois libre sous tes rois!

IV

LA VIE DE JEANNE D'ARC.

Un jour que l'Océan gonflé par la tempête,
Réunissant les eaux de ses fleuves divers,
Fier de tout envahir, marchait à la conquête
  De ce vaste univers,
Une voix s'éleva au milieu des orages,
Et Dieu, de tant d'audace invisible témoin,
Dit aux flots étonnés : « Mourez sur ces rivages,
  « Vous n'irez pas plus loin. »

Ainsi, quand, tourmenté d'une impuissante rage,
Les soldats de Bedford, grossis par leurs succès,
  Menaçaient d'un prochain naufrage
  Le royaume et le nom français,
Une femme, arrêtant ces bandes formidables,
Se montra dans nos champs de leur foule inondés ;
Et ce torrent vainqueur expira dans les sables
Que naguère il couvrait de ses flots débordés.

Une femme paraît, une vierge, un héros ;
Elle arrache son maître aux langueurs du repos.
La France qui gémit se réveille avec peine,
Voit son trône abattu, voit ses champs dévastés,
  Se lève en secouant sa chaîne,
Et rassemble à ce bruit ses enfants irrités.

  Qui t'inspira, jeune et faible bergère,
  D'abandonner la houlette légère
  Et les tissus commencés par ta main ?
  Ta sainte ardeur n'a pas été trompée ;

Mais quel pouvoir brise sous ton épée
Les cimiers d'or et les casques d'airain?
L'aube du jour voit briller ton armure,
L'acier pesant couvre ta chevelure,
Et des soldats tu cours braver le sort.
Qui t'inspira de quitter ton vieux père,
De préférer aux baisers de ta mère
L'horreur des camps, le carnage et la mort?

C'est Dieu qui l'a voulu, c'est le Dieu des armées
Qui regarde en pitié les pleurs des malheureux;
C'est lui qui délivra nos tribus opprimées
      Sous le poids d'un joug rigoureux;
C'est lui, c'est l'Éternel, c'est le Dieu des armées!

L'ange exterminateur bénit ton étendard;
Il mit dans tes accents un son mâle et terrible,
La force dans ton bras, la mort dans ton regard,
    Et dit à la brebis paisible:
    Va déchirer le léopard.

    Richemont, La Hire, Xaintrailles,
    Dunois, et vous, preux chevaliers,
    Suivez ses pas dans les batailles,
    Couvrez-la de vos boucliers;
    Couvrez-la de votre vaillance.
    Soldats, c'est l'espoir de la France
    Que votre roi vous a commis.
    Marchez quand sa voix vous appelle,
    Car la victoire est avec elle,
    La fuite avec ses ennemis.

Apprenez d'une femme à forcer des murailles,
A gravir leurs débris sous des feux dévorants,
A terrasser l'Anglais, à porter dans ses rangs
    Un bras fécond en funérailles!

Honneur à ses hauts faits! guerriers, honneur à vous!
Chante, heureuse Orléans, les vengeurs de la France,
      Chante ta délivrance :
Les assaillants nombreux sont tombés sous leurs coups.
Que sont-ils devenus ces conquérants sauvages
Devant le fer vainqueur qui combattait pour nous?...
    Ce que deviennent des nuages
D'insectes dévorants dans les airs rassemblés,
Quand un noir tourbillon élancé des montagnes
Disperse en tournoyant ces bataillons ailés,
      Et fait pleuvoir sur nos campagnes
      Leurs cadavres amoncelés.

      Aux yeux d'un ennemi superbe
      Le lis a repris ses couleurs ;
      Ses longs rameaux courbés sous l'herbe
      Se relèvent couverts de fleurs.
Jeanne au front de son maître a posé la couronne.
A l'attrait des plaisirs qui retiennent ses pas
      La noble fille l'abandonne :
Délices de la cour, vous n'enchaînerez pas
      L'ardeur d'une vertu si pure ;
      Des armes, voilà sa parure,
      Et ses plaisirs sont les combats.

Ainsi tout prospérait à son jeune courage.
Dieu conduisit deux ans ce merveilleux ouvrage.
      Il se plut à récompenser
Pour la France et ses rois son amour idolâtre.
Deux ans il la soutint sur ce brillant théâtre,
Pour apprendre aux Anglais, qu'il voulait abaisser,
Que la France jamais ne périt tout entière ;
Que son dernier vengeur, fût-il dans la poussière,
Les femmes, au besoin, pourraient les en chasser.

V

LA MORT DE JEANNE D'ARC.

Silence au camp! la vierge est prisonnière;
Par un injuste arrêt Bedford croit la flétrir:
Jeune encore, elle touche à son heure dernière...
　　Silence au camp! la vierge va périr.

Des pontifes divins, vendus à la puissance,
Sous les subtilités des dogmes ténébreux
　　Ont accablé son innocence.
Les Anglais commandaient ce sacrifice affreux:
Un prêtre en cheveux blancs ordonna le supplice;
Et c'est au nom d'un Dieu par lui calomnié,
D'un Dieu de vérité, d'amour et de justice,
Qu'un prêtre fut perfide, injuste et sans pitié.

Dieu, quand ton jour viendra, quel sera le partage
　　Des pontifes persécuteurs?
Oseront-ils prétendre au céleste héritage
　　De l'innocent dont ils ont bu les pleurs?
Ils seront rejetés ces pieux imposteurs
Qui font servir ton nom de complice à leur rage,
Et t'offrent pour encens la vapeur du carnage.

A qui réserve-t-on ces apprêts meurtriers?
　　Pour qui ces torches qu'on excite?
　　L'airain sacré tremble et s'agite...
D'où vient ce bruit lugubre? Où courent ces guerriers
Dont la foule à longs flots roule et se précipite?
　　La joie éclate sur leurs traits,
　　Sans doute l'honneur les enflamme:

Ils vont pour un assaut former leurs rangs épais?
　　Non, ces guerriers sont des Anglais
　　Qui vont voir mourir une femme.

　　Qu'ils sont nobles dans leur courroux!
Qu'il est beau d'insulter un bras chargé d'entraves!
La voyant sans défense, ils s'écriaient, ces braves :
　　« Qu'elle meure! elle a contre nous
« Des esprits infernaux suscité la magie. »
　　Lâches! que lui reprochez-vous?
D'un courage inspiré la brûlante énergie,
L'amour du nom français, le mépris du danger,
　　Voilà sa magie et ses charmes;
　　En faut-il d'autres que des armes,
Pour combattre, pour vaincre et punir l'étranger?

Du Christ avec ardeur Jeanne baisait l'image;
Ses longs cheveux épars flottaient au gré des vents:
Au pied de l'échafaud, sans changer de visage,
　　Elle s'avançait à pas lents.
Tranquille, elle y monta; quand, debout sur le faîte,
Elle vit ce bûcher qui l'allait dévorer,
Les bourreaux en suspens, la flamme déjà prête;
Sentant son cœur faillir, elle baissa la tête,
　　Et se prit à pleurer.

　　Ah! pleure, fille infortunée!
　　Ta jeunesse va se flétrir,
　　Dans sa fleur trop tôt moissonnée!
　　Adieu, beau ciel, il faut mourir.

　　Ainsi qu'une source affaiblie,
　　Près du lieu même où naît son cours,
　　Meurt en prodiguant ses secours
　　Au berger qui passe et l'oublie;

Ainsi, dans l'âge des amours,
Finit ta chaste destinée,
Et tu péris abandonnée
Par ceux dont tu sauvas les jours.

Tu ne reverras plus tes riantes montagnes,
Le temple, le hameau, les champs de Vaucouleurs,
    Et ta chaumière et tes compagnes,
Et ton père expirant sous le poids des douleurs.

Chevaliers, parmi vous qui combattra pour elle?
N'osez-vous entreprendre une cause si belle?
Quoi! vous restez muets! aucun ne sort des rangs!
Aucun pour la sauver ne descend dans la lice!
Puisqu'un forfait si noir les trouve indifférents,
    Tonnez, confondez l'injustice;
Cieux, obscurcissez-vous de nuages épais;
Éteignez sous leurs flots les feux du sacrifice,
    Ou guidez au lieu du supplice,
A défaut de tonnerre, un chevalier français.

Après quelques instants d'un horrible silence,
Tout à coup le feu brille, il s'irrite, il s'élance...
Le cœur de la guerrière alors s'est ranimé :
A travers les vapeurs d'une fumée ardente,
    Jeanne, encor menaçante,
Montre aux Anglais son bras à demi consumé.
    Pourquoi reculer d'épouvante,
    Anglais? son bras est désarmé.

La flamme l'environne, et sa voix expirante
Murmure encore : « O France! ô mon roi bien-aimé! »
Que faisait-il ce roi? Plongé dans la mollesse,
Tandis que le malheur réclamait son appui,
L'ingrat, il oubliait, aux pieds d'une maîtresse,
    La vierge qui mourait pour lui!

Ah! qu'une page si funeste
De ce règne victorieux,
Pour n'en pas obscurcir le reste,
S'efface sous les pleurs qui tombent de nos yeux!
Qu'un monument s'élève aux lieux de ta naissance,
O toi, qui des vainqueurs renversas les projets!
La France y portera son deuil et ses regrets,
 Sa tardive reconnaissance;
Elle y viendra gémir sous de jeunes cyprès :
Puissent croître avec eux ta gloire et sa puissance!

Que sur l'airain funèbre on grave des combats,
Des étendards anglais fuyant devant tes pas,
Dieu vengeant par tes mains la plus juste des causes.
Venez, jeunes beautés; venez, braves soldats;
Semez sur son tombeau les lauriers et les roses!
Qu'un jour le voyageur, en parcourant ces bois,
Cueille un rameau sacré, l'y dépose et s'écrie :
« A celle qui sauva le trône et la patrie,
« Et n'obtint qu'un tombeau pour prix de ses exploits!»

Notre armée au cercueil eut mon premier hommage;
Mon luth chante aujourd'hui les vertus d'un autre âge:
Ai-je trop présumé de ses faibles accents?
 Pour célébrer tant de vaillance,
Sans doute il n'a rendu que des sons impuissants;
Mais, poëte et Français, j'aime à vanter la France.
Qu'elle accepte en tribut de périssables fleurs.
Malheureux de ses maux et fier de ses victoires,
Je dépose à ses pieds ma joie et mes douleurs :
 J'ai des chants pour toutes ses gloires,
 Des larmes pour tous ses malheurs.

LIVRE II

I

LE JEUNE DIACRE

OU LA GRÈCE CHRÉTIENNE.

A M. POUQUEVILLE [1].

De Messène au cercueil fille auguste et plaintive,
Muse des grands revers et des nobles douleurs,
Désertant ton berceau, tu pleuras nos malheurs,
Comme la Grèce alors la France était captive...
De Messène au cercueil fille auguste et plaintive,
Reviens sur ton berceau, reviens verser des pleurs.

Entre le mont Évan et le cap de Ténare,
La mer baigne les murs de la triste Coron;
Coron, nom malheureux, nom moderne et barbare,
Et qui de Colonis détrôna le beau nom.
Les Grecs ont tout perdu : la langue de Platon,
La palme des combats, les arts et leurs merveilles,
Tout, jusqu'aux noms divins qui charmaient nos oreilles.

---

[1] Ce récit, dont le fond est véritable, appartient au voyage de M. Pouqueville. Il est simple et touchant dans sa prose, et le lecteur y trouvera peut-être quelque charme, s'il n'a pas trop perdu dans mes vers.

Ces murs battus des eaux, à demi renversés
Par le choc des boulets que Venise a lancés,
C'est Coron. Le croissant en dépeupla l'enceinte :
Le Turc y règne en paix au milieu des tombeaux.
Voyez-vous ces turbans errer sur les créneaux?
Du profane étendard qui chassa la croix sainte,
Voyez-vous, sur les tours, flotter les crins mouvants?
Entendez-vous, de loin, la voix de l'infidèle,
Qui se mêle au bruit sourd de la mer et des vents?
Il veille, et le mousquet dans ses mains étincelle.

Au bord de l'horizon le soleil suspendu
Regarde cette plage, autrefois florissante,
Comme un amant en deuil, qui, pleurant son amante,
Cherche encor dans ses traits l'éclat qu'ils ont perdu,
Et trouve, après la mort, sa beauté plus touchante.
Que cet astre, à regret, s'arrache à ses amours!
Que la brise du soir est douce et parfumée!
Que des feux d'un beau jour la mer brille enflammée!
Mais pour un peuple esclave il n'est plus de beaux jours.

Qu'entends-je? C'est le bruit de deux rames pareilles,
Ensemble s'élevant, tombant d'un même effort,
Qui de leur chute égale ont frappé mes oreilles.
Assis dans un esquif, l'œil tourné vers le bord,
Un jeune homme, un chrétien, glisse sur l'onde amère.
Il remplit dans le temple un humble ministère :
Ses soins parent l'autel; debout sur les degrés,
Il fait fumer l'encens, répond aux mots sacrés,
Et présente le vin durant le saint mystère.

Les rames de sa main s'échappent à la fois;
Un luth, qui les remplace, a frémi sous ses doigts.
Il chante... Ainsi chantaient David et les prophètes;
Ainsi, troublant le cœur des pâles matelots,
Un cri sinistre et doux retentit sur les flots,

Quand l'alcyon gémit, au milieu des tempêtes :

« Beaux lieux, où je n'ose m'asseoir,
« Pour vous chanter dans ma nacelle,
« Au bruit des vagues, chaque soir,
« J'accorde ma lyre fidèle :
« Et je pleure sur nos revers,
« Comme les Hébreux dans les fers,
« Quand Sion descendit du trône,
« Pleuraient au pied des saules verts,
« Près les fleuves de Babylone.

« Mais dans les fers, Seigneur, ils pouvaient t'adorer ;
« Du tombeau de leur père ils parlaient sans alarmes ;
« Souffrant ensemble, ensemble ils pouvaient espérer ;
« Il leur était permis de confondre leurs larmes,
      « Et je m'exile pour pleurer.

   « Le ministre de ta colère
   « Prive la veuve et l'orphelin
   « Du dernier vêtement de lin
   « Qui sert de voile à la misère.
   « De leurs mains il reprend encor,
   « Comme un vol fait à son trésor,
   « Un épi glané dans nos plaines ;
   « Et nous ne buvons qu'à prix d'or
   « L'eau qui coule de nos fontaines.

« De l'or ! ils l'ont ravi sur nos autels en deuil ;
« Ils ont brisé des morts la pierre sépulcrale,
« Et, de la jeune épouse écartant le linceul,
« Arraché de son doigt la bague nuptiale
      « Qu'elle emporta dans le cercueil.

   « O nature, ta voix si chère
   « S'éteint dans l'horreur du danger ;

« Sans accourir pour le venger,
« Le frère voit frapper son frère ;
« Aux tyrans qu'il n'attendait pas,
« Le vieillard livre le repas
« Qu'il a dressé pour sa famille ;
« Et la mère, au bruit de leurs pas,
« Maudit la beauté de sa fille.

« Le lévite est en proie à leur férocité,
« Ils flétrissent la fleur de son adolescence ;
« Ou, si d'un saint courroux son cœur s'est révolté,
« Chaste victime, il tombe avec son innocence
« Sous le bâton ensanglanté.

« Les rois, quand il faut nous défendre,
« Sont avares de leurs soldats.
« Ils se disputent des États,
« Des peuples, des cités en cendre ;
« Et tandis que, sous les couteaux,
« Le sang chrétien, à longs ruisseaux,
« Inonde la terre où nous sommes ;
« Comme on partage des troupeaux,
« Les rois se partagent des hommes.

« Un récit qui s'efface, ou quelques vains discours,
« A des indifférents parlent de nos misères,
« Amusent de nos pleurs l'oisiveté des cours :
« Et nous sommes chrétiens, et nous avons des frères,
« Et nous expirons sans secours !

« L'oiseau des champs trouve un asile
« Dans le nid qui fut son berceau,
« Le chevreuil sous un arbrisseau,
« Dans un sillon le lièvre agile ;
« Effrayé par un léger bruit,
« Le ver qui serpente et s'enfuit,

« Sous l'herbe ou la feuille qui tombe,
« Échappe au pied qui le poursuit...
« Notre asile à nous, c'est la tombe !

« Heureux qui meurt chrétien ! Grand Dieu ! leur cruauté
« Veut convertir les cœurs par le glaive et les flammes,
« Dans le temple où tes saints prêchaient la verité,
« Où de leur bouche d'or descendaient dans nos âmes
 « L'espérance et la charité.

 « Sur ce rivage, où des idoles
 « S'éleva l'autel réprouvé,
 « Ton culte pur s'est élevé
 « Des semences de leurs paroles.
 « Mais cet arbre, enfant des déserts,
 « Qui doit ombrager l'univers,
 « Fleurit pour nous sur des ruines,
 « Ne produit que des fruits amers,
 « Et meurt tranché dans ses racines.

« O Dieu ! la Grèce, libre en ses jours glorieux,
« N'adorait pas encor ta parole éternelle ;
« Chrétienne, elle est aux fers, elle invoque les cieux :
« Dieu vivant, seul vrai Dieu, feras-tu moins pour elle
 « Que Jupiter et ses faux dieux ? »

Il chantait, il pleurait, quand d'une tour voisine
Un musulman se lève, il court, il est armé.
Le turban du soldat sur son mousquet s'incline,
L'étincelle jaillit, le salpêtre a fumé,
L'air siffle, un cri s'entend... L'hymne pieux expire.
Ce cri, qui l'a poussé ? vient-il de ton esquif ?
Est-ce toi, qui gémis, lévite ! est-ce ta lyre
Qui roule de tes mains avec ce bruit plaintif ?
Mais de la nuit déjà tombait le voile sombre ;
La barque, se perdant sous un épais brouillard,

Et sans rame, et sans guide, errait comme au hasard;
Elle resta muette et disparut dans l'ombre.

La nuit fut orageuse. Aux premiers feux du jour,
Du golfe avec terreur mesurant l'étendue,
Un vieillard attendait, seul, au pied de la tour.
Sous des flocons d'écume un luth frappe sa vue,
Un luth qu'un plomb mortel semble avoir traversé,
Qui n'a plus qu'une corde à demi détendue,
Humide et rouge encor d'un sang presque effacé.
Il court vers ce débris, il se baisse, il le touche...
D'un frisson douloureux soudain son corps frémit;
Sur les tours de Coron il jette un œil farouche,
Veut crier... la menace expire dans sa bouche;
Il tremble à leur aspect, se détourne et gémit.

Mais du poids qui l'oppresse enfin son cœur se lasse;
Il fuit les yeux cruels qui gênent ses douleurs,
Et regardant les cieux, seuls témoins de ses pleurs,
Le long des flots bruyants il murmure à voix basse :
« Je t'attendais hier, je t'attendis longtemps;
« Tu ne reviendras plus, et c'est toi qui m'attends! »

II

PARTHÉNOPE ET L'ÉTRANGÈRE.

« O femme, que veux-tu? — Parthénope, un asile.
— Quel est ton crime?— Aucun.— Qu'as-tu fait?— Des ingrats.
— Quels sont tes ennemis?— Ceux qu'affranchit mon bras.
Hier on m'adorait, aujourd'hui l'on m'exile.
— Comment dois-tu payer mon hospitalité?
— Par des périls d'un jour et des lois éternelles.

—Qui t'osera poursuivre au sein de ma cité?
—Des rois.—Quand viendront-ils?—Demain.—De quel côté?
—De tous... Eh bien! pour moi tes portes s'ouvrent-elles?
—Entre; quel est ton nom?—Je suis la Liberté! »

 Recevez-la, remparts antiques
 Par elle autrefois habités;
 Au rang de vos divinités
 Recevez-la, sacrés portiques;
 Levez-vous, ombres héroïques,
 Faites cortége à ses côtés.
Beau ciel napolitain, rayonne d'allégresse;
 O terre, enfante des soldats;
Et vous, peuples, chantez; peuples, c'est la déesse
 Pour qui mourut Léonidas.

Sa tête a dédaigné les ornements futiles :
Les siens sont quelques fleurs qui semblent s'entr'ouvrir;
Le sang les fit éclore au pied des Thermopyles :
 Deux mille ans n'ont pu les flétrir.

Sa couronne immortelle exhale sur sa trace
Je ne sais quel parfum dont s'enivre l'audace.
Sa voix terrible et douce a des accents vainqueurs
 Qui ne trouvent point de rebelle;
Ses yeux d'un saint amour font palpiter les cœurs,
 Et la vertu seule est plus belle.

Le peuple se demande, autour d'elle arrêté,
Comment elle a des rois encouru la colère.
 « Hélas! répond cette noble étrangère,
  « Je leur ai dit la vérité.
« Si jamais sous mon nom l'imprudence ou la haine
« Ébranla leur pouvoir, que je veux contenir,
 « Est-ce à moi d'en porter la peine?
  « Est-ce aux Germains à m'en punir?

« Ont-ils donc oublié, ces vaincus de la veille,
« Ces esclaves d'hier, aujourd'hui vos tyrans,
« Que leurs cris de détresse ont frappé mon oreille,
« Qu'auprès d'Arminius j'ai marché dans leurs rangs?
« Seule, j'ai rallié leurs peuplades tremblantes,
« Et, de la Germanie armant les défenseurs,
« J'ai creusé de mes mains, dans ses neiges sanglantes,
    « Un lit de mort aux oppresseurs.

« Vengez-moi, justes dieux, qui voyez mes outrages !
« Puisse le souvenir de mes bienfaits passés
« Poursuivre ces ingrats, par l'effroi dispersés !
« Puissent les fils d'Odin, errant sur les nuages,
    Le front chargé d'orages,
« La nuit leur apparaître à la lueur des feux,
« Et puissent les débris des légions romaines,
    « Dont j'ai blanchi leurs plaines,
    « Se lever devant eux !

« Que dis-je? Rome entière est-elle ensevelie
    « Dans la poudre de leurs sillons?
« Mon pied, frappant le sol de l'antique Italie,
    « En fait jaillir des bataillons.
« Rome, ne sens-tu pas, au fond de tes entrailles,
    « S'agiter les froids ossements
« Des guerriers citoyens, que tant de funérailles
    « Ont couchés sous tes monuments?

« Génois, brisez vos fers; la mer, impatiente
« De vous voir secouer un indigne repos,
« Se gonfle avec orgueil sous la forêt flottante
    « Où vous arborez mes drapeaux.
« Veuve des Médicis, renais, noble Florence,
« Préfère à ton repos les droits que je défends;
« Préfère à l'esclavage où dorment tes enfants
    « Ton orageuse indépendance.

« O fille de Neptune, ô Venise, ô cité
« Belle comme Vénus, et qui sortis comme elle
« De l'écume des flots, surpris de ta beauté,
« Épouvante Albion d'une splendeur nouvelle.
« Doge, règne en mon nom ; sénat, reconnais-moi ;
« Réveille-toi, Zéno ; Pisani, lève-toi :
　« C'est la Liberté qui t'appelle. »

Elle dit : à sa voix s'agite un peuple entier ;
　　Dans la fournaise ardente
　　Je vois blanchir l'acier ;
　　J'entends le fer crier
　　Sous la lime mordante ;
L'enclume au loin gémit, l'airain sonne, un guerrier
Prépare à ce signal sa lance menaçante,
　　Un autre son coursier.

Le père chargé d'ans, mais jeune encor d'audace,
Arme son dernier fils, le devance et prend place
　　Au milieu des soldats ;
Arrêté par sa sœur, qui rit de sa colère,
　　L'enfant dit à sa mère :
　　Je veux mourir dans les combats.

Que n'auraient-ils pas fait, ceux en qui la vaillance
　　Avait la force pour appui ?
Quel homme dans la fuite eût mis son espérance,
　　Et quel homme aurait craint pour lui
Cette mort que cherchaient la vieillesse et l'enfance ?

Ils s'écrièrent tous d'une commune voix :
« Assis sous ton laurier, que nous courons défendre,
« Virgile, prends ta lyre et chante nos exploits ;
« Jamais un oppresseur ne foulera ta cendre. »
Ils partirent alors, ces peuples belliqueux,
Et trente jours plus tard, oppresseur et tranquille,

Le Germain triomphant s'enivrait avec eux,
    Au pied du laurier de Virgile.

La Liberté fuyait en détournant les yeux,
    Quand Parthénope la rappelle.
La déesse un moment s'arrête au haut des cieux;
    Tu m'as trahie; adieu, dit-elle,
Je pars.-Quoi! pour toujours?-On m'attend.-Dans quel lieu?
—En Grèce.—On y suivra tes traces fugitives.
—J'aurai des défenseurs.—Là, comme sur mes rives,
On peut céder au nombre.—Oui, mais on meurt. Adieu!

III

AUX RUINES DE LA GRÈCE PAYENNE.

O sommets de Taygète, ô rives du Pénée,
De la sombre Tempé vallons silencieux,
O campagnes d'Athène, ô Grèce infortunée,
Où sont pour t'affranchir tes guerriers et tes dieux?

Doux pays, que de fois ma muse en espérance
Se plut à voyager sous ton ciel toujours pur!
De ta paisible mer, où Vénus prit naissance,
Tantôt du haut des monts je contemplais l'azur,
Tantôt, cachant au jour ma tête ensevelie
    Sous tes bosquets hospitaliers,
J'arrêtais vers le soir, dans un bois d'oliviers,
    Un vieux pâtre de Thessalie.

« Des dieux de ce vallon contez-moi les secrets,
« Berger; quelle déesse habite ces fontaines?

« Voyez-vous quelquefois les nymphes des forêts
   « Entr'ouvrir l'écorce des chênes?
« Bacchus vient-il encor féconder vos coteaux?
« Ce gazon que rougit le sang d'un sacrifice,
«Est-ce un autel aux dieux des champs et des troupeaux?
   « Est-ce le tombeau d'Eurydice? »

Mais le pâtre répond par ses gémissements:
C'est sa fille au cercueil qui dort sous ces bruyères;
Ce sang qui fume encor, c'est celui de ses frères
   Égorgés par les musulmans.

O sommets de Taygète, ô rives du Pénée,
De la sombre Tempé vallons silencieux,
O campagnes d'Athène, ô Grèce infortunée,
Où sont pour t'affranchir tes guerriers et tes dieux?

« Quelle cité jadis a couvert ces collines? »
« Sparte, » répond mon guide... Eh quoi! ces murs déserts,
Quelques pierres sans nom, des tombeaux, des ruines,
Voilà Sparte, et sa gloire a rempli l'univers!
Le soldat d'Ismaël, assis sur ces décombres,
   Insulte aux grandes ombres
   Des enfants d'Hercule en courroux.
N'entends-je pas gémir sous ces portiques sombres?
   Mânes des trois cents, est-ce vous?...

Eurotas, Eurotas, que font ces lauriers-roses
Sur ton rivage en deuil, par la mort habité?
Est-ce pour faire outrage à ta captivité
   Que ces nobles fleurs sont écloses?
Non, ta gloire n'est plus; non, d'un peuple puissant
Tu ne reverras plus la jeunesse héroïque
Laver parmi tes lis ses bras couverts de sang,
Et dans ton cristal pur sous ses pas jaillissant
   Secouer la poudre olympique.

C'en est fait; et ces jours, que sont-ils devenus,
Où le cygne argenté, tout fier de sa parure,
Des vierges dans ses jeux caressait les pieds nus,
Où tes roseaux divins rendaient un doux murmure,
Où, réchauffant Léda pâle de volupté,
Froide et tremblante encore au sortir de tes ondes,
Dans le sein qu'il couvrait de ses ailes fécondes,
Un dieu versait la vie et l'immortalité? . .
C'en est fait; et le cygne, exilé d'une terre
  Où l'on enchaîne la beauté,
  Devant l'éclat du cimeterre
  A fui comme la Liberté.

O sommets de Taygète, ô rives du Pénée,
De la sombre Tempé vallons silencieux,
O campagnes d'Athène, ô Grèce infortunée,
Où sont pour t'affranchir tes guerriers et tes dieux?

Ils sont sur tes débris! Aux armes! voici l'heure
Où le fer te rendra les beaux jours que je pleure!
Voici la Liberté : tu renais à son nom;
Vierge comme Minerve, elle aura pour demeure
  Ce qui reste du Parthénon.

Des champs de Sunium, des bois du Cythéron,
Descends, peuple chéri de Mars et de Neptune!
Vous, relevez les murs ; vous, préparez les dards!
Femmes, offrez vos vœux sur ces marbres épars:
  Là fut l'autel de la Fortune.
Autour de ce rocher rassemblez-vous, vieillards:
  Ce rocher portait la tribune;
Sa base, encor debout, parle encore aux héros
  Qui peuplent la nouvelle Athènes.
Prêtez l'oreille... il a retenu quelques mots
  Des harangues de Démosthènes.

Guerre, guerre aux tyrans! Nochers, fendez les flots!
Du haut de son tombeau Thémistocle domine
    Sur ce port qui l'a vu si grand;
Et la mer à vos pieds s'y brise en murmurant
    Le nom sacré de Salamine.

Guerre aux tyrans! Soldats! le voilà ce clairon
Qui des Perses jadis a glacé le courage!
Sortez par ce portique, il est d'heureux présage:
Pour revenir vainqueur, par là sortit Cimon;
C'est là que de son père on suspendit l'image!
Partez, marchez, courez; vous courez au carnage:
    C'est le chemin de Marathon!

O sommets de Taygète, ô débris du Pirée,
O Sparte, entendez-vous leurs cris victorieux?
La Grèce a des vengeurs, la Grèce est délivrée,
La Grèce a retrouvé ses héros et ses dieux!

IV

TYRTÉE AUX GRECS.

Le soleil a paru : sa clarté menaçante
Du fer des boucliers jaillit en longs reflets.
Les guerriers sont debout, immobiles, muets;
Ils pressent de leurs dents leur lèvre frémissante.
Tous, pleins d'un vague effroi qu'ils ont peine à cacher,
Attendent le péril sans pouvoir le chercher.
    Moment d'un siècle! horrible attente!
Ah! quand donnera-t-on le signal de marcher?
Vieillard, garde ton rang...; mais il court, il s'écrie:

« Le signal est donné de vaincre ou de mourir ;
« Ma vie est mon seul bien, je l'offre à la patrie :
    « Liberté, je cours te l'offrir. »

Opprobre à tout guerrier dans la vigueur de l'âge
Qui s'enfuit comme un lâche en spectacle au vainqueur,
Tandis que ce vieillard prodigue avec courage
Un reste de vieux sang qui réchauffait son cœur !
Sous les pieds des coursiers il se dresse, il présente
        Sa barbe blanchissante,
L'intrépide pâleur de son front irrité,
Tombe, expire, et le fer, qu'il voit sans épouvante,
        De sa bouche expirante
Arrache avec son âme un cri de liberté.

Liberté ! Liberté ! viens, reçois sa grande âme !
Devance nos coursiers sur tes ailes de flamme ;
Viens, Liberté, marchons. Aux vautours dévorants
Que nos corps, si tu veux, soient jetés en pâture :
Il est cent fois plus doux de rester dans tes rangs,
        Vaincus, morts et sans sépulture,
        Que de vaincre pour les tyrans.

        Gloire à nous ! gloire au courage !
        Gloire à nos vaillants efforts !
        A nous le champ de carnage !
        A nous les restes des morts !
        Rapportons dans nos murailles
        Ceux qu'au glaive des batailles
        Le dieu Mars avait promis :
        Citoyens, voilà vos frères !
        Ils ont pour lits funéraires
        Les drapeaux des ennemis.

Survivre à sa victoire, ô douce et noble vie !
Mourir victorieux, ô mort digne d'envie !

Il rentre sans blessure, et non pas sans lauriers,
L'heureux vengeur de nos dieux domestiques.

Quels bras reconnaissants ont dressé ces portiques?
Que de fleurs sur ses pas? que d'emblèmes guerriers!
Le peuple, aux jeux publics où ce héros préside,
    Se lève devant son appui;
Le vieillard lui fait place, et la vierge timide
Le montre à sa compagne en murmurant: C'est lui!

Il rentre le vainqueur, mais porté sur ses armes.
Est-il pour son bûcher d'appareil assez beau?
  Pour le pleurer est-il assez de larmes?
Est-il marbre assez pur pour orner son tombeau?
Ses exploits sont chantés, sa mémoire est chérie;
Il monte au rang des dieux qu'adore la patrie.
Elle comble d'honneurs ses mânes triomphants,
Et son père, et ses fils, et sa famille entière,
    Et les enfants de ses enfants
    Dans leur postérité dernière.

Debout, la lyre en main, à l'aspect des deux camps,
    Ainsi chantait le vieux Tyrtée.
    Pour la Grèce ressuscitée
Que ne puis-je aujourd'hui ressusciter ses chants!

Je vous dirais: O Grecs! ressemblez à vos pères;
Soyez libres comme eux, ou mourez en héros.
    Jadis vous combattiez vos frères,
    Et vous combattez vos bourreaux!

Ils viennent! Aux clartés dont la mer se colore
    J'ai reconnu leurs pavillons.
Quel volcan a lancé ces épais tourbillons?
Dans l'ombre de la nuit quelle effroyable aurore!...
La dernière pour toi, que la flamme dévore,

Chio [1], tu vois tomber tes pieux monuments.
Ils tombent ces palais que l'art en vain décore ;
Et de ces bois en fleurs où de tendres serments
      Hier retentissaient encore,
   Sortent de longs gémissements.

Ouvrez les yeux, ô Grecs ! ô Grecs, prêtez l'oreille :
Vous verrez le tombeau, vous entendrez les cris
     De tout un peuple qui s'éveille,
Poursuivi par le fer, la foudre et les débris.
Vous verrez une plage horrible, inhabitée,
Où, chassé par les feux vainqueurs de ses efforts,
Le flot qui se recule, en roulant sur des morts,
     Laisse une écume ensanglantée.

    Vengez vos frères massacrés,
    Vengez vos femmes expirantes :
    Les loups se sont désaltérés
    Dans leurs entrailles palpitantes.

Vengez-les, vengez-vous !... Ténédos ! Ténédos !
Deux esquifs à la fois ont sillonné les flots :
Tels, vomis par ton sein sur la plaine azurée
     S'avançaient ces serpents hideux,
Se dressant, perçant l'air de leur langue acérée,
De leurs anneaux mouvants fouettant l'onde autour d'eux,
Quand la triste Ilion les vit sous ses murailles,
A leur triple victime attachés tous les deux,
La saisir, l'enlacer de leurs flexibles nœuds,
     L'emprisonner dans leurs écailles.

   Tels et plus terribles encor

---

1 La catastrophe de Chio eut lieu en 1822 ; l'incendie et les massacres se prolongèrent pendant le mois de mai et le mois de juin.

Ces deux esquifs de front fendent les mers profondes.
   De vos rames battez les ondes ;
Allez, vers ce vaisseau cinglez d'un même essor.

L'incendie a glissé sous la carène ardente ;
Il se dresse à la poupe, il siffle autour des flancs ;
De cordage en cordage il s'élance, il serpente,
Enveloppe les mâts de ses replis brûlants ;
De sa langue de feu, qui s'allonge à leur cime,
Saisit leurs pavillons consumés dans les airs,
Et, pour la dévorer, embrassant la victime
Avec ses mâts rompus, ses ponts, ses flancs ouverts,
Ses foudres, ses nochers engloutis par les mers,
   S'enfonce en grondant dans l'abîme [1].

Ah ! puisses-tu toujours triompher et punir !
Ce sont mes vœux, ô Grèce, et, devançant l'histoire,
Jadis l'heureux Tyrtée eût prédit ta victoire.
Alors c'était le temps cher à ton souvenir,
   Où les amants des filles de Mémoire
Comme dans le passé lisaient dans l'avenir.

Mais du jour qu'infidèle à ces vierges célestes
Leur hommage adultère a cherché les tyrans ;
Du jour qu'ils ont changé leurs parures modestes
Contre quelques lambeaux de la pourpre des grands,

---

[1] Constantin Canaris, commandant de deux brûlots, rend ainsi compte de son expédition de Ténédos : « J'arrivai en rade sous pavillon ottoman. Obligé de passer entre la terre et les vaisseaux turcs, je ne pus jeter mes grappins aux bossoirs de l'amiral ; alors je profitai du mouvement de la vague pour faire entrer mon beaupré dans un de ses sabords ; et, dès qu'il fut ainsi engagé, j'y mis le feu, en criant aux Turcs : *Vous voilà brûlés comme à Chio !* La terreur se répandit aussitôt parmi eux ; je descendis dans mon canot avec mes matelots, sans aucun danger, car l'ennemi ne tira pas même un coup de fusil. » (POUQUEVILLE, *Histoire de la régénération de la Grèce,* liv. VIII.)

Qu'ils ont d'un art divin profané les miracles,
En illustrant le vice, en consacrant l'erreur,
A leur bouche vénale Apollon en fureur
    A ravi le don des oracles.

Condamne-toi, ma muse, à de stériles vœux,
Mais refuse tes chants aux oppresseurs heureux.
Que de la vérité tes vers soient les esclaves ;
De ses chastes faveurs faisons nos seuls amours :
    Sans orgueil préférons toujours
Une pauvreté libre à de riches entraves ;
Et si quelque mortel justement respecté
Entend frémir pour lui les cordes de ma lyre,
    O ma muse, qu'il puisse dire :
« S'il ne m'admirait pas, il ne m'eût pas chanté ! »

V

LE VOYAGEUR.

    « Tu nous rends nos derniers signaux :
    « Le long du bord le câble crie,
    « L'ancre s'élève et sort des eaux ;
    « La voile s'ouvre : adieu, patrie !

    « Des flots l'un par l'autre heurtés
    « Je vois fuir les cimes mouvantes,
    « Comme les flocons argentés
    « Des toisons sur nos monts errantes.

    « Je vois se dérouler les nœuds
    « Qui mesurent l'humide plaine,

LE VOYAGEUR.

« Et je vogue, averti par eux
« Que loin de toi le vent m'entraîne.

« Doux pays, bois sacrés, beaux lieux,
« Je pars, et pour toujours peut-être ! »
Disait un Grec dans ses adieux
A Cypre qui l'avait vu naître.

« Sur vos rives la Liberté,
« Ainsi que la Gloire est proscrite ;
« Je pars, je les suis, et je quitte
« Le beau ciel qu'elles ont quitté. »

Il chercha la Liberté sainte
D'Agrigente aux vallons d'Enna ;
Sa flamme antique y semble éteinte,
Comme les flammes de l'Etna.

A Naple il trouva son idole
Qui tremblait un glaive à la main ;
Il vit Rome, et pas un Romain
Sur les débris du Capitole !

O Venise ! il vit tes guerriers ;
Mais ils ont perdu leur audace
Plus vite que tes gondoliers
N'ont oublié les vers du Tasse.

Il chercha sous le ciel du Nord
Pour les Grecs un autre Alexandre.
Ah ! dit-il, le Phénix est mort
Et ne renaît plus de sa cendre !

A Vienne, il apprit dans les rangs
Des oppresseurs de l'Ausonie
Que le succès change en tyrans

Les vainqueurs de la tyrannie.

Il trouva les Anglais trop fiers;
Albion se dit magnanime :
Des noirs elle a brisé les fers,
Et ce sont les blancs qu'elle opprime.

Il parcourt Londre, en y cherchant
Cet homme, l'effroi de la terre,
Dont la splendeur à son couchant
Pour tombeau choisit l'Angleterre.

Mais elle a craint ce prisonnier,
Et, reculant devant sa gloire,
A mis l'Océan tout entier
Entre un seul homme et la victoire.

Sur toi, Cadix, il vient pleurer :
Nos soldats couvraient ton rivage;
Il vient, maudissant leur courage;
Il part, de peur de l'admirer.

Paris l'appelle : au seuil d'un temple
Le Grec dans nos murs arrêté,
Sur l'autel voit la Liberté...
Mais c'est un marbre qu'il contemple.

Semblable à ces dieux inconnus,
A ces images immortelles
Dont les formes sont encor belles,
Dont la divinité n'est plus.

Pour revoir son île chérie,
Il franchit les monts écumants ;
Mais le courroux des Musulmans
Avait passé sur sa patrie.

Des débris en couvraient les bords,
Et de leur cendre amoncelée
Les vautours, prenant leur volée,
Emportaient les lambeaux des morts [1].

Il dit, s'élançant dans l'abîme :
« Les peuples sont nés pour souffrir ;
« Noir Océan, prends ta victime,
« S'il faut être esclave ou mourir ! »

Ainsi l'alcyon, moins timide,
Part et se croit libre en quittant
La rive où sa mère l'attend
Dans le nid qu'il a laissé vide.

Il voltige autour des palais,
Orgueil de la cité prochaine,
Et voit ses frères, qu'on enchaîne,
Se débattre dans des filets.

Il voit le rossignol, qui chante
Les amours et la liberté,
Puni par la captivité
Des doux sons de sa voix touchante.

De l'Olympe il voit l'aigle altier
Briser, pour sortir d'esclavage,
Son front royal et prisonnier
Contre les barreaux de sa cage.

Vers sa mère il revient tremblant,
Et l'appelle en vain sur la rive,

---

1 Cypre fut désolée par les Turcs au mois d'août 1822. Soixante bourgs ou villages avaient entièrement disparu au mois de septembre de la même année. (POUQUEVILLE, *Histoire de la régénération de la Grèce*, liv. IX.)

Où flotte le duvet sanglant
De quelque plume fugitive.

L'oiseau reconnaît ces débris;
Il suit le flot qui les emporte,
Rase l'onde en poussant des cris,
Plonge et meurt... où sa mère est morte.

VI

A NAPOLÉON.

De lumière et d'obscurité,
De néant et de gloire étonnant assemblage,
Astre fatal aux rois comme à la liberté;
Au plus haut de ton cours porté par un orage,
    Et par un orage emporté,
Toi, qui n'as rien connu, dans ton sanglant passage,
D'égal à ton bonheur que ton adversité;
Dieu mortel, sous tes pieds les monts courbant leurs têtes
    T'ouvraient un chemin triomphal,
Les éléments soumis attendaient ton signal :
D'une nuit pluvieuse écartant les tempêtes,
    Pour éclairer tes fêtes,
Le soleil t'annonçait sur son char radieux,
L'Europe t'admirait dans une horreur profonde,
Et le son de ta voix, un signe de tes yeux
    Donnait une secousse au monde.

Ton souffle du chaos faisait sortir les lois;
Ton image insultait aux dépouilles des rois,
Et, debout sur l'airain de leurs foudres guerrières,
Entretenait le ciel du bruit de tes exploits;

Les cultes renaissants, étonnés d'être frères,
Sur leurs autels rivaux, qui fumaient à la fois,
  Pour toi confondaient leurs prières.

« Conservez, disaient-ils, le vainqueur du Thabor,
  « Conservez le vainqueur du Tibre ; »
Que n'ont-ils pour ta gloire ajouté plus encor :
« Dieu juste, conservez le roi d'un peuple libre ! »

Tu régnerais encor si tu l'avais voulu.
Fils de la Liberté, tu détrônas ta mère,
Armé contre ses droits d'un pouvoir éphémère,
Tu croyais l'accabler, tu l'avais résolu ;
  Mais le tombeau creusé pour elle
Dévore tôt ou tard le monarque absolu :
Un tyran tombe ou meurt ; seule elle est immortelle.

Justice, droits, serments, peux-tu rien respecter ?
D'un antique lien périsse la mémoire !
L'Espagne est notre sœur de dangers et de gloire ;
Tu la veux pour esclave, et, n'osant ajouter
A ta double couronne un nouveau diadème,
Sur son trône conquis ton orgueil veut jeter
  Un simulacre de toi-même.

  Mais non, tu l'espérais en vain.
Ses prélats, ses guerriers l'un l'autre s'excitèrent,
Les croyances du peuple à leur voix s'exaltèrent.
Quels signes précurseurs d'un désastre prochain !
Le beffroi, qu'ébranlait une invisible main,
S'éveillait de lui-même et sonnait les alarmes ;
Les images des preux s'agitaient sous leurs armes ;
On avait vu des pleurs mouiller leurs yeux d'airain ;
On avait vu le sang du Sauveur de la terre
Des flancs du marbre ému sortir à longs ruisseaux ;
Les morts erraient dans l'ombre, et ces cris : Guerre ! Guerre !

S'élevaient du fond des tombeaux.

Une nuit, c'était l'heure où les songes funèbres
Apportent aux vivants les leçons du cercueil ;
Où le second Brutus vit son génie en deuil
Se dresser devant lui dans l'horreur des ténèbres ;
Où Richard, tourmenté d'un sommeil sans repos,
Vit les mânes vengeurs de sa famille entière,
  Rangés autour de ses drapeaux,
Le maudire, et crier : Voilà ta nuit dernière !

Napoléon veillait, seul et silencieux :
La fatigue inclinait cette tête puissante
Sur la carte immobile où s'attachaient ses yeux ;
Trois guerrières, trois sœurs parurent sous sa tente.

Pauvre et sans ornements, belle de ses hauts faits,
La première semblait une vierge romaine
  Dont le ciel a bruni les traits.
  Le front ceint d'un rameau de chêne,
Elle appuyait son bras sur un drapeau français.
Il rappelait un jour d'éternelle mémoire ;
Trois couleurs rayonnaient sur ses lambeaux sacrés
Par la foudre noircis, poudreux et déchirés,
  Mais déchirés par la victoire.

« Je t'ai connu soldat ; salut : te voilà roi.
 « De Marengo la terrible journée,
« Dans tes fastes, dit-elle, a pris place après moi ;
  « Salut ; je suis sa sœur aînée.

  « Je te guidais au premier rang ;
 « Je protégeai ta course et dictai la parole
« Qui ranima des tiens le courage expirant,
  « Lorsque la mort te vit si grand,
« Qu'elle te respecta sous les foudres d'Arcole,

« Tu changeas mon drapeau contre un sceptre d'airain :
« Tremble ; je vois pâlir ton étoile éclipsée.
« La force est sans appui, du jour qu'elle est sans frein.
« Adieu ! ton règne expire, et ta gloire est passée. »

La seconde unissait aux palmes des déserts
    Les dépouilles d'Alexandrie.
Les feux dont le soleil inonde sa patrie
De ses brûlants regards allumaient les éclairs,
    Sa main, par la conquête armée,
Dégouttante du sang des descendants d'Omar,
    Tenait le glaive de César
    Et le compas de Ptolémée.

« Je t'ai connu banni ; salut : te voilà roi.
  « Du mont Thabor la brillante journée
« Dans tes fastes, dit-elle, a pris place après moi ;
    « Salut ! je suis sa sœur aînée.

    « Je te dois l'éclat immortel
« Du nom que je reçus au pied des Pyramides.
    « J'ai vu les turbans d'Ismaël
« Foulés au bord du Nil par tes coursiers rapides.
« Les arts sous ton égide avaient placé leurs fils,
« Quand des restes muets de Thèbe et de Memphis
    « Ils interrogeaient la poussière,
« Et, si tu t'égarais dans ton vol glorieux,
« C'était comme l'aiglon qui se perd dans les cieux,
  « C'était pour chercher la lumière.

« Tu voulus l'étouffer sous ton sceptre d'airain ;
« Tremble ; je vois pâlir ton étoile éclipsée,
« La force est sans appui, du jour qu'elle est sans frein.
« Adieu ! ton règne expire, et ta gloire est passée. »

La dernière... ô pitié ! des fers chargeaient ses bras ;

L'œil baissé vers la terre où chacun de ses pas
  Laissait une empreinte sanglante,
  Elle s'avançait chancelante
En murmurant ces mots : MEURT ET NE SE REND PAS.
Loin d'elle les trésors qui parent la conquête,
  Et l'appareil des drapeaux prisonniers !
  Mais des cyprès, beaux comme des lauriers,
De leur sombre couronne environnaient sa tête.

« Tu ne me connaîtras qu'en cessant d'être roi.
  « Écoute et tremble : aucune autre journée
« Dans tes fastes jamais n'aura place après moi,
  « Et je n'eus point de sœur aînée.

« De vaillance et de deuil souvenir désastreux,
« J'affranchirai les rois que ton bras tient en laisse,
« Et je transporterai la chaîne qui les blesse
  « Aux peuples qui vaincront pour eux.
« Les siècles douteront, en lisant ton histoire,
  « Si tes vieux compagnons de gloire,
« Si ces débris vivants de tant d'exploits divers,
« Se sont plus illustrés par trente ans de victoire
  « Que par un seul jour de revers.

« Je chasserai du ciel ton étoile éclipsée ;
« Je briserai ton glaive et ton sceptre d'airain ;
« La force est sans appui, du jour qu'elle est sans frein.
« Adieu ! ton règne expire, et ta gloire est passée. »

Toutes trois vers le ciel avaient repris l'essor,
  Et le guerrier surpris les écoutait encor :
  Leur souvenir pesait sur son âme oppressée ;
    Mais aux roulements du tambour
  Cette image bientôt sortit de sa pensée,
  Comme l'ombre des nuits se dissipe effacée
    Par les premiers rayons du jour.

Il crut avoir dompté les enfants de Pélage.
Entraîné de nouveau par ce char vagabond
Qui portait en tous lieux la guerre et l'esclavage,
Passant sur son empire il le franchit d'un bond;
Et tout fumants encor, ses coursiers hors d'haleine,
Que les feux du Midi naguère avaient lassés,
De la Bérésina, qui coulait sous sa chaîne,
  Buvaient déjà les flots glacés.

Il dormait sur la foi de son astre infidèle,
Trompé par ces flatteurs dont la voix criminelle
  L'avait mal conseillé.
Il rêvait, en tombant, l'empire de la terre,
Et ne rouvrit les yeux qu'aux éclats du tonnerre;
  Où s'est-il réveillé!...

Seul et sur un rocher, d'où sa vie importune
Troublait encor les rois d'une terreur commune,
Du fond de son exil encor présent partout,
Grand comme son malheur, détrôné, mais debout
  Sur les débris de sa fortune.

Laissant l'Europe vide et la victoire en deuil,
Ainsi, de faute en faute et d'orage en orage,
Il est venu mourir sur un dernier écueil,
  Où sa puissance a fait naufrage.
La vaste mer murmure autour de son cercueil.

Une île t'a reçu sans couronne et sans vie,
Toi qu'un empire immense eut peine à contenir,
Sous la tombe, où s'éteint ton royal avenir
Descend avec toi seul toute une dynastie.
Et le pêcheur le soir s'y repose en chemin;
Reprenant ses filets qu'avec peine il soulève,
Il s'éloigne à pas lents, foule ta cendre, et rêve...
  A ses travaux du lendemain.

VII

LORD BYRON.

Non, tu n'es pas un aigle, ont crié les serpents,
Quand son vol faible encor trompait sa jeune audace :
Et déjà sur le dos de ces monstres rampants
Du bec vengeur de l'aigle il imprimait la trace;
Puis, le front dans les cieux de lumière inondés,
Les yeux sur le soleil, les ongles sur la foudre,
Il dit à ses serpents qui sifflaient dans la poudre :
    « Que suis-je? répondez. »

Tel fut ton noble essor, Byron; et quelle vie,
    Vieille de gloire en un matin,
D'un bruit plus imposant, d'un éclat plus soudain,
    Irrita la mort et l'envie?
Par de lâches clameurs quel génie insulté,
    Dans son obscurité première,
Changea plus promptement et sa nuit en lumière,
    Et son siècle en postérité?

Poëtes, respectez les prêtres et les femmes,
    Ces terrestres divinités!
    Comme dans les célestes âmes,
L'outrage est immortel dans leurs cœurs irrités.
Un temple, qu'on mutile [1], a recueilli Voltaire :
Vain refuge, et l'écho des foudres de la chaire,
Que le prêtre accoutume à maudire un grand nom,

---

[1] Allusion à l'inscription qui avait été mise sur le fronton du Panthéon, et qu'on venait d'effacer : AUX GRANDS HOMMES LA PATRIE RECONNAISSANTE.

Tonne encor pour chasser son ombre solitaire
    Des noirs caveaux du Panthéon.

Byron, tu préféras, sous le ciel d'Ibérie,
Des roses de Cadix l'éclat et les couleurs
    Aux attraits de ces nobles fleurs
Pâles comme le ciel de ta froide patrie[1];
De là tes jours de deuil, de là tes longs malheurs;
Des vierges d'Albion la beauté méprisée
    Te poursuivit jusqu'au cercueil,
    Et de l'Angleterre abusée
    Tu fus le mépris et l'orgueil.

En vain leurs yeux ardents dévoraient tes ouvrages;
L'auteur, par son exil, expia ses outrages;
Et tu n'as rencontré sous des cieux différents,
Des créneaux de Chillon aux débris de Mégare,
Des gouffres d'Abydos aux cachots de Ferrare,
Que sujets d'accuser les dieux et les tyrans.

Victime de l'orgueil, tu chantas les victimes
    Qu'il immole sur les autels;
Entouré de débris qui racontaient des crimes,
    Tu peignis de grands criminels.
Rebelle à son malheur, ton âme indépendante
N'en put sans désespoir porter le joug de fer:
    Persécuté comme le Dante,
    Comme lui tu rêvas l'enfer.

L'Europe doit t'absoudre en lançant l'anathème
    Sur les tristes imitateurs.
La gloire n'appartient qu'aux talents créateurs;

---

[1] Who round the north for paler dames would seek?
How poor their forms appear! how languid, wan, and weak!
    CHILDE-HAROLD, canto I.

    Sois immortel : tu fus toi-même.
Il brille d'un éclat que rien ne peut ternir,
Ce tableau de la Grèce au cercueil descendue,
Qui n'a plus de vivant que le grand souvenir
    De sa gloire à jamais perdue.

Contemplez une femme avant que le linceul [1],
En tombant sur son front, brise votre espérance.
Le jour de son trépas, ce premier jour du deuil
Où le danger finit, où le néant commence,
Quelle triste douceur! quel charme attendrissant!
Que de mélancolie, et pourtant que de grâce
Dans ses lèvres sans vie où la pâleur descend!
Comme votre œil avide admire en frémissant
Le calme de ses traits dont la forme s'efface,
La morne volupté de son sein pâlissant!
Du corps inanimé l'aspect glace votre âme;
Pour vous-même attendri, vous lisez vos destins
Dans l'immobilité de ses beaux yeux éteints.
Ils ont séduit, pleuré, lancé des traits de flamme,
Et les voilà sans feux, sans larmes, sans regard!
Pour qu'il vous reste un doute, il est déjà trop tard,
Mais l'espoir un moment suspendit votre crainte,
Tant sa tête repose avec sérénité!
Tant la main de la mort s'est doucement empreinte
Sur ce paisible front par elle respecté,
Où la vie en fuyant a laissé la beauté!

C'est la Grèce, as-tu dit, c'est la Grèce opprimée;
Le Grèce belle encor, mais froide, inanimée;

Tout le monde connaît ces beaux vers de lord Byron:

    He who hath bent him o'er the dead
    Ere the first day of death is fled,
    The first dark day of noth'ngness
    The last of danger and distress..... etc.

La Grèce morte!... Arrête, et regarde ses yeux :
　　Leur paupière longtemps fermée
　　Se rouvre à la clarté des cieux.
Regarde, elle s'anime ; écoute, sous ses chaînes
　　Son corps frémit et s'est dressé.
Ce pur sang, que le fer a tant de fois versé,
Pour se répandre encor bouillonne dans ses veines ;
　　Son front, qui reprend sa fierté,
Pâle d'un long trépas, menace et se relève ;
　　Son bras s'allonge et cherche un glaive ;
Elle vit, elle parle, elle a dit : Liberté !

Morte, tu l'admirais ; vivante, qu'elle est belle !
Tu ne peux résister à son cri qui t'appelle ;
Tu cours, tu la revois, mais c'est en expirant.
Oh ! qui pourrait des Grecs retracer les alarmes,
Les vœux, les chants de deuil mêlés au bruit des armes ?
Autour de la croix sainte, au pied des monts errant,
Le peuple confondait, dans l'ardeur de son zèle,
Son antique croyance avec sa foi nouvelle,
Invoquait tous ses dieux, et criait en pleurant :

« Vent qui donnes la vie à des fleurs immortelles,
« Toi par qui le laurier vieillit sans se flétrir ;
« Vent qui souffles du Pinde, accours, étends tes ailes :
　　« Ton plus beau laurier va mourir ! »

« Flots purs où s'abreuvait la poésie antique,
« Childe-Harold sur vos bords revient pour succomber :
« Versez votre rosée à ce front héroïque
　　« Que la mort seule a pu courber.

« Dieux rivaux, de nos pleurs séchez la source amère ;
« Dieu vainqueur de Satan, Dieu vainqueur de Python,
« Renouvelez pour lui les jours nombreux d'Homère
　　« Et la vieillesse de Milton ! »

N'invoquez pas les vents, insensés que vous êtes!
Leur souffle aime à flétrir la palme des poëtes,
   Tandis qu'il mûrit les poisons!
N'invoquez pas les flots des fontaines sacrées;
Ils brûlent tôt ou tard des lèvres inspirées
   Pour qui semblaient couler leurs dons!
N'invoquez pas les dieux, ils dorment; la Mort veille.
Pour peu qu'un bruit de gloire ait dénoncé vos jours
   A son impitoyable oreille,
   La Mort entend, les dieux sont sourds!

Il n'est plus! il n'est plus! Toi qui fus sa patrie,
Pleure, ingrate Albion; l'exil paya ses chants.
Berceau de ses aïeux[1], pleure, antique Neustrie;
   Corneille et lui sont tes enfants.
Et toi, que son trépas livre sans espérance
Aux chaînes des tyrans qu'auraient punis ses vers,
Pleure, esclave, son luth consolait ta souffrance,
   Son glaive aurait brisé tes fers!

Les Grecs le vengeront, ils l'ont juré : la gloire
   Prépare les funèbres jeux
   Qu'ils vont offrir à sa mémoire.
Qu'ils marchent, que son cœur repose au milieu d'eux,
   Enseveli par la Victoire.
Alors, avec le fer du Croissant abattu,
   Ils graveront sur son dernier asile:
   « O sort! que ne l'épargnais-tu?
« Il chantait comme Homère, il fût mort comme Achille. »

Ah! quels que soient les lieux par sa tombe illustrés,
Temple de la vertu, des arts, de la vaillance,
Dont Londre est fière encore, et qu'a perdu la France,

---

[1] La famille de lord Byron est originaire de Normandie; ses aïeux suivirent en Angleterre Guillaume le Conquérant.

Son ombre doit s'asseoir sous tes parvis sacrés.
Westminster, ouvre-toi ! Levez-vous devant elle ;
   De vos linceuls dépouillez les lambeaux,
Royales majestés ! et vous, race immortelle,
Majestés du talent qui peuplez ces tombeaux,
Le voilà sur le seuil, il s'avance, il se nomme...
Pressez-vous, faites place à ce digne héritier !
Milton, place au poëte ! Howe, place au guerrier !
   Pressez-vous, rois, place au grand homme !

ÉPILOGUE.

A vous, puissants du monde, à vous, rois de la terre,
Qui tenez dans vos mains et la paix et la guerre,
   A vous de décider si, lassés de souffrir,
Les Grecs ont pris le fer pour vaincre ou pour mourir ;
Si du Tage au Volga, de la Tamise au Tibre,
L'Europe désormais doit être esclave ou libre.
Libre, elle bénira votre auguste équité ;
   Non qu'elle offre ses vœux à cette liberté
Qui des plus saintes lois s'affranchit par le glaive,
Marche sans but, sans frein, sur des débris s'élève,
Triomphe dans le trouble, et, vantant ses bienfaits,
Pour un abus détruit enfante cent forfaits.
La sage liberté qu'elle attend, qu'elle implore,
Qui préside à mes chants, que tout grand peuple adore,
Par le bonheur public affermit les États ;
Créant des citoyens, elle fait des soldats,
   Enchaîne la licence, abat la tyrannie,
Des pouvoirs balancés entretient l'harmonie,
Réunit les sujets sous le sceptre des rois ;
Rapproche tous les rangs, garantit tous les droits,
Et, favorable à tous, de son ombre éternelle

Couvre jusqu'aux ingrats qui conspirent contre elle!
Ainsi le chêne épais reçoit sous ses rameaux,
Défend des feux du jour ces immondes troupeaux
Qui, cherchant à ses pieds leur sauvage pâture,
Des gazons soulevés flétrissent la verdure,
Insultent vainement dans ses profonds appuis
Ce tronc qui leur prodigue et son ombre et ses fruits,
Et les écraserait de ses vastes ruines,
S'ils pouvaient de la terre arracher ses racines.

LIVRE III.

I

LE DÉPART.

A bord de la Madone.

Que la brise des mers te porte mes adieux,
O France, je te quitte; adieu, France chérie!
Adieu, doux ciel natal, terre où j'ouvris les yeux!
  Adieu, patrie! adieu, patrie[1]!

Il tombe, ce mistral, dont le souffle glacé
M'enchaînait dans le port de l'antique Marseille;
Mon brick napolitain, qui sommeillait la veille
Sur cette onde captive où les vents l'ont bercé,
  Aux cris qui frappent mon oreille
Sous ses agrès tremblants s'émeut, frémit, s'éveille,
  Et loin du port s'est élancé.

---

[1] Nous avons entendu dire à l'auteur des *Messéniennes* que, lorsque le brick napolitain sur lequel il était embarqué leva l'ancre, il entendit un jeune matelot chanter un air touchant d'Italie, que M. Delavigne a heureusement retenu; il associa même alors aux notes de cet air les paroles d'une ballade à peu près improvisée, comme pour traduire la pensée supposée du chanteur. Cette ballade a été conservée et se trouve sous le titre de *la Brigantine*, dans les *Derniers Chants*.

O toi, des Phocéens brillante colonie,
Adieu, Marseille, adieu! Je vois blanchir tes forts.
Puisses-tu féconder, par de constants efforts,
Les germes de vertu, de valeur, de génie,
Dont les Grecs tes aïeux vinrent semer tes bords.
Que la mer te soit douce, et que le ciel prospère
Regarde avec amour tes opulents remparts!
O fille de la Grèce, encore adieu, je pars;
    Sois plus heureuse que ta mère!

Je les brave, tes flots, je ris de leur courroux;
J'aime à sentir dans l'air leur mordante amertume;
Ils viennent, et de loin soulevant leur écume,
A la proue élancés, ils bondissent vers nous.
Mais, tels que des lions dont la fureur avide
Sous une main connue expire en rugissant,
Je les vois caresser le voile blanchissant
    De la Madone qui nous guide,
Lorsque son bras doré, sur leur dos s'abaissant,
    Joue avec leur crinière humide.

Courage, mon vaisseau! double ce cap lointain;
Penche-toi sur les mers; que le beaupré s'incline
Sous le foc déployé qui s'enfle et le domine.
Mais ce cap, c'est la France; elle aura fui demain...
Je l'entends demander d'une voix douce et fière,
Sur quels bords, dans quels champs en lauriers plus féconds,
Ma muse va chercher des débris et des noms,
Et des siècles passés évoquer la poussière?

Elle étale au midi ses monuments romains,
    Les colonnades de ses bains,
De ses cirques déserts la ruine éloquente,
Ce temple sans rival, dont la main d'Apollon,
Sur des appuis de marbre et des feuilles d'acanthe,
    Suspendit l'élégant fronton;

Ses palais, ses tombeaux, ses théâtres antiques,
Et les deux monts unis où gronde le Gardon
    Sous un triple rang de portiques.

Elle me montre au nord ses murs irréguliers
Et leurs clochers pieux sortant d'un noir feuillage,
Où j'entendis gémir durant les nuits d'orage
    Et la muse des chevaliers,
    Et les spectres du moyen âge;
Ses vieux donjons normands, bâtis par nos aïeux,
Et les créneaux brisés du château solitaire,
Qui raconte leur gloire, en parlant à nos yeux
    De ce bâtard victorieux
    Dont le bras conquis l'Angleterre.

Je la vois, cette France, agiter les rameaux
Du chêne prophétique adoré des druides;
Elle couronne encor leurs ombres intrépides
    De la verveine des tombeaux,
Et chante les exploits prédits par leurs oracles,
Que, sous les trois couleurs, sous l'aigle ou sous les lis,
    Vingt siècles rivaux de miracles
    Par la victoire ont accomplis.

Puis, voilant sous des pleurs l'éclat dont son œil brille,
    Elle m'invite avec douceur
A reprendre ma place au foyer de famille,
Et murmure les noms d'un père et d'une sœur...
Arrête, mon vaisseau, tu m'emportes trop vite.
Pour mes derniers regards que la France a d'attraits!
Quel parfum de patrie apporte ce vent frais!
Que la patrie est belle au moment qu'on la quitte!

Famille, et vous, amis, recevez mes adieux!
Et toi, France, pardonne! Adieu, France chérie,
Adieu, doux ciel natal, terre où j'ouvris les yeux!

Adieu, patrie! adieu, patrie!...

Deux fois dans les flots purs, où tremblait sa clarté,
J'ai vu briller du ciel l'éblouissante image,
Et dans l'ombre deux fois la proue à son passage
Creuser en l'enflammant un sillon argenté.
Quels sont ces monts hardis, ces roches inconnues?
Leur pied se perd sous l'onde et leur front dans les nues.
C'est la Corse!... O destin! Faible enfant sur ce bord,
Sujet à sa naissance et captif à sa mort,
Il part du sein des mers, où plus tard il retombe,
Celui dont la grandeur eut, par un jeu du sort,
Une île pour berceau, pour asile et pour tombe.

Tel, du vaste Océan chaque jour nous voyons
Le globe du soleil s'élever sans rayons :
   Il monte, il brille, il monte encore;
Sur le trône vacant de l'empire des cieux,
Il s'élance, et, monarque, il découvre à nos yeux
Sa couronne de feu dont l'éclat nous dévore;
   Puis il descend, se décolore,
   Et dans l'Océan, étonné
De le voir au déclin ce qu'il fut à l'aurore,
   Rentrer pâle et découronné.

Où va-t-il, cet enfant qui s'ignore lui-même?
La main des vieux nochers passe sur ses cheveux
   Qui porteront un diadème.
Ils lui montrent la France en riant de ses jeux...
Ses jeux seront un jour la conquête et la guerre;
Les bras de cet enfant ébranleront la terre.
   O toi, rivage hospitalier,
   Qui le reçois sans le connaître,
Et le rejetteras sans pouvoir l'oublier,
   France, France, voilà ton maître!
   Louis, voilà ton héritier.

LE DÉPART.

Où va-t-il, ce vainqueur que l'Italie admire?
　Il va du bruit de ses exploits
Réveiller les échos de Thèbe et de Palmire.
　Il revient; tout tremble à sa voix;
Républicains trompés, courbez-vous sous l'empire!
Le midi de sa gloire alors le couronna
Des rayons d'Austerlitz, de Wagram, d'Iéna.
Esclaves et tyrans, sa gloire était la nôtre,
Et d'un de ses deux bras, qui nous donna des fers,
Appuyé sur la France, il enchaînait de l'autre
　　Ce qui restait de l'univers.

Non, rien n'ébranlera cette vaste puissance!...
L'île d'Elbe à mes yeux se montre et me répond:
C'est là qu'il languissait, l'œil tourné vers la France.
Mais un brick fend ces mers: «Courbez-vous sur le pont!
　« A genoux! le jour vient d'éclore;
« Couchez-vous sur cette arme inutile aujourd'hui!
　« Cachez ce lambeau tricolore... »
C'est sa voix: il aborde, et la France est à lui.

Il la joue, il la perd; l'Europe est satisfaite,
Et l'aigle, qui, tombant aux pieds du léopard,
Change en grand capitaine un héros de hasard,
Illustre aussi vingt rois, dont la gloire muette
N'eût jamais retenti dans la postérité;
　　Et d'une part dans sa défaite,
Il fait à chacun d'eux une immortalité.

Il n'a régné qu'un jour; mais à travers l'orage
Il versait tant d'éclat sur son peuple séduit,
Que le jour qui suivit son rapide passage,
Terne et décoloré, ressemblait à la nuit.

La Liberté parut: son flambeau tutélaire,
Brûlant d'un feu nouveau, nous guide et nous éclaire.

Depuis l'heure où, donnant un maître à des héros,
Rome enfanta César, la nature épuisée
Pour créer son pareil s'est longtemps reposée.
La voilà derechef condamnée au repos.
Respirons sous les lois, et, mieux instruits que Rome,
Profitons, pour fonder leur pouvoir souverain,
Des siècles de répit promis au genre humain
    Par l'enfantement d'un seul homme.

Défends ta liberté, ce sont là mes adieux !
France, préfère à tout ta liberté chérie ;
Adieu, doux ciel natal, terre où j'ouvris les yeux !
    Adieu, patrie ! adieu, patrie !

II

TROIS JOURS

DE CHRISTOPHE COLOMB.

AUX AMÉRICAINS.

En quarantaine.

« En Europe ! en Europe ! — Espérez ! — Plus d'espoir !
« — Trois jours, leur dit Colomb, et je vous donne un monde. »
Et son doigt le montrait, et son œil, pour le voir,
Perçait de l'horizon l'immensité profonde.
Il marche, et des trois jours le premier jour a lui ;
Il marche, et l'horizon recule devant lui ;
Il marche, et le jour baisse. Avec l'azur de l'onde
L'azur d'un ciel sans borne à ses yeux se confond,

Il marche, il marche encore, et toujours ; et la sonde
Plonge et replonge en vain dans une mer sans fond.

Le pilote en silence, appuyé tristement
Sur la barre qui crie au milieu des ténèbres,
Écoute du roulis le sourd mugissement,
Et des mâts fatigués les craquements funèbres.
Les astres de l'Europe ont disparu des cieux ;
L'ardente croix du Sud épouvante ses yeux.
Enfin l'aube attendue, et trop lente à paraître,
Blanchit le pavillon de sa douce clarté :
« Colomb, voici le jour ! le jour vient de renaître !
« — Le jour ! et que vois-tu ? — Je vois l'immensité. »

Qu'importe ? il est tranquille... Ah ! l'avez-vous pensé ?
Une main sur son cœur, si sa gloire vous tente,
Comptez les battements de ce cœur oppressé,
Qui s'élève et retombe, et languit dans l'attente ;
Ce cœur qui, tour à tour brûlant et sans chaleur,
Se gonfle de plaisir, se brise de douleur ;
Vous comprendrez alors que durant ces journées
Il vivait, pour souffrir, des siècles par moments.
Vous direz : Ces trois jours dévorent des années
Et sa gloire est trop chère au prix de ses tourments !

Oh ! qui peindra jamais cet ennui dévorant,
Ces extases d'espoir, ces fureurs solitaires,
D'un grand homme ignoré qui lui seul se comprend ?
Fou sublime, insulté par des sages vulgaires !
Tu le fus, Galilée ! Ah ! meurs... Infortuné,
A quel horrible effort n'es-tu pas condamné,
Quand, pâle, et d'une voix que la douleur altère,
Tu démens tes travaux, ta raison et tes sens,
Le soleil qui t'écoute, et la terre, la terre,
Que tu sens se mouvoir sous tes pieds frémissants !

Le second jour a fui. Que fait Colomb ? il dort ;
La fatigue l'accable, et dans l'ombre on conspire.
« Périra-t-il ? Aux voix : — la mort ! — la mort ! — la mort !
« Qu'il triomphe demain, ou, parjure, il expire. »
Les ingrats ! quoi ! demain il aura pour tombeau
Les mers où son audace ouvre un chemin nouveau.
Et peut-être demain leurs flots impitoyables,
Le poussant vers ces bords que cherchait son regard,
Les lui feront toucher, en roulant sur les sables
L'aventurier Colomb, grand homme un jour plus tard !

Il rêve : comme un voile étendu sur les mers,
L'horizon qui les borne à ses yeux se déchire,
Et ce monde nouveau qui manque à l'univers,
De ses regards ardents il l'embrasse, il l'admire.
Qu'il est beau, qu'il est frais ce monde vierge encor !
L'or brille sur ces fruits, ses eaux roulent de l'or.
Déjà, plein d'une ivresse inconnue et profonde,
Tu t'écriais, Colomb : « Cette terre est mon bien !... »
Mais une voix s'élève, elle a nommé ce monde,
O douleur ! et d'un nom qui n'était pas le tien !

Regarde : les vois-tu, la foudre dans les mains,
Vois-tu ces Espagnols altérés de carnage
Effacer, en courant, du nombre des humains
Le peuple désarmé qui couvre ce rivage ?
Vois les palais en feu, les temples s'écroulant,
Le cacique étendu sur ce brasier brûlant ;
Vois le saint crucifix, dont un prêtre inflexible
Menace les vaincus au sortir du combat,
S'élever dans ses mains plus sanglant, plus terrible
Que le glaive espagnol dans les mains du soldat.

La terre s'est émue ; elle s'ouvre ; descends !
Des peuples engloutis dans ses gouffres respirent,
Captifs privés du jour, dont les bras languissants

Tombent lassés sur l'or des rochers qu'ils déchirent ;
Cadavres animés, poussant des cris confus
Vers ce divin soleil qu'ils ne reverront plus,
S'agitant, se heurtant dans ces vapeurs impures,
Pour fuir par le travail le fouet qui les poursuit,
Et qu'une longue mort traîne dans les tortures
De cette nuit d'horreur à l'éternelle nuit.

Cet or, fruit douloureux de leur captivité,
Par le crime obtenu pour enfanter le crime,
Va servir d'un tyran la sombre cruauté,
Et peser sur le joug des sujets qu'il opprime.
Pour corrompre un ministre, enrichir un flatteur,
Payer l'injuste arrêt d'un noir inquisiteur,
Par cent chemins honteux du trésor d'un seul homme
Il s'échappe, et, passant de bourreaux en bourreaux,
Va s'engloutir enfin dans le trésor de Rome,
Qui leur vend ses pardons au bord de leurs tombeaux.

De l'or ! tout pour de l'or ! les peuples débordés,
Dont ce monde éveilla l'avarice endormie,
Répandent dans ses champs, de leur foule inondés,
L'écume des humains que l'Europe a vomie.
Toi seul l'as dévasté, ce continent désert
Que tu semblais créer quand tu l'as découvert ;
Et des monceaux de cendre entassés sur la rive,
Des gouffres souterrains où l'on meurt lentement,
Des ossements blanchis, sort une voix plaintive
Qui pousse vers toi seul un long gémissement.

Par son rêve oppressé, Colomb, les bras tendus,
De sa couche brûlante écartait cette image.
Elle décroît, s'efface, et ses traits confondus
Se dissipent dans l'air comme un léger nuage.
Tout change : il voit au Nord un empire naissant
Sortir de ces débris fécondés par le sang ;

Ses enfants opprimés s'arment, au cri de guerre,
Du soc dont le tranchant sillonna leurs guérets,
Et du fer créateur qui dans leurs mains naguère
Transformait en cités de sauvages forêts.

Ils ont crié victoire; ils montrent Washington,
Et Colomb reconnaît le héros véritable.
O vieux Cincinnatus, inflexible Caton,
Votre antique vertu n'est donc pas une fable !
Il a fait concevoir à nos cœurs corrompus
Cette étrange grandeur qu'ils ne comprenaient plus.
Un sage auprès de lui dans le conseil prend place,
Et, non moins révéré sous des traits différents,
Il gouverne, il découvre, et par sa double audace
Ravit la foudre aux cieux et le sceptre aux tyrans.

Mais pourquoi ce concours, ces transports, ces clameurs ?
Quel monarque ou quel dieu sur ce bord va descendre ?
Un guerrier citoyen foule, en versant des pleurs,
Le sol républicain que jeune il vint défendre.
De respect et d'amour il marche environné;
Aux genoux d'un seul homme un peuple est prosterné;
Mais l'hôte bien-aimé, debout sur ce rivage,
Pour la liberté sainte a toujours combattu,
Et le peuple incliné dont il reçoit l'hommage
Ne s'est jamais courbé que devant la vertu.

Oh ! combien cet empire a pris un noble essor
Depuis les jours sanglants de sa virile enfance !
Quel avenir l'attend et se révèle encor
Dans la maturité de son adolescence !
Ne cherchant de lauriers que ceux qu'il doit cueillir,
Incorruptible et juste, il grandit sans vieillir,
Se joue avec les mers qu'il couvre de ses voiles,
Et montre, en souriant, aux léopards bannis,
Son pavillon d'azur, où deux fois douze étoiles

Sont l'emblème flottant de ses peuples unis.

L'héroïque leçon qu'il offre aux opprimés
Sous les feux du Midi produit l'indépendance :
D'autres républicains, contre l'Espagne armés,
En nommant Bolivar chantent leur délivrance.
Tel un jeune palmier, pour féconder ses sœurs,
Fleurit et livre aux vents ses parfums voyageurs :
Tel ce naissant empire ; et l'exemple qu'il donne
Répand autour de lui comme un parfum sacré,
Qui vers les bords voisins s'exhale et les couronne
Des immortelles fleurs dont lui-même est paré.

« O Liberté, dit-il, sors de ce doux sommeil
« Qu'à l'ombre de mes lois tu goûtes sur ces rives,
« Et que pour s'affranchir l'Europe à ton réveil
« Secoue, en m'appelant, ses mains longtemps captives !
« D'un regard de tes yeux réchauffe ces cœurs froids,
« Engourdis sous un joug dont ils aiment le poids.
« De tout pouvoir injuste éternelle ennemie,
« Va donc, fille du ciel, va par de là les mers,
« Va, toi qu'ils croyaient morte, et qui n'est qu'endormie,
« Briser les fers rouillés de leur vieil univers ! »

Colomb se ranimait à cette noble voix.
Terre ! s'écria-t-on, terre ! terre !... il s'éveille ;
Il court : oui, la voilà, c'est elle, tu la vois.
La terre !... ô doux spectacle ! ô transports ! ô merveille !
O généreux sanglots qu'il ne peut retenir !
Que dira Ferdinand, l'Europe, l'avenir ?
Il la donne à son roi, cette terre féconde ;
Son roi va le payer des maux qu'il a soufferts :
Des trésors, des honneurs en échange d'un monde,
Un trône, ah ! c'était peu !... que reçut-il ? des fers.

III

LE VAISSEAU [1].

Naples.

Par les flots balancée, une barque légère
Hier m'avait porté sur ce vaste vaisseau
Qui fatiguait le golfe et sa vaine colère
    D'un inébranlable fardeau.
Ses longs mâts dans les cieux montaient en pyramides :
Comme un serpent ailé, leur flamme au sein des airs
    Déroulait ses anneaux rapides,
  Et j'admirais ce noir géant des mers,
Armé d'un triple rang de bronzes homicides,
Qui sortaient à demi de ses flancs entr'ouverts.

Ces mots : demain ! demain ! ce doux nom de la Grèce,
Volent de bouche en bouche : on s'agite, on s'empresse.
L'un, penché sur les ponts, aux câbles des sabords
    Enchaîne les foudres roulantes ;
L'autre court, suspendu sur les vergues tremblantes,
Où la voile, en criant, cède à ses longs efforts.
Leur chef le commandait, et son regard tranquille
De la poupe à la proue errait de tous côtés,
Avant d'abandonner cette masse immobile
    Au souffle des vents irrités.

Ainsi, prêt à quitter les sphères immortelles,
Pour ravir une proie au vautour furieux,

---

[1] Ce vaisseau devait porter à Constantinople M. Stratford Canning, ambassadeur d'Angleterre, et le bruit courait alors que la mission de ce diplomate avait pour but l'affranchissement de la Grèce.

L'aigle, tranquille et fier, se mesure des yeux,
Essaie, en les ouvrant, si ses ongles fidèles
    A sa colère obéiront encor,
Et, pour battre les airs, étend deux fois ses ailes
    Avant de prendre son essor.

Témoin de ces apprêts, debout sous la misaine,
Il part, disais-je, il part ; mais doit-il affranchir
Les généreux enfants de Sparte et de Mécène ?
Doit-il sous un pacha les contraindre à fléchir ?
    Pour qui grondera son tonnerre ?
    A ce peuple persécuté
Porte-t-il dans ses flancs ou la paix ou la guerre,
    L'esclavage ou la liberté ?

La liberté, sans doute !... et la Grèce est mourante ;
Son sang coule et s'épuise. Ah ! qu'il parte ! il est temps
De sauver, d'arracher au sabre des sultans
    La victime encor palpitante.
Quand je la vois toucher à ses derniers instants,
Il fatigue mon cœur d'une trop longue attente.

Comme toi menaçant, et comme toi muet,
Vésuve, que fait-il sous ton double sommet,
Qui, trompant mon espoir par la vapeur légère
Que ta bouche béante exhale vers les cieux,
Fume éternellement sans éblouir mes yeux
    Du spectacle de ta colère ?

Dors, volcan imposteur, par les ans refroidi,
Dors, et sois pour l'enfance un objet de risée ;
    Vieillard, sous la cendre engourdi,
Je suis las d'insulter à ta lave épuisée ;
Mais qu'il tonne du moins ce Vésuve flottant,
Moins avare que toi des flammes qu'il recèle !
Que son courroux tardif soit juste en éclatant

Sur les mers du Bosphore où Canaris l'appelle!

Quand il fendra les flots, si souvent éclairés
Par des esquifs brûlants qui vengeaient la patrie,
S'il faut une étincelle à sa flamme assoupie,
Qu'elle s'allume aux feux de ces brandons sacrés
  Que la Grèce avait préparés
  Pour les flottes d'Alexandrie!

Mais non; son seul aspect sous les murs ottomans
  Fera triompher la croix sainte;
Il verra du sérail trembler les fondements,
Les flots de Marmara se troubleront de crainte,
Et, sans contraindre Athène à payer un succès
Qui l'arrache expirante au joug de l'infidèle,
Si l'Anglais la délivre, au moins quelques Français
  Auront versé leur sang pour elle.

Toi qu'ils ont devancé dans ton noble dessein,
Vaisseau libérateur, reçois-moi sur ton sein;
Pars, va me déposer sous ces blanches colonnes
Où Socrate inspirait les discours de Platon.
Mes yeux verront flotter les premières couronnes
Que les Grecs vont suspendre aux murs du Parthénon.
Laisse-moi, sous des fleurs et sous de verts feuillages
Consacrés par mes mains à ses dieux exilés,
  Laisse-moi cacher les outrages
De ses marbres vainqueurs de la guerre et des âges
  Que votre Elgin a mutilés.

Je les verrai, ces morts qui vivent dans l'histoire,
  Pour saluer des jours si beaux,
Renaître et soulever les trois mille ans de gloire
  Dont le temps chargea leurs tombeaux;
Et moi, chantant comme eux ces jours de délivrance,
J'irai mêler la voix, l'hymne à peine écouté

D'un obscur enfant de la France,
A leurs cris de reconnaissance,
A leurs hymnes de liberté.

Va donc, n'hésite plus, n'attends pas les étoiles;
Des flambeaux de la nuit les feux seront pour toi.
N'entends-tu pas le vent qui frémit dans tes voiles?
Il t'invite à partir; pars, vole, emporte-moi!
Notus, je me confie à ton humide haleine;
A toi, brûlant Siroc; à toi, noir Aquilon;
Mugis, qui que tu sois qui souffles vers Athène:
Tout me sera Zéphyr, quelque vent qui m'entraîne
Du tombeau de Virgile au tombeau de Byron!

Vain songe!... Il dédaigna ma prière inutile.
Hélas! pour un Français il n'avait point d'asile.
Au lever du soleil, mes yeux l'ont découvert
Entre le doux Sorrente, où la grappe dorée
    Se marie au citronnier vert,
Et les rochers aigus de la pâle Caprée.

Sans doute il entendit, sur ce pic menaçant,
L'infâme successeur des demi-dieux du Tibre,
Tibère, s'éveillant au nom d'un peuple libre,
Des Grecs ressuscités lui demander le sang.

Sur la rive opposée il ne put méconnaître
Ce chantre harmonieux que Sorrente a vu naître:
Le Tasse errait encor dans l'asile enchanté
Où l'amour d'une sœur recueillit sa misère;
    Du sein de l'immortalité,
Poëte, il fit des vœux pour les enfants d'Homère!...
Le vaisseau cependant voguait sur l'onde amère.
    Qui des deux a-t-il écouté?...

IV

LA SIBYLLE.

Pouzzole.

Marchons, le ciel s'abaisse, et le jour pâlissant
N'est plus à son midi qu'un faible crépuscule ;
Le flot qui vient blanchir les restes du port Jule
Grossit, et sur la cendre expire en gémissant.
Cet orage éloigné que l'Eurus nous ramène
Couvre de ses flancs noirs les pointes de Misène ;
Avançons, et, foulant d'un pied religieux
Ces rivages sacrés que célébra Virgile,
Et d'où Néron chassa la majesté des dieux,
Allons sur l'avenir consulter la Sibylle.

« Ces débris ont pour moi d'invincibles appas, »
Me répond un ami, qu'aux doux travaux d'Apelle,
A Rome, au Vatican son art en vain rappelle ;
« Ils parlent à mes yeux, ils enchaînent mes pas.
« Ces lentisques flétris dont la feuille frissonne ;
« Ces pampres voltigeants et rougis par l'automne ;
« Tristes comme les fleurs qui couronnaient les morts,
« Ces frêles cyclamens, fanés à leur naissance,
« Plaisent à ma tristesse, en mêlant sur ces bords
« Le deuil de la nature au deuil de la puissance.

« Où sont ces dais de pourpre élevés pour les jeux,
« Ces troupeaux d'affranchis, ces courtisans avides ?
« Où sont les chars d'airain, les trirèmes rapides,
« Qui du soleil levant réfléchissaient les feux ?
« C'est là que des clairons la bruyante harmonie
« A d'Auguste expirant ranimé l'agonie ;
« Vain remède ! et le sang se glaçait dans son cœur,

« Tandis que sur ces mers les jeux de Rome esclave,
« Retraçant Actium à ce pâle vainqueur,
« Faisaient sourire Auguste au triomphe d'Octave !

« Ces monuments pompeux, tous ces palais romains,
« Où triomphaient l'orgueil, l'inceste et l'adultère,
« De la vaine grandeur dont ils lassaient la terre
« N'ont gardé que des noms en horreur aux humains.
« Les voilà, ces arceaux désunis et sans gloire
« Qui de Caligula rappellent la mémoire !
« Vingt siècles les ont vus briser le fol orgueil
« Des mers qui les couvraient d'écume et d'étincelles,
« Leur chaîne s'est rompue et n'est plus qu'un écueil
« Où viennent des pêcheurs se heurter les nacelles.

« Ces temples du plaisir par la mort habités,
« Ces portiques, ces bains prolongés sous les ondes,
« Ont vu Néron, caché dans leurs grottes profondes,
« Condamner Agrippine au sein des voluptés.
« Au bruit des flots, roulant sur cette voûte humide,
« Il veillait, agité d'un espoir parricide !
« Il lançait à Narcisse un regard satisfait,
« Quand, muet d'épouvante et tremblant de colère,
« Il apprit que ces flots, instrument du forfait,
« Se soulevant d'horreur, lui rejetaient sa mère.

« Tout est mort : c'est la mort qu'ici vous respirez :
« Quand Rome s'endormit de débauche abattue,
« Elle laissa dans l'air ce poison qui vous tue ;
« Il infecte les lieux qu'elle a déshonorés.
« Telle, après les banquets de ces maîtres du monde,
« S'élevait autour d'eux une vapeur immonde
« Qui pesait sur leurs sens, ternissait les couleurs
« Des fastueux tissus où retombaient leurs têtes,
« Et fanait à leurs pieds, sur les marbres en pleurs,
« Les roses dont Pestum avait jonché ces fêtes.

« Virgile pressentait que dans ces champs déserts
« La mort viendrait s'asseoir au milieu des décombres,
« Alors qu'il les choisit pour y placer les ombres,
« Le Styx aux noirs replis, l'Averne et les Enfers.
« Contemplez ce pêcheur; voyez, voyez nos guides;
« Interrogez les traits de ces pâtres livides :
« Ne croyez-vous pas voir des spectres sans tombeaux,
« Qui, laissés par Caron sur le fatal rivage,
« Tendant vers vous la main, entr'ouvrent leurs lambeaux
« Pour mendier le prix de leur dernier passage?...»

Il disait, et déjà j'écartais les rameaux
Qui cachaient à nos yeux l'antre de la Sibylle,
Au fond de ce cratère, où l'Averne immobile
Couvre un volcan éteint de ses dormantes eaux.
L'enfer, devant nos pas, ouvrait la bouche antique
D'où sortit pour Énée une voix prophétique;
Un flambeau nous guidait, et ses feux incertains
Dessinaient sur les murs des larves, des fantômes,
Qui sans forme et sans vie, et fuyant sous nos mains,
Semblaient le peuple vain de ces sombres royaumes.

« Prêtresse des dieux, lève-toi!
« Viens, m'écriai-je alors, furieuse, écumante,
« Le front pâle, et les yeux troublés d'un saint effroi,
    « Pleine du dieu qui te tourmente,
« Viens, viens, Sibylle, et réponds-moi!

    « Vers les demeures infernales,
« Dis-moi pourquoi la mort pousse comme un troupeau
    « Cette foule d'ombres royales,
« Que nous voyons passer de la pourpre au tombeau?
« Est-ce pour insulter à l'alliance vaine
    « Que Waterloo scella de notre sang?
« Veut-elle, à chaque roi qu'elle heurte en passant,
« Briser un des anneaux de cette vaste chaîne?

« Le dernier de ces rois, que le souffle du Nord
« A du trône des czars apporté sur ce bord,
   « Pliait sous le nom d'Alexandre ;
« Allons-nous voir les chefs de son armée en deuil
« Donner des jeux sanglants autour de son cercueil,
« Pour un sceptre flottant qu'il ne peut plus défendre ?

« Verrons-nous couronner l'héritier de son choix,
« Et ce maître nouveau d'un empire sans lois
« Doit-il, usant ses jours dans de saintes pratiques,
      « Assister de loin comme lui
      « Aux funérailles héroïques
« D'Athènes qui l'implore et qui meurt sans appui ?

« N'offrira-t-elle un jour que des débris célèbres ?
« La verrons-nous tomber après ses longs efforts,
« Vide comme Pompei, qui du sein des ténèbres,
« En secouant sa cendre, étale sur vos bords
« Ses murs où manque un peuple, et ses palais funèbres
      « Où manquent les restes des morts ?

« Réponds-moi ! réponds-moi ! furieuse, écumante,
« Le front pâle, et les yeux troublés d'un saint effroi,
      « Pleine du dieu qui te tourmente,
      « Viens, viens, Sibylle, et réponds-moi !

« La verrons-nous, cette belle Ausonie,
« Jeter quelques rayons de son premier éclat ?
« Ou ce flambeau mourant des arts et du génie
« Doit-il toujours passer avec ignominie
« De la France aux Germains, du pontife au soldat,
« Semblable aux feux mouvants, aux clartés infidèles
« Qui, changeant de vainqueurs, volent de mains en mains,
« Vain jouet des combats que livrent les Romains
      « Dans leurs saturnales nouvelles ?

« L'Espagne, qui préfère au plus beau de ses droits
« La sainte obscurité dont la nuit l'environne,
« Marâtre de ses fils, infidèle à ses lois,
   « A l'esclavage s'abandonne,
« Et s'endort sous sa chaîne en priant pour ses rois.
« Reprendra-t-elle un jour son énergie antique ?
« Libre, doit-elle enfin, d'un bras victorieux,
« Combattre et déchirer le bandeau fanatique
« Qu'une longue ignorance épaissit sur ses yeux ?

« Un arbre sur la France étendait son ombrage :
« Nous l'entourons encor de nos bras impuissants ;
« Le fer du despotisme a touché son feuillage,
« Dont les rameaux s'ouvraient chargés de fruits naissants.

« Si par sa chute un jour le tronc qui les supporte
« Doit de l'Europe entière ébranler les échos,
   « Le fer, sous son écorce morte,
« De sa séve de feu tarira-t-il les flots ?
      « Ou de sa dépouille flétrie
      « Quelque rameau ressuscité
« Reprendra-t-il racine au sein de la patrie,
      « Au souffle de la liberté ?

« Réponds-moi, réponds-moi ! furieuse, écumante,
« Le front pâle, et les yeux troublés d'un saint effroi,
      « Pleine du dieu qui te tourmente,
      « Viens, viens, Sibylle, et réponds-moi !... »

J'écoutais : folle attente ! espérance inutile !
L'oracle d'Apollon ne répond qu'à Virgile ;
Et ces noms méconnus qu'en vain je répétai,
Ces noms jadis si beaux : patrie et liberté,
N'ont pas même aujourd'hui d'écho chez la Sibylle.

NOTE.

L'Espagne qui préfère au plus beau de ses droits...

On ne se souvient pas assez que, d'après les anciennes institutions du pays, la liberté avait obtenu droit de cité dans la monarchie espagnole bien avant même que l'Angleterre fût entrée dans les voies du gouvernement représentatif. Le despotisme de Charles-Quint et le fanatisme de l'inquisition dénaturèrent les vrais principes du gouvernement espagnol. En 1807, ce fut pourtant le souvenir des vieilles libertés castillanes qui fatigua Napoléon par d'héroïques résistances, et qui ressuscita les traditions chevaleresques du Cid. C'est à ce mémorable réveil de l'Espagne que M. Delavigne faisait allusion dans le fragment suivant d'un poëme qui ne sera jamais publié :

. . . .
. . . .
Dans le morne sommeil d'une fièvre accablante,
S'il rêve qu'un poignard se lève sur son sein,
Voyez ce moribond, fort de son épouvante,
Pâle et les bras tendus pour saisir l'assassin,
S'élancer frissonnant de sa couche brûlante :
Ainsi la faible Espagne, à ses derniers moments,
Secouant le sommeil d'une lente agonie,
    Pour écraser la tyrannie
    S'arracha de ses fondements

Le Cid ! voilà le Cid, dont l'ombre désolée,
    Brisant son mausolée,
Paraît le glaive en mains, la douleur sur le front ;
Il frémit, le héros, de colère et de honte,
    Comme au jour où, cherchant le comte,
Il perdit sa maîtresse et vengea son affront.
« Arrière, cria-t-il, guerrier dont la vaillance
« Sous tant de cieux divers vengea l'honneur français ;
« Arrière, par pitié pour trente ans de succès !
« Par respect pour ta gloire, arrière noble France !

« Ils m'entendent du moins : je les ai vus frémir,
« Ces drapeaux mutilés et fiers de leurs blessures :
« Ils empruntent des vents une voix pour gémir,
« Et semblent murmurer de sinistres augures.

« Au récit des revers qui vous sont préparés,
« Baissez vos fers sanglants, étendards intrépides!
    « O vainqueurs de Valmy, pleurez !
    « Pleurez, vainqueurs des Pyramides !

    « Du ciel vomissant les feux,
« Le plus brûlant des mois accourt et vous dévore
« C'est peu : de notre sang des vengeurs vont éclore,
    « Semblables à leurs aïeux
    « Dont les bras victorieux
« Ont brisé dans Burgos les bannières du Maure.

« Des montagnes d'Urgel aux murs de l'Alhambra,
« Pélage a réveillé nos tribus assoupies ;
« Du guérillas fuyant le plomb vous atteindra :
« Son stylet dans la main le meurtre vous suivra
    « Sur la crête des Asturies,
    « Dans les gorges de la Sierra...

« Ils ne sont plus ces jours, où vous prenant pour guides,
    « Les arts, d'un héroïque essor,
« Suivaient en combattant dans les déserts arides
« Les pas de Sultan juste et de Sultan bras d'or [1].

« Ils ne sont plus, ces jours de liberté, de gloire,
« Jours sauveurs et par vous à jamais consacrés,
« Où la France abreuvait ses sillons altérés
« Du sang dont Kellermann arrosait sa victoire.

« Infortuné débris de tant d'exploits passés,
    « Vous allez perdre dans nos sables
    « Les derniers lambeaux vénérables
    « Que le boulet vous a laissés.

    « Arrière, étendards intrépides...
« Mais non, la charge sonne, et vous obéirez :
    « O vainqueurs de Valmy, pleurez !
    « Pleurez, vainqueurs des Pyramides ! »

1 Surnoms donnés par les Arabes à Desaix et à Kléber.

V

LES FUNÉRAILLES
DU GÉNÉRAL FOY.

A LA FRANCE.

Rome, villa Paolina.

Non, tu ne connais pas encor
Ce sentiment d'ivresse et de mélancolie
Qu'inspire d'un beau jour la splendeur affaiblie,
    Toi qui n'as pas vu les flots d'or,
Où nage à son couchant un soleil d'Italie,
Inonder du Forum l'enceinte ensevelie
Et le temple détruit de Jupiter Stator !

Non, tu ne connais pas l'irrésistible empire
Des beautés qu'il déploie au moment qu'il expire,
Si tes yeux n'ont pas vu son déclin vif et pur,
Qui s'éteint par degrés sur Albane et Tibur,
Verser les derniers feux d'une ardeur épuisée
    A travers le brillant azur
    Des portiques du Colisée !

Sur le mont Janicule et ses pins toujours verts,
Tu meurs, mais dans ta gloire; on t'admire, on te chante;
Tu meurs, divin soleil, au milieu des concerts
    De cette Rome plus touchante
Qui pleure ta clarté ravie à ses déserts.

    Du trône tu descends comme elle;
Jadis ses monuments t'égalaient en splendeur :

D'une reine déchue amant toujours fidèle,
    Que ta lumière est triste et belle
    Sur les débris de sa grandeur !
Tes rayons amortis, que le regard supporte,
    Pâlissent en les éclairant,
    Soleil, et ton éclat mourant
    S'unit mieux à leur beauté morte.

Ainsi l'on voit s'éteindre, environné d'hommages,
Le talent inspiré, qui, pur et sans nuages,
    N'a brillé que par la vertu.
Ainsi nous l'admirons, ainsi nos larmes coulent,
Au milieu des débris de nos lois qui s'écroulent
    Comme un monument abattu ;
Et l'éclat plus sacré de ce flambeau qui tombe
Répand les derniers feux dont il est embrasé
Sur le temple détruit et sur l'autel brisé
    De la Liberté qui succombe.

    Dans sa splendeur enseveli,
Glorieux et pleuré par la reconnaissance,
Ainsi mourut celui qui vengea notre France.
    Ces traits éloquents ont pâli
Qui de l'âme élancés pénétraient jusqu'à l'âme ;
Il s'est ouvert ce cœur, il vient de se briser,
Trop plein pour contenir la généreuse flamme
    Qu'il répandait sans l'épuiser.

La patrie, à l'aspect d'une cendre si chère,
A senti s'émouvoir ses entrailles de mère.
    Ah ! qu'elle pleure, elle a droit de pleurer :
Pour la défendre encore il déposa ses armes.
    Elle s'honore en voulant l'honorer.
A le nommer son fils qu'elle trouve des charmes !
Fière de sa douleur, plus belle de son deuil,
A qui voudra les voir qu'elle montre ses larmes :

Car il est des enfants qu'on pleure avec orgueil.

Rome, tes yeux sont morts à ces larmes sacrées
　　Dont on fait gloire en les versant;
Les cendres de tes fils ne sont plus honorées
　　Par ce tribut reconnaissant.
En vain leurs nobles cœurs battaient pour la patrie,
Dans ton abaissement en vain ils t'ont chérie;
Ces murs, dont Michel-Ange a jeté dans les cieux
　　Le dôme audacieux,
Réservent leurs honneurs à la puissance morte :
Pour elle des concerts, des fleurs et des flambeaux,
Et des bronzes menteurs penchés sur des tombeaux;
　　Mais pour la vertu, que t'importe?

Ainsi, courbé sous l'or du sceptre pastoral,
Ton peuple grave et fier, que ce mépris offense,
Laisse tomber son bras levé pour ta défense.
Il fléchit sous des rois, lui qui n'eut point d'égal
　　Quand la gloire était ton idole;
Et l'herbe a désuni le pavé triomphal
　　Qui conduisait au Capitole.

En passant sur la terre où dorment tes héros,
Par les mugissements de sa voix importune
Le bœuf pesant d'Ostie insulte à leur repos,
Ou, symbole vivant de ta triste fortune,
Endormi sous le joug du char qu'il a traîné,
Courbe sa corne noire et son front enchaîné
　　A la place où fut la tribune.

Et c'est là qu'autrefois les publiques douleurs
Paraient l'urne des morts de gazons et de fleurs!
　　Vous le savez, race guerrière,
　　O vous ossements oubliés,
　　Muets débris, noble poussière,

Que je sens tressaillir sous les touffes de lierre
    De ces tombeaux qu'on foule aux pieds!
Vous le savez, vous tous qui, pour vos funérailles,
Avez vu Rome en deuil sortir de ses murailles!
Ah! s'il a pu cesser, ce culte glorieux
Qu'on rendait au courage, à la sainte éloquence,
Levez-vous, il renaît; Romains, ouvrez les yeux,
Ne regardez pas Rome, et regardez la France.

    Il fut orateur et guerrier,
    Celui que la France attendrie
    Couronne d'un double laurier!
Entendez-vous ces mots : « Valeur, Talent, Patrie? »
Entendez-vous ce cri d'une éloquente voix :
    « Ses enfants sont ceux de la France! »
    Ce cri, qui d'un seul cœur s'élance,
Semble de tous les cœurs s'élever à la fois...
Orateurs, répondez : jamais plus digne hommage
Honora-t-il un père en sa postérité,
    Et jamais votre pauvreté
Laissa-t-elle à vos fils un plus riche héritage?

Et vous aussi, guerriers, levez-vous : contemplez
De nos vieux étendards les vengeurs mutilés!
Ces Romains qui suivaient vos pompes funéraires
Par des exploits plus grands s'étaient-ils signalés
    Autour des faisceaux consulaires?
Les travaux, les hivers et l'ardeur des étés
Avaient-ils sur leur front mieux gravé leurs services,
Et leurs pleurs en coulant se sont-ils arrêtés
    Dans de plus nobles cicatrices?

Non, guerriers, non, jamais, mânes victorieux,
Jamais, fiers défenseurs des libertés publiques,
Rome ne se couvrit, pour vos vertus antiques,
D'un deuil plus unanime et plus religieux.

Non, non, sur vos tombeaux, Rome, la vieille Rome,
N'offrit pas dans sa gloire un spectacle plus grand
Que ce concours sacré d'un peuple entier pleurant,
   Pleurant la perte d'un seul homme!

Reçois, ô mon pays, ce tribut mérité!
France, de quel orgueil mon cœur a palpité
En t'adressant ces vers sous les ombrages sombres
   Qui couronnent le Célius,
Au pied du Palatin, devant les grandes ombres
   Des Camille et des Tullius!

Et toi, qu'on veut flétrir, jeunesse ardente et pure,
De guerriers, d'orateurs, toi, généreux essaim,
   Qui sens fermenter dans ton sein
Les germes dévorants de ta gloire future,
Penché sur le cercueil que tes bras ont porté,
De ta reconnaissance offre l'exemple au monde :
Honorer la vertu, c'est la rendre féconde,
   Et la vertu produit la liberté.

Prépare son triomphe en lui restant fidèle.
Des préjugés vieillis les autels sont usés;
Il faut un nouveau culte à cette ardeur nouvelle
   Dont les esprits sont embrasés.
Vainement contre lui l'ignorance conspire.
Que cette liberté qui règne par les lois
Soit la religion des peuples et des rois.
Pour la mieux consacrer on devait la proscrire;
Sa palme, qui renaît, croît sous les coups mortels;
Elle eut son fanatisme, elle touche au martyre,
   Un jour elle aura ses autels.

Le verrai-je, ce jour, où sans intolérance
Son culte relevé protégera la France?
O champs de Pressagni, fleuve heureux, doux coteaux,

Alors, peut-être, alors mon humble sépulture
　　Se cachera sous les rameaux
Où souvent, quand mes pas erraient à l'aventure,
Mes vers inachevés ont mêlé leur murmure
　　Au bruit de la rame et des eaux.

Mais si le Temps m'épargne et si la Mort m'oublie,
Mes mains, mes froides mains par de nouveaux concerts
Sauront la rajeunir, cette lyre vieillie ;
Dans mon cœur épuisé je trouverai des vers,
　　Des sons dans ma voix affaiblie ;
Et cette liberté, que je chantai toujours,
Redemandant un hymne à ma veine glacée,
　　Aura ma dernière pensée
　　Comme elle eut mes premiers amours.

VI

ADIEUX A ROME.

L'airain avait sonné l'hymne pieux du soir.
Sur les temples de Rome, où cessait la prière,
La lune répandait sa paisible lumière :
Au Forum à pas lents, triste, j'allai m'asseoir.
J'admirais ses débris, ses longs portiques sombres,
Et dans ce jour douteux, par leur masse arrêté,
Tous ces grands monuments empruntaient de leurs ombres
Plus de grandeur encore et plus de majesté :
Comme l'objet absent, qu'un regret nous rappelle,
Reçoit du souvenir une beauté nouvelle,
Mon luth, longtemps muet, préluda dans mes mains,
Et sur l'air grave et doux dont le chant se marie

ADIEUX A ROME.

Aux accents inspirés des poëtes romains,
Cet adieu s'échappa de mon âme attendrie :

« Rome, pour la dernière fois
« Je parcours ta funèbre enceinte :
« Inspire les chants dont ma voix
« Va saluer ta gloire éteinte.
« Luis dans mes vers, astre éclipsé
« Dont la splendeur fut sans rivale ;
« Ombre éclatante du passé,
« Le présent n'a rien qui t'égale.

« Tout doit mourir, tout doit changer :
« La grandeur s'élève et succombe.
« Un culte même est passager ;
« Il souffre, persécute et tombe.
« Tu brillais de ce double éclat,
« Et tu n'as pas fait plus d'esclaves
« Avec la toge du sénat
« Que sous la pourpre des conclaves.

« Du sang de tes premiers soutiens
« Cette colline est arrosée ;
« Le sang de tes héros chrétiens
« Rougit encor le Colisée.
« A travers ces deux souvenirs
« Tu m'apparais pâle et flétrie,
« Entre les palmes des martyrs
« Et les lauriers de la patrie.

« Que tes grands noms, que tes exploits,
« Tes souvenirs de tous les âges,
« Viennent se confondre sans choix
« Dans mes regrets et mes hommages,
« Comme ces temples abattus,
« Comme les tombeaux et les ombres

« De tes Césars, de tes Brutus
« Se confondent dans tes décombres.

« Adieu, Forum, que Cicéron
« Remplit encor de sa mémoire!
« Ici, chaque pierre a son nom,
« Ici, chaque débris sa gloire.
« Je passe, et mes pieds ont foulé
« Dans ce tombeau d'où sortit Rome,
« Les restes d'un dieu mutilé
« Ou la poussière d'un grand homme.

« Adieu, vallon frais où Numa
« Consultait sa nymphe chérie!
« J'entends le ruisseau qu'il aima
« Murmurer le nom d'Égérie.
« Son eau coule encor; mais les rois,
« Que séduit une autre déesse,
« Ne viennent plus chercher des lois
« Où Numa puissa la sagesse.

« Temple, dont l'Olympe exilé
« A fui la majesté déserte,
« Panthéon, ce ciel étoilé
« Achève ta voûte entr'ouverte;
« Et ses feux du haut de l'éther,
« Cherchant tes dieux dans ton enceinte,
« Vont sur l'autel de Jupiter
« Mourir au pied de la croix sainte.

« Qui t'éleva, dôme éternel,
« Du Panthéon céleste frère?
« Si tu fus l'œuvre d'un mortel
« Les arts ont aussi leur Homère;
« Et du génie en ce saint lieu
« Je sens l'invisibe présence,

« Comme je sens celle du Dieu
« Qui remplit ta coupole immense.

« Je vous revois, parvis sacrés [1]
« Qu'un poëte a rendus célèbres !
« Je foule les noms ignorés
« Qui chargent vos pavés funèbres,
« Et de tous ces tombeaux obscurs
« Le marbre qui tient tant de place,
« Laisse à peine un coin dans vos murs
« Pour la cendre et le nom du Tasse !

« Cloître désert, sous tes arceaux
« Mourut l'amant d'Éléonore,
« Près du chêne dont les rameaux
« Devaient pour lui verdir encore.
« Avant l'âge aussi meurt Byron ;
« Un même trépas les immole :
« L'un tombe au seuil du Parthénon,
« Et l'autre au pied du Capitole... »

Je les pleurais tous deux, et je sentis ma voix
Mourir avec leurs noms sur mes lèvres tremblantes ;
Je sentis les accords s'affaiblir sous mes doigts,
Pareils au bruit plaintif, aux notes expirantes
Qui se perdent dans l'air, quand du *Miserere*
Les sons au Vatican s'éteignent par degré.
Jaloux pour mon pays, je cherchais en silence
Quels noms il opposait à ces noms immortels ;
Il m'apparaît alors, celui dont l'éloquence
Des demi-dieux romains releva les autels :
Le Sophocle français, l'orgueil de sa patrie,
L'égal de ses héros, celui qui crayonna
L'âme du grand Pompée et l'esprit de Cinna ;

---

[1] L'église et le couvent de Saint-Onuphre, où mourut le Tasse.

Ému d'un saint respect, je l'admire et m'écrie :

« Chantre de ces guerriers fameux,
« Grand homme, ô Corneille, ô mon maître,
« Tu n'as pas habité comme eux
« Cette Rome où tu devais naître ;
« Mais les dieux t'avaient au berceau
« Révélé sa grandeur passée,
« Et sans fléchir sous ton fardeau,
« Tu la portais dans ta pensée !

« Ah ! tu dois errer sur ces bords,
« Où le Tibre te rend hommage !
« Viens converser avec les morts
« Dont ta main retraça l'image.
« Viens, et, ranimés pour te voir,
« Ils vont se lever sur tes traces ;
« Viens, grand Corneille, viens t'asseoir
« Au pied du tombeau des Horaces !

« De quel noble frémissement
« L'orgueil doit agiter ton âme,
« Lorsque sur ce froid monument
« De tes vers tu répands la flamme !
« Il tremble, et dans son sein profond
« J'entends murmurer sur la terre
« Deux fils morts, dont la voix répond
« Au *qu'il mourût* de leur vieux père.

« Beau comme ces marbres vivants
« Dont l'art enfanta les merveilles,
« Ton front vaste abandonne aux vents
« Ses cheveux blanchis par les veilles ;
« Et quand les fils de Romulus
« Autour de toi couvrent ces plaines,
« Je crois voir un Romain de plus

« Évoquant les ombres romaines.

« Je pars, mais ces morts me suivront :
« Ta muse a soufflé sur leur cendre.
« En renaissant ils grandiront
« Dans tes vers, qui vont me les rendre ;
« Et l'airain, qui, vainqueur du temps,
« Jusqu'aux cieux porta leurs images,
« Les plaça sur des monuments
« Moins sublimes que tes ouvrages ! »

VII

PROMENADE AU LIDO.

Venise.

Arrête, gondolier ; que ta barque un moment
    Cesse de fendre les lagunes :
L'essor qu'elle a reçu va mourir lentement
    Sur les sables noirs de ces dunes.
Gondolier, je reviens : je viens dans un moment
    Prêter l'oreille aux infortunes
    De Clorinde et de son amant.

Souvent un étranger, qui parcourait ces rives,
Prit plaisir aux accords de vos stances plaintives.
    Je veux voir si ces lieux déserts
    Ont gardé de lui quelque trace ;
Car il aima, souffrit, chanta comme le Tasse,
    Dont tu viens de chanter les vers...

Lido, triste rivage ! ô mer plus triste encore,
Qui frémissais d'amour quand tes flots empressés

S'entr'ouvraient pour l'anneau tombant du Bucentaure :
Des fêtes de Saint-Marc les beaux jours sont passés !

Rialto n'entend plus le chant des barcaroles ;
Adieu la soie et l'or mollement enlacés,
Qui tombaient en festons sur le fer des gondoles :
Des fêtes de Saint-Marc les beaux jours sont passés !

En vain du marronnier les fleurs et le feuillage
Parent de la Brenta les palais délaissés,
La gloire et les amours n'y cherchent plus l'ombrage :
Des fêtes de Saint-Marc les beaux jours sont passés !

  Que de fois dans sa rêverie,
Sur ce bord dont l'écho répète encor son nom,
  Alors qu'il errait sans patrie,
Ces souvenirs de deuil ont poursuivi Byron !
Souvenirs où son cœur, abreuvé d'amertume,
Trouvait dans ses ennuis de douloureux appas,
Tandis que le coursier, qu'il blanchissait d'écume,
Faisait jaillir le sable où s'imprimaient ses pas.

O ciel ! la voilà donc cette beauté si fière
Qu'adoraient, en tremblant, les peuples asservis,
Le jour qu'un empereur, dans ses sacrés parvis,
Sous les pieds d'un pontife a baisé la poussière !
Des siècles, pour grandir ; pour mourir, des instants !
Tels furent ses destins ; sa longue décadence
D'une lutte sans fin n'a point lassé le temps :
Un peuple a tout perdu s'il perd l'indépendance.

C'est en vain que Venise a revu ces coursiers
Attelés si longtemps au char de notre gloire,
Qui s'est enfin rompu sous le poids des lauriers,
  Usé par trente ans de victoire.
Le lion dans les fers en vain menace encor ;

Il ne secoûra plus sa crinière sanglante,
Et ses ailes d'airain ne prendront plus l'essor
Pour suspendre au retour, sous la coupole d'or,
    Les drapeaux conquis à Lépante.

Non, Venise n'est plus : ses tranquilles tyrans
Marchent, la tête haute, entre les deux géants
Qui virent de ses chefs le courroux tutélaire
Frapper les cheveux blancs qu'elle avait révérés,
Quand la hache des lois, de degrés en degrés,
Fit bondir d'un tyran la tête octogénaire.

Où sont donc ses héros? où sont-ils?... Sous ta main,
    Qui touche leurs froides reliques.
Où sont-ils? Cherche-les, au seuil de ces portiques,
Dans l'immobilité d'un simulacre vain,
Dans ces marbres debout sur des tombeaux gothiques...
Ses héros aujourd'hui sont de marbre et d'airain.

Que dis-je? de leurs yeux l'éclair encor s'élance :
Ils respirent encor sur ces murs où Palma,
Où du fier Tintoret la main les anima.
Le pinceau du Bassan fait parler leur silence.
Vous vivez, Lorédan, Bembo, Contarini,
Vous vivez sur la toile, où le croissant puni
Livre ses crins captifs à vos pieux courages.
Vous ne pouvez mourir... les morts sont vos enfants,
Les morts sont les guerriers qui peuplent ces rivages,
    Et passent devant vos images
    Sans s'affranchir de leurs tyrans.

Père de tous les biens, l'amour de la patrie
Fonde seul la grandeur d'un peuple à son berceau;
Il fit régner Venise, et Venise flétrie,
Le jour qu'il expira, dut le suivre au tombeau.
Sa grandeur s'écoula comme le flot qui roule,

Sans laisser à mes pieds de trace sur ce bord.
Ils dorment, ses vengeurs, comme le flot qui dort
Dans ses canaux déserts où le marbre s'écroule...

Les Grecs aussi dormaient ; ils se sont réveillés !
Ils ont levé leurs bras si longtemps immobiles ;
   Leurs glaives, si longtemps rouillés,
Brillent du même éclat qu'au jour des Thermopyles.
Fiers, quand ils ont péri, d'un trépas glorieux,
Les Grecs, le front levé, regardent leurs aïeux ;
Et tout couverts d'un sang qui lave tant d'injures,
Quand ils montrent du doigt leurs corps percés de coups,
Léonidas recule en comptant leurs blessures,
   Et Thémistocle en est jaloux.

   La république est opprimée :
   Et vous aussi, réveillez-vous,
   Guerriers dont la main désarmée
   Languit sans force et sans courroux,
   Fils de saint Marc, réveillez-vous ;
   Qu'un peuple devienne une armée.

Saint Marc ! gloire et saint Marc !... A ce cri répété
Le lion a rugi, du beffroi qui résonne
   L'airain pieux s'est agité ;
Courez, obéissez au signal qu'il vous donne ;
   Frappez, il vous appelle, il sonne
   Les vêpres de la liberté !

« Des armes ! » dites-vous ?... vos tyrans ont des armes :
Osez les leur ravir. Forcez vos arsenaux,
Reprenez ces poignards, ces glaives, ces drapeaux,
Que Zara, que Byzance arrosa de ses larmes.
   Reprenez-les pour conquérir
Ces lois, de tout grand peuple uniques souveraines !
   Reprenez-les pour secourir

Et pour imiter les Hellènes !
Reprenez-les pour vaincre... et, fût-ce pour mourir,
Ils seront moins lourds que vos chaînes.

Vainqueurs, sauvez les Grecs !... Vous manquez de vaisseaux !
Venise traîne encor son linceul en lambeaux :
Comme une voile immense, eh bien ! qu'il se déploie
Au faîte de ces tours qui nagent sur les eaux,
A ses flèches de marbre, aux pointes des créneaux
  Où volent ces oiseaux de proie !
Venise avec ses tours et ses palais mouvants,
  Ses temples que la mer balance,
Va flotter, va voguer, conduite par les vents,
Aux bords où pour les Grecs le passé recommence.
Partez ! et puisse-t-elle, aux flots s'abandonnant,
Refleurir près d'Athène à sa splendeur rendue,
  Et recouvrer en la donnant
  La liberté qu'elle a perdue !

Tais-toi, muse, tais-toi ! le sommeil de la mort
Pèse encor sur ce peuple et ferme son oreille.
En voulant réveiller cet esclave qui dort,
  Crains pour toi l'oppresseur qui veille.
Dans ces murs, où souvent un seul mot répété
A provoqué des Dix la rigueur ténébreuse,
  La tyrannie est ombrageuse,
  Comme autrefois la liberté...

Gondolier, je reviens ; en fendant les lagunes,
Rends à ton noir esquif son doux balancement,
  Et chante-moi les infortunes
  De Clorinde et de son amant.

ÉPILOGUE.

De l'antique élégie, allez, filles nouvelles,
　　Vous dont la voix chanta la Liberté
　　　　Sur les ruines éternelles
Où de son ombre encor plane la majesté.
　　　　Allez, hâtez-vous, le temps presse ;
Ce fanatisme ardent qui menace nos droits,
Il marche, il court, il peut vous gagner de vitesse,
En frappant la pensée avec le fer des lois.
Que si je n'avais craint de vous voir prisonnières,
　　　　Deux compagnes auraient encor,
Pour s'unir à vos chants, retardé votre essor :
Allez ; peut-être, hélas ! serez-vous les dernières !

Célébrez l'Italie : ah ! qui verra jamais
L'azur de son beau ciel sans vanter ses attraits !
Qui ne cède aux transports d'une lyrique audace
Sur ces bords que les dieux se plaisaient à fouler,
Où des mêmes zéphyrs qui parfumaient leur trace
Le souffle harmonieux semble encor exhaler
Les sons du luth divin de Virgile et d'Horace !

Mais sur ces bords charmants caressés par les mers,
Sur ces tombeaux romains que la mousse a couverts,
　　　　Comme aux lieux où Venise expire,
L'esclavage hideux s'entoure de déserts.
Au murmure éternel des eaux et du zéphire
Il mêle, en gémissant, le bruit sourd de ses fers,
Et son haleine impure aux parfums qu'on respire.
Dans quelque doux climat qu'on se veuille exiler,
On trouve donc partout des tyrans à maudire,
　　　　Et des peuples à consoler ?

Filles de l'antique élégie,
Que n'avez-vous ses plaintives douceurs,
Ses élans inspirés, sa brûlante énergie !...
Mais avant que des oppresseurs
Étouffent sous les lois la vérité muette,
Vous leur pouvez du moins prédire leur défaite :
Eh bien ! ils tomberont, ces amants de la nuit.
La force comprimée est celle qu'il détruit ;
C'est quand il est captif dans un nuage sombre
Que le tonnerre éclate et luit ;
Et la chute est facile à qui marche dans l'ombre.

UNE SEMAINE A PARIS.

AUX FRANÇAIS.

Debout ! mânes sacrés de mes concitoyens !
Venez ; inspirez-les, ces vers où je vous chante.
Debout, morts immortels, héroïques soutiens
    De la liberté triomphante !

Brûlant, désordonné, sans frein dans son essor,
Comme un peuple en courroux qu'un même cri soulève,
    Que cet hymne vers vous s'élève
    De votre sang qui fume encor !
Quels sont donc les malheurs que ce jour nous apporte?
—Ceux que nous présageaient ses ministres et lui.
—Quoi ! malgré ses serments ! —Il les rompt aujourd'hui.
—Le ciel les a reçus.—Et le vent les emporte.
—Mais les élus du peuple ?...—Il les a cassés tous.
—Les lois qu'il doit défendre?—Esclaves comme nous.
—Et la pensée?—Aux fers.—Et la liberté?—Morte.
—Quel était notre crime ?—En vain nous le cherchons

—Pour mettre en interdit la patrie opprimée,
Son droit?—C'est le pouvoir.—Sa raison?—Une armée.
　　—La nôtre est un peuple : marchons.

　　Ils marchaient, ils couraient sans armes,
　　　Ils n'avaient pas encor frappé,
On les tue; ils criaient : Le monarque est trompé!
On les tue... ô fureur! Pour du sang, quoi! des larmes!
De vains cris pour du sang!—Ils sont morts les premiers;
Vengeons-les, ou mourons.-Des armes!-Où les prendre?
　　—Dans les mains de leurs meurtriers :
A qui donne la mort c'est la mort qu'il faut rendre.

　　Vengeance! place au drapeau noir!
Passage, citoyens! place aux débris funèbres
　　Qui reçoivent dans les ténèbres
　　Les serments de leur désespoir!
Porté par leurs bras nus, le cadavre s'avance.
Vengeance! tout un peuple a répété : Vengeance!
Restes inanimés, vous serez satisfaits.
Le peuple vous l'a dit, et sa parole est sûre;
　　Ce n'est pas lui qui se parjure :
Il a tenu quinze ans les serments qu'il a faits.

　　　Il s'est levé : le tocsin sonne;
　　　Aux appels bruyants des tambours,
　　　Aux éclats de l'obus qui tonne,
　　　Vieillards, enfants, cité, faubourgs,
　　　Sous les haillons, sous l'épaulette,
　　　Armés, sans arme, unis, épars,
　　　Se roulent contre les remparts
　　　Que le fer de la baïonnette
　　　Leur oppose de toutes parts.
　　　Ils tombent; mais dans cette ville,
　　　Où sur chaque pavé sanglant
　　　La mort enfante en immolant,

Pour un qui tombe il en naît mille.

Ouvrez, ouvrez encor les grilles de Saint-Cloud!
Vomissez des soldats pour nous livrer bataille.
Le sabre est dans leurs mains; dans leurs rangs, la mitraille;
Mais de la Liberté l'arsenal est partout.

Que nous importe, à nous, l'instrument qui nous venge!
Une foule intrépide agite en rugissant
La scie aux dents d'acier, le levier, le croissant;
Sous sa main citoyenne en arme tout se change :
Des foyers fastueux les marbres détachés,
Les grès avec effort de la terre arrachés,
  Sont des boulets pour sa colère;
Et, soldats comme nous, nos femmes et nos sœurs
  Font pleuvoir sur les oppresseurs
  Cette mitraille populaire.

Qu'ils aient l'ordre pour eux, le désordre est pour nous!
Désordre intelligent, qui seconde l'audace,
Qui commande, obéit, marque à chacun sa place,
  Comme un seul nous fait agir tous,
  Et qui prouve à la tyrannie,
  En brisant son sceptre abhorré,
  Que par la patrie inspiré,
Un peuple, comme un homme, a ses jours de génie.

Quoi! toujours sous le feu, si jeune, au premier rang!
Retenons ce martyr que trop d'ardeur enflamme.
Il court, il va mourir... Relevons le mourant :
  O Liberté!... c'est une femme!

Quel est-il, ce guerrier suspendu dans les airs?
  De son drapeau qu'il tient encore
Il roule autour de lui le linceul tricolore,
  Et disparaît au milieu des éclairs.

Viens recueillir sa dernière parole,
  Grande ombre de Napoléon!
  C'est à toi de graver son nom
  Sur les piliers du nouveau pont d'Arcole.

Ce soleil de juillet qu'enfin nous revoyons,
  Il a brillé sur la Bastille,
Oui, le voilà, c'est lui! La Liberté, sa fille,
  Vient de renaître à ses rayons.
Luis pour nous, accomplis l'œuvre de délivrance;
Avance, mois sauveur, presse ta course, avance:
  Il faut trois jours à ces héros.
Abrége au moins pour eux les nuits qui sont sans gloire;
  Avance, ils n'auront de repos
  Que dans la tombe ou la victoire.

Nuits lugubres! tout meurt, lumière et mouvement.
De cette obscurité muette et sépulcrale
Quels bruits inattendus sortent par intervalle?
Le cliquetis du fer qui heurte pesamment
Des débris entassés la barrière inégale;
Ces cris se répondant de moment en moment:
Qui vive? — Citoyens. — Garde à vous, sentinelles!
L'adieu de deux amis, dont un embrassement
Vient de confondre encor les âmes fraternelles;
Les soupirs d'un blessé qui s'éteint lentement,
Et sous l'arche plaintive un sourd frémissement,
Quand l'onde, en tournoyant, vient refermer la tombe
  D'un cadavre qui tombe...

  Au Louvre, amis; voici le jour!
  Battez la charge! au Louvre! au Louvre!
Balayé par le plomb qui se croise et les couvre,
  Chacun, pour mourir à son tour,
  Vient remplir le rang qui s'entr'ouvre.
Le bataillon grossit sous ce feu dévorant.

Son chef dans la poussière en vain roule expirant;
Il saisit la victime, il l'enlève, il l'emporte,
Il s'élance, il triomphe, il entre... Quel tableau!
Dieu juste! la voilà victorieuse et morte,
    Sur le trône de son bourreau!

Allez, volez, tombez dans la Seine écumante,
D'un pouvoir parricide emblèmes abolis!
Allez, chiffres brisés; allez, pourpre fumante;
Allez, drapeaux déchus, que le meurtre a salis!
Dépouilles des vaincus, par le fleuve entraînées,
Dépouilles des martyrs que je pleure aujourd'hui,
Allez, et sur les flots, à Saint-Cloud, portez-lui
    Le bulletin des trois journées!

Victoire! embrassons-nous.—Tu vis!—Je te revoi!
—Le fer de l'étranger m'épargna comme toi.
— Quel triomphe! en trois jours.—Honneur à ton courage!
— Gloire au tien!—C'est ton nom qu'on cite le premier.
—N'en citons qu'un.- Lequel?- Celui du peuple entier.
Hier qu'il était brave! aujourd'hui qu'il est sage!
— Du trépas, en mourant, un d'eux m'a préservé.
—Mais ton sang coule encor.—Ma blessure est légère.
—Et ton frère?—Il n'est plus.—L'assassin de ton frère,
    Tu l'as puni?—Je l'ai sauvé.

    Ah! qu'on respire avec délices,
Et qu'il est enivrant, l'air de la liberté!
    Comment regarder sans fierté
    Ces murs couverts de cicatrices,
Ces drapeaux qu'à l'exil redemandaient nos pleurs,
Et dont nous revoyons les glorieux symboles
Voltiger, s'enlacer, courber leurs trois couleurs
Sur ces nobles enfants, l'orgueil de nos écoles!
Des fleurs à pleines mains, des fleurs pour ces guerriers!
Jetez-leur au hasard des couronnes civiques:

Ils ne tomberont, vos lauriers,
Que sur des têtes héroïques.

Mais lui, que sans l'abattre ont jadis éprouvé
    Le despotisme et la licence,
    Que la vieillesse a retrouvé
    Ce qu'il fut dans l'adolescence,
Entourons-le d'amour! Français, Américains,
De baisers et de pleurs couvrons ses vieilles mains!
La popularité, si souvent infidèle,
Est fille de la terre et meurt en peu d'instants :
    La sienne, plus jeune et plus belle,
A traversé les mers, a triomphé du temps :
C'était à la vertu d'en faire une immortelle.

O toi, roi citoyen, qu'il presse dans ses bras
Aux cris d'un peuple entier dont les transports sont justes,
Tu fus mon bienfaiteur, je ne te loûrai pas :
Les poëtes des rois sont leurs actes augustes.
Que ton règne te chante, et qu'on dise après nous :
Monarque, il fut sacré par la raison publique ;
Sa force fut la loi; l'honneur, sa politique;
    Son droit divin, l'amour de tous.

Pour toi, peuple affranchi, dont le bonheur commence,
Tu peux croiser tes bras après ton œuvre immense;
Purs de tous les excès, huit jours l'ont enfanté.
Ils ont conquis les lois, chassé la tyrannie,
    Et couronné la Liberté :
Peuple, repose-toi; ta semaine est finie !

LE RETOUR.

Au Havre.

Le voilà, ce vieux môle où j'errai si souvent!
Ainsi grondaient alors les rafales du vent,
Quand aux pâles clartés des fanaux de la Hève,
  Si tristes à minuit,
Le flux, en s'abattant pour envahir la grève,
  Blanchissait dans la nuit.

Au souffle du matin qui déchirait la brume,
Ainsi sur mes cheveux volait la fraîche écume;
Et quand à leur zénith les feux d'un jour d'été
  Inondaient les dalles brûlantes,
Ainsi, dans sa splendeur et dans sa majesté,
La mer sous leurs rayons roulait l'immensité
  De ses houles étincelantes.

Mais là, mais toujours là, hormis si l'ouragan
Des flots qu'il balayait restait le seul tyran,
Toujours là, devant moi, ces voiles ennemies
  Que la Tamise avait vomies
  Pour nous barrer notre Océan!

Alors j'étais enfant, et toutefois mon âme
Bondissait dans mon sein d'un généreux courroux,
Je sentais de la haine y fermenter la flamme :
Enfant, j'aimais la France et d'un amour jaloux.
J'aimais du port natal l'appareil militaire;
J'aimais les noirs canons, gardiens de ses abords;
J'aimais la grande voix que prêtaient à nos bords
Ces vieux mortiers d'airain sous qui tremblait la terre;
Enfant, j'aimais la France : aimer la France alors,
  C'était détester l'Angleterre!

Que disaient nos marins lui demandant raison
    De sa tyrannie éternelle,
Quand leurs deux poings fermés menaçaient l'horizon?
Que murmuraient les vents quand ils me parlaient d'elle?
Ennemie implacable, alliée infidèle!
On citait ses serments de parjures suivis,
Les trésors du commerce en pleine paix ravis,
Aussi bien que sa foi sa cruauté punique :
Témoin ces prisonniers ensevelis vingt ans,
Et vingt ans dévorés dans des cachots flottants
    Par la liberté britannique!

    Plus tard, un autre prisonnier,
Dont les bras en tous lieux s'allongeant pour l'atteindre
Par-dessus l'Océan n'avaient pas pu l'étreindre,
    Osa s'asseoir à son foyer.
Ceux qui le craignaient tant, il aurait dû les craindre;
Il les crut aussi grands qu'il était malheureux,
Et le jour d'être grands brillait enfin pour eux.
Mais ce jour, où, déchu, l'hôte sans défiance
Vint, le sein découvert, le fer dans le fourreau,
Ce jour fut pour l'Anglais celui de la vengeance :
Il se fit le geôlier de la Sainte-Alliance,
    Et de geôlier devint bourreau!

Oui, du vautour anglais l'impitoyable haine
But dans le cœur de l'aigle expirant sous sa chaîne
Un sang qui pour la France eût voulu s'épuiser :
Car il leur faisait peur, car ils n'ont pu l'absoudre
    D'avoir quinze ans porté la foudre
    Dont il faillit les écraser.

Il ne resta de lui qu'une tombe isolée
    Où l'ouragan seul gémissait.
En secouant ses fers, la grande ombre exilée
    Dans mes rêves m'apparaissait.

Et j'étais homme alors, et maudissais la terre
    Qui le rejeta de ses bords :
Convenez-en, Français, aimer la France alors,
    C'était détester l'Angleterre!

    Mais voici que Paris armé
    Tue et meurt pour sa délivrance,
    Vainqueur aussitôt qu'opprimé ;
    Trois jours ont passé sur la France :
    L'œuvre d'un siècle est consommé.

Des forêts d'Amérique aux cendres de la Grèce,
Du ciel brûlant d'Égypte au ciel froid des Germains,
Les peuples frémissaient d'une sainte allégresse.
    Les lauriers s'ouvraient des chemins
Pour tomber à nos pieds des quatre points du monde ;
    Sentant que pour tous les humains
    Notre victoire était féconde,
    Tous les peuples battaient des mains.

Entre l'Anglais et nous les vieux griefs s'effacent :
Des géants de l'Europe enfin les bras s'enlacent ;
Et libres nous disons : « Frères en liberté,
« Dans les champs du progrès guidons l'humanité ! »
Et nous oublions tout, jusqu'à trente ans de guerre ;
    Car les Français victorieux
Sont le plus magnanime et le plus oublieux
    De tous les peuples de la terre.

Sa cendre, on nous la rend! mer, avec quel orgueil
    De tes flots tu battais d'avance
Ce rivage du Havre, où tu dois à la France
    Rapporter son cercueil !
Mais à peine ce bruit fait tressaillir ton onde,
Qu'un vertige de guerre a ressaisi le monde.
    Homme étrange, est-il dans son sort

Que tout soit ébranlé quand sa cendre est émue?
Elle a tremblé, sa tombe, et le monde remue;
　　Elle s'ouvre, et la guerre en sort !

　　Encore une Sainte-Alliance !
Eh bien ! si son orgueil s'obstine à prévaloir
Contre l'œuvre immortel des jours de délivrance,
Ce que l'honneur voudra, nous saurons le vouloir.
Aux Anglais de choisir ! et leur choix est le nôtre,
　　Quand nous serions seuls contre tous ;
　　Car un duel entre eux et nous,
C'est d'un côté l'Europe et la France de l'autre!

　　Viens, ton exil a cessé ;
　　Romps ta chaîne, ombre captive ;
　　Fends l'écume, avance, arrive :
　　Le cri de guerre est poussé.
　　Viens dans ton linceul de gloire,
　　Toi qui nous as faits si grands ;
　　Viens, spectre que la victoire
　　Reconnaîtra dans nos rangs.
　　Contre nous que peut le nombre?
　　Devant nous tu marcheras ;
　　Pour vaincre à ta voix, grande ombre,
　　Nous t'attendons l'arme au bras !

Partez, vaisseaux; cinglez, volez vers Sainte-Hélène,
Pour escorter sa cendre encor loin de nos bords;
Le noir cercueil flottant qui d'exil le ramène
Peut avoir à forcer un rempart de sabords.
Volez ! seul contre cent fallût-il la défendre,
Joinville périra plutôt que de la rendre,
Et dans un tourbillon de salpêtre enflammé
Il ira, s'il le faut, l'ensevelir fumante
　　Au fond de la tombe écumante
　　Où *le Vengeur* s'est abîmé !

Que dis-je? vain effroi! Dieu veut qu'il la rapporte
  Sous la bouche de leur canon,
  Et passe avec ou sans escorte,
  Que l'Océan soit libre ou non.
Mais qu'il ferait beau voir l'escadre funéraire,
  Un fantôme pour amiral,
Mitrailler en passant l'arrogance insulaire,
  Et lui sous son deuil triomphal,
  Pour conquérir ses funérailles,
Joindre aux lauriers conquis par quinze ans de batailles
  Les palmes d'un combat naval!

  Viens dans ce linceul de gloire,
  Toi qui nous as faits si grands;
  Viens, spectre que la victoire
  Reconnaîtra dans nos rangs.
  Contre nous que peut le nombre?
  Devant nous tu marcheras :
  Pour vaincre à ta voix, grande ombre,
  Nous t'attendons l'arme au bras!

Arme au bras! fier débris de la phalange antique,
Qui, de tant d'agresseurs vengeant la république,
Foula sous ses pieds nus tant de drapeaux divers;
Arme au bras! vétérans d'Arcole et de Palmyre,
Vous, restes mutilés des braves de l'Empire;
Vous, vainqueurs d'Ulloa, de l'Atlas et d'Anvers!
Dans les camps, sur la plaine, aux créneaux des murailles,
Avec tes vieux soutiens et tes jeunes soldats,
Avec tous les enfants qu'ont portés tes entrailles,
  Arme au bras, patrie, arme au bras!

Il aborde, et la France, en un camp transformée,
  Reçoit son ancien général;
Il écarte à ses cris le voile sépulcral,
  Cherche un peuple, et trouve une armée!

Les pères sont debout, revivant dans les fils ;
Ses vieux frères de gloire, il les revoit encore :
« Vous serez, nous dit-il, ce qu'ils furent jadis ;
« Une ligue nouvelle aujourd'hui vient d'éclore :
  « D'un nouveau soleil d'Austerlitz
  « Demain se lèvera l'aurore ! »

Aux salves de canon que j'entends retentir,
  Sur lui le marbre saint retombe ;
Et peut-être avec lui va rentrer dans la tombe
  La guerre qu'il en fit sortir !

Mais que sera pour nous l'amitié britannique ?
Entre les deux pays, séparés désormais,
Le temps peut renouer un lien politique ;
  Un lien d'amitié, jamais !

Consultons son tombeau, qui devant nous s'élève :
Au seul nom des Anglais nous y verrons son glaive
  Frémir d'un mouvement guerrier !
  Consultons la voix du grand homme,
  Et nous l'entendrons nous crier :
« Jamais de paix durable entre Carthage et Rome ! »
Il le disait vivant ; il le dit chez les morts ;
C'est qu'en vain sur ce cœur pèse une froide pierre :
Il est le même, ô France ! il t'aime, noble terre,
Comme alors il t'aimait... Aimer la France alors,
  C'était détester l'Angleterre !

CHANTS POPULAIRES

LA PARISIENNE.

MARCHE NATIONALE.

Peuple français, peuple de braves,
La Liberté rouvre ses bras ;
On nous disait : Soyez esclaves !
Nous avons dit : Soyons soldats !
Soudain Paris dans sa mémoire
A retrouvé son cri de gloire :

En avant, marchons
Contre leurs canons !
A travers le fer, le feu des bataillons,
Courons
A la victoire !

Serrez vos rangs ; qu'on se soutienne !
Marchons ! chaque enfant de Paris
De sa cartouche citoyenne
Fait une offrande à son pays.
O jours d'éternelle mémoire !
Paris n'a plus qu'un cri de gloire :

En avant, marchons
Contre leurs canons!
A travers le fer, le feu des bataillons,
Courons
A la victoire!

La mitraille en vain nous dévore;
Elle enfante des combattants :
Sous les boulets voyez éclore
Ces vieux généraux de vingt ans.
O jours d'éternelle mémoire!
Paris n'a plus qu'un cri de gloire :

En avant, marchons
Contre leurs canons!
A travers le fer, le feu des bataillons,
Courons
A la victoire!

Pour briser ces masses profondes,
Qui conduit nos drapeaux sanglants?
C'est la liberté des deux mondes :
C'est Lafayette en cheveux blancs!
O jours d'éternelle mémoire!
Paris n'a plus qu'un cri de gloire :

En avant, marchons
Contre leurs canons!
A travers le fer, le feu des bataillons,
Courons
A la victoire!

Les trois couleurs sont revenues,
Et la Colonne avec fierté
Fait briller à travers les nues
L'arc-en-ciel de la liberté.

O jours d'éternelle mémoire!
Paris n'a plus qu'un cri de gloire :

 En avant, marchons
  Contre leurs canons !
A travers le fer, le feu des bataillons,
  Courons
  A la victoire !

Soldat du drapeau tricolore,
D'Orléans, toi qui l'as porté !
Ton sang se mêlerait encore
A celui qu'il nous a coûté.
Comme aux beaux jours de notre histoire
Tu redirais ce cri de gloire :

 En avant, marchons
  Contre leurs canons !
A travers le fer, le feu des bataillons,
  Courons
  A la victoire !

Tambours, du convoi de nos frères
Roulez le funèbre signal,
Et nous, de lauriers populaires
Chargeons leur cercueil triomphal.
O temple de deuil et de gloire,
Panthéon, reçois leur mémoire !

 Portons-les, marchons,
  Découvrons
  Nos fronts ;
Soyez immortels, vous tous que nous pleurons,
  Martyrs de la victoire !

LE DIES IRÆ DE KOSCIUSZKO [1].

Jour de colère, jour de larmes,
Où le sort, qui trahit nos armes,
Arrêta son vol glorieux!

A tes côtés, ombre chérie,
Elle tomba, notre patrie,
Et ta main lui ferma les yeux.

Tu vis de ses membres livides
Les rois, comme des loups avides,
S'arracher les lambeaux épars.

Le fer dégouttant de carnage,
Pour en grossir leur héritage,
De son cadavre fit trois parts.

La Pologne ainsi partagée,
Quel bras humain l'aurait vengée?
Dieu seul pouvait la secourir :

Toi-même, tu la crus sans vie;
Mais son cœur, c'était Varsovie :
Le feu sacré n'y put mourir.

Que ta grande ombre se relève;
Secoue, en reprenant ton glaive,
Le sommeil de l'éternité :

---

[1] Cet hymne fut composé sur la prose *Dies iræ*, pour le service funèbre célébré à Paris, le 23 février 1831, en l'honneur de Kosciuszko.

J'entends le signal des batailles,
Et le chant de tes funérailles
Est un hymne de liberté.

Tombez, tombez, voiles funèbres :
La Pologne sort des ténèbres,
Féconde en nouveaux défenseurs;

Par la liberté ranimée,
De sa chaîne elle s'est armée,
Pour en frapper ses oppresseurs.

Cette main qu'elle te présente
Sera bientôt libre et sanglante;
Tends-lui la main du haut des cieux.

Descends pour venger ses injures,
Ou pour entourer ses blessures
De ton linceul victorieux.

Si cette France, qu'elle appelle,
Trop loin ne peut vaincre avec elle,
Que Dieu du moins soit son appui :

Trop haut, si Dieu ne peut l'entendre,
Eh bien, mourons pour la défendre,
Et nous irons nous plaindre à lui.

LA VARSOVIENNE.

Il s'est levé, voici le jour sanglant;
Qu'il soit pour nous le jour de délivrance!

Dans son essor, voyez notre aigle blanc
Les yeux fixés sur l'arc-en-ciel de France.
Au soleil de juillet, dont l'éclat fut si beau,
Il a repris son vol, il fend les airs, il crie :
    Pour ma noble patrie,
Liberté, ton soleil ou la nuit du tombeau !

    Polonais, à la baïonnette !
    C'est le cri par nous adopté ;
    Qu'en roulant le tambour répète :
      A la baïonnette !
      Vive la liberté !

« Guerre !... A cheval, Cosaques des déserts !
« Sabrons, dit-il, la Pologne rebelle.
« Point de Balkans ; ses champs nous sont ouverts ;
« C'est au galop qu'il faut passer sur elle. »
Halte ! n'avancez pas : ses Balkans sont nos corps ;
La terre où nous marchons ne porte que des braves,
    Rejette les esclaves,
Et de ses ennemis ne garde que les morts.

    Polonais, à la baïonnette !
    C'est le cri par nous adopté ;
    Qu'en roulant le tambour répète :
      A la baïonnette !
      Vive la liberté !

Pour toi, Pologne, ils combattront tes fils,
  Plus fortunés qu'au temps où la victoire
  Mêlait leur cendre aux sables de Memphis,
  Où le Kremlin s'écroula sous leur gloire.
Des Alpes au Thabor, de l'Èbre au Pont-Euxin,
Ils sont tombés, vingt ans, sur la rive étrangère ;
    Cette fois, ô ma mère !
Ceux qui mourront pour toi dormiront sur ton sein.

Polonais, à la baïonnette !
C'est le cri par nous adopté ;
Qu'en roulant le tambour répète :
   A la baïonnette !
   Vive la liberté !

Viens, Kosciuszko, que ton bras frappe au cœur
Cet ennemi qui parle de clémence ;
En avait-il, quand son sabre vainqueur
Noyait Praga dans un massacre immense ?
Tout son sang va payer le sang qu'il prodigua,
Cette terre en a soif, qu'elle en soit arrosée :
   Faisons sous sa rosée
Reverdir les lauriers des martyrs de Praga.

   Polonais, à la baïonnette !
   C'est le cri par nous adopté ;
   Qu'en roulant le tambour répète :
     A la baïonnette !
     Vive la liberté !

Allons, guerriers, un généreux effort !
Nous les vaincrons ; nos femmes les défient.
O mon pays, montre au géant du Nord
Le saint anneau qu'elles te sacrifient.
Que par notre victoire il soit ensanglanté ;
Marche, et fais triompher au milieu des batailles
   L'anneau des fiançailles,
Qui t'unit pour toujours avec la liberté.

   Polonais, à la baïonnette !
   C'est le cri par nous adopté ;
   Qu'en roulant le tambour répète :
     A la baïonnette !
     Vive la liberté !

A nous, Français! les balles d'Iéna
Sur ma poitrine ont inscrit mes services!
A Marengo, le fer la sillonna;
De Champ-Aubert comptez les cicatrices.
Vaincre et mourir ensemble autrefois fut si doux!
Nous étions sous Paris.... Pour de vieux frères d'armes
    N'aurez-vous que des larmes?
Frères, c'était du sang que nous versions pour vous,

    Polonais, à la baïonnette!
    C'est le cri par nous adopté;
    Qu'en roulant le tambour répète :
      A la baïonnette!
      Vive la liberté!

O vous, du moins, dont le sang glorieux
S'est, dans l'exil, répandu comme l'onde,
Pour nous bénir, mânes victorieux,
Relevez-vous de tous les points du monde!
Qu'il soit vainqueur, ce peuple; ou martyr comme vous
Sous le bras du géant, qu'en mourant il retarde,
    Qu'il tombe à l'avant-garde,
Pour couvrir de son corps la liberté de tous.

    Polonais, à la baïonnette!
    C'est le cri par nous adopté;
    Qu'en roulant le tambour répète :
      A la baïonnette!
      Vive la liberté!

Sonnez, clairons! Polonais, à ton rang!
Suis sous le feu ton aigle qui s'élance.
La liberté bat la charge en courant,
    Et la victoire est au bout de ta lance.
Victoire à l'étendard que l'exil ombragea
Des lauriers d'Austerlitz, des palmes d'Idumée!

Pologne bien-aimée,
Qui vivra sera libre, et qui meurt l'est déjà!

Polonais, à la baïonnette!
C'est le cri par nous adopté;
Qu'en roulant le tambour répète :
   A la baïonnette!
   Vive la liberté!

LE CHIEN DU LOUVRE.

BALLADE.

Paris.

Passant, que ton front se découvre :
Là, plus d'un brave est endormi.
Des fleurs pour le martyr du Louvre!
Un peu de pain pour son ami!

C'était le jour de la bataille :
Il s'élança sous la mitraille;
   Son chien suivit.
Le plomb tous deux vint les atteindre;
Est-ce le maître qu'il faut plaindre?
   Le chien survit.

Morne, vers le brave il se penche,
L'appelle, et, de sa tête blanche
   Le caressant,
Sur le corps de son frère d'armes
Laisse couler ses grosses larmes
   Avec son sang.

Des morts voici le char qui roule ;
Le chien, respecté par la foule,
    A pris son rang,
L'œil abattu, l'oreille basse,
En tête du convoi qui passe,
    Comme un parent.

Au bord de la fosse avec peine,
Blessé de juillet, il se traîne
    Tout en boitant ;
Et la gloire y jette son maître,
Sans le nommer, sans le connaître ;
    Ils étaient tant !

Gardien du tertre funéraire,
Nul plaisir ne le peut distraire
    De son ennui ;
Et fuyant la main qui l'attire,
Avec tristesse il semble dire :
    « Ce n'est pas lui. »

Quand sur ces touffes d'immortelles
Brillent d'humides étincelles
    Au point du jour,
Son œil se ranime, il se dresse,
Pour que son maître le caresse
    A son retour.

Au vent des nuits, quand la couronne
Sur la croix du tombeau frissonne,
    Perdant l'espoir,
Il veut que son maître l'entende ;
Il gronde, il pleure, et lui demande
    L'adieu du soir.

Si la neige, avec violence,

LE CHIEN DU LOUVRE.

De ses flocons couvre en silence
    Le lit de mort,
Il pousse un cri lugubre et tendre,
Et s'y couche pour le défendre
    Des vents du nord.

Avant de fermer la paupière,
Il fait, pour relever la pierre,
    Un vain effort.
Puis il se dit comme la veille :
« Il m'appellera s'il s'éveille. »
    Puis il s'endort.

La nuit, il rêve barricade :
Son maître est sous la fusillade
    Couvert de sang;
Il l'entend qui siffle dans l'ombre,
Se lève et saute après son ombre
    En gémissant.

C'est là qu'il attend d'heure en heure,
Qu'il aime, qu'il souffre, qu'il pleure,
    Et qu'il mourra.
Quel fut son nom? C'est un mystère :
Jamais la voix qui lui fut chère
    Ne le dira.

Passant, que ton front se découvre :
Là plus d'un brave est endormi.
Des fleurs pour le martyr du Louvre!
Un peu de pain pour son ami.

CHANTS POPULAIRES.

LA NAPOLÉONNE.

15 décembre 1840.

France, le vaisseau part! A Sainte-Hélène, ô France,
    Dieu conduise son pavillon!
L'aigle est sorti des fers : ce vaisseau qui s'élance,
    Il va chercher Napoléon.

Son bras pendant quinze ans fit signe à la victoire.
    « Viens, » disait-il ; elle accourait.
Si jamais le vieillard oubliait son histoire,
    L'enfant la lui raconterait.
Sa gloire emplit le monde et n'a plus où s'étendre :
    C'est le soleil qui luit pour tous ;
Au monde elle appartient : allons chercher sa cendre,
    Sa cendre n'appartient qu'à nous!

France, le vaisseau marche, il avance, il avance,
    Et le ciel sur son pavillon
Fait rayonner d'espoir les trois couleurs de France
    Qui vont chercher Napoléon.

Va donc, royal enfant d'une libre patrie,
    Cette palme, va l'arracher
Aux vents qui l'ont battue, et ne l'ont pas flétrie
    En la jetant contre un rocher.
Ses rameaux murmuraient sous les feux du tropique :
    « Captive, il faut me délivrer! »
Et le parfum lointain de la palme héroïque
    Venait encor nous enivrer.

France, ils ont abordé ; l'équipage s'élance
    En criant sous son pavillon :

LA NAPOLÉONNE.

Nous sommes les heureux, envoyés par la France,
    Pour rapporter Napoléon !

Écoutez : dans l'enceinte où ces saules gémissent
    J'entends le roulement du deuil :
Sous leur fardeau sacré nos marins qui frémissent
    Se sont courbés avec orgueil.
Le tambour roule, on marche, et, quand le cercueil passe,
    L'Anglais se découvre en pleurant ;
Il le montre à son fils, et lui dit à voix basse :
    « C'est ce Français qui fut si grand ! »

France, leurs yeux l'ont vu : qu'il fut sublime, ô France,
    L'instant où sa froide prison,
Le rendant aux témoins de sa longue souffrance,
    Leur découvrit Napoléon !

Ils étaient là, muets ; le linceul se relève :
    O prodige ! on dirait qu'il dort ;
C'est hier que sa main a déposé le glaive ;
    Ses restes ont vaincu la mort :
De la destruction l'œuvre s'est arrêtée
    Pour qu'en écartant ces lambeaux
La France reconnût sa face respectée
    Même par le ver des tombeaux.

Voiles de deuil, tombez ; brillez, couleurs de France :
    Remonte aux cieux, fier pavillon !
A travers l'Océan la grande ombre s'avance :
    Voici venir Napoléon !

Il sourit quand les cieux se couvrent de nuages,
    Et semble dire aux matelots :
« César est avec nous, qui dompta des orages
    « Plus terribles que ceux des flots. »
Il rêve à ce chaos d'où sa voix fit éclore

L'ordre, l'industrie et les lois,
Et se redresse au bruit du drapeau tricolore
 Qui lui raconte ses exploits.

France, l'heureux vaisseau sous lui par bonds s'élance,
 Comme on vit, au bruit du clairon,
Bondir le coursier blanc sous ta fortune, ô France,
 Quand il portait Napoléon !

Roi, tu vois donc enfin s'accomplir ta pensée ;
 Et toi, Juillet, mois bienfaiteur,
Tu réchaufferas donc sa dépouille glacée
 De ton soleil libérateur.
S'ils étaient beaux, ces jours dont la splendeur première
 Se rougit d'un sang généreux,
Que beau sera leur deuil et belle leur lumière
 Sur ces restes conquis par eux !

France, tu l'as revu ! ton cri de joie, ô France,
 Couvre le bruit de ton canon ;
Ton peuple, un peuple entier qui sur tes bords s'élance,
 Tend les bras à Napoléon !

La Seine, qui reçoit le don qu'à son rivage
 Il a laissé par testament,
Le porte avec amour au temple où le courage
 Veillera sur son monument.
Parole du héros, tu n'as pas été vaine :
 « Que mes restes inanimés
« Reposent parmi vous sur les bords de la Seine,
 « Vous, Français, que j'ai tant aimés ! »

France, il est sur ton sein. Accours, et pour la France,
 Paris, reçois son dernier don ;
Sous ton arc triomphal Napoléon s'avance ;
 Paris, voici Napoléon !

La Liberté, debout devant ta grande image,
    Soldat que la gloire a fait roi,
Te reçoit sous cet arc, impérissable hommage
    À ton armée offert par toi.
En y mêlant la sienne elle épure ta gloire ;
    Elle en accroît la majesté ;
Car, s'il nous est permis d'adorer la Victoire,
    C'est aux pieds de la Liberté !

France, il est dans Paris ; il reconnaît, ô France,
    Ce Louvre où domina son nom,
Où les rois étaient peuple aux jours de sa puissance,
    Quand il était Napoléon !

Flottez, drapeaux ; tonnez, canons des Invalides !
    Rendez-nous nos morts, froids déserts !
Marengo, rends les tiens ; plaine des Pyramides,
    Rends ceux que ton sable a couverts !
Secouez la poussière, et la cendre, et la neige ;
    Venez, morts sans tombeaux ; à vous
Votre part du triomphe en lui faisant cortége !
    Son tombeau, c'est le vôtre à tous.

France, il est arrivé ; vers le seuil il s'avance...
    Du brave, ô toi, vieux Panthéon,
Qui voudrais t'agrandir pour contenir la France,
    Ouvre-toi : c'est Napoléon !

HYMNE DES INVALIDES.

Tu seras fier de ton repos,
    Car tu dois, chez tes intrépides,

CHANTS POPULAIRES.

Dormir où dorment les héros,
Sous les drapeaux des Invalides !

Tous ces étendards mutilés,
En y balançant les blessures
Dont la foudre les a criblés,
T'y berceront de leurs murmures.

L'artilleur, qui t'a vu sans nom
Sur ta pièce républicaine,
Y viendra parler de Toulon
Avec son ancien capitaine.

Ceux qu'à ta voix Desaix guida
Viendront, sur l'ombre consulaire
Du vainqueur de la Bormida,
Courber leur gloire octogénaire.

D'Austerlitz rêvant près de toi,
Là viendront d'autres frères d'armes ;
Sur leur vieil Empereur et Roi,
Là couleront leurs vieilles larmes.

Ils diront, en redressant là
Leurs fronts couverts de cicatrices :
Père des braves, te voilà !
Ta cendre a payé nos services.

Tu seras fier de ton repos !
Car tu dois, chez tes intrépides,
Dormir où dorment les héros,
Sous les drapeaux des Invalides !

POÉSIES DIVERSES

DISCOURS D'OUVERTURE

DU SECOND THÉATRE-FRANÇAIS [1].

De ce triple salut ne prenez nul ombrage ;
Je ne viens point, porteur d'un sinistre message,
Annoncer en tremblant qu'un Grec ou qu'un Romain
Ce soir donne à l'affiche un démenti soudain ;
Qu'Oreste, moins zélé pour une amante ingrate,
Renonce à conspirer par ordre d'Hippocrate,
Ou que le roi des rois, désertant ses États,
S'est enfui pour Bordeaux sans réveiller Arcas.
Nous avons su trouver, loin des sentiers vulgaires,
Des rois à résidence et des dieux sédentaires,
Nourris dès le berceau dans de vieux préjugés,
La crainte du parterre et l'horreur des congés.

Modeste ambassadeur d'un empire comique,
Je viens du compliment suivre l'usage antique ;
Je viens ressusciter, dès nos premiers essais,
Un des statuts sacrés du Théâtre-Français.
Quand de Pâque expirant la fatale quinzaine,
Par la poste, au public, ramenait Melpomène,

[1] Ce discours fut prononcé le 19 octobre 1819.

Au lever du rideau, les nombreux spectateurs,
Réunis pour fêter ses talents voyageurs,
Accueillaient le discours d'un héros ou d'un prince
Encor tout parfumé des lauriers de province.
Ainsi nous reviendrons complimenter Paris,
Moins chargés de lauriers : nos rivaux ont tout pris.
Trop heureux si, glanant où leur foule moissonne,
Nous ramassons les brins tombés de leur couronne;
Plus heureux si, par zèle artistes casaniers,
Nous pouvons sous vos yeux cueillir tous nos lauriers !

Vous, cependant, vous tous, qu'un amour idolâtre
Enflamme noblement pour les jeux du théâtre,
Dirigez sans rigueur nos efforts incertains ;
Soyez nos protecteurs, traitez-nous en voisins,
Vous, disciples d'un dieu que plaisanta Molière,
Et songez qu'Apollon d'Esculape est le père.
Vous aussi, de Thémis généreux nourrissons,
Reposez-vous ici de ses doctes leçons.

Puisse une ample récolte ombrager sur ces rives
Le front de nos caissiers de palmes lucratives !
Puissiez-vous, chaque hiver, braver les aquilons
Contre un sexe craintif déchaînés sur les ponts !
Puissent les doux bravos caresser notre oreille !
Puissions-nous voir l'auteur représenté la veille,
Saluant son ouvrage à la porte annoncé,
Sortir tout radieux de n'être point placé !
Comblez ce temple heureux de dépouilles opimes;
Mais allez dans quelque autre immoler vos victimes.
Hélas ! j'ai vu nos dieux abandonnés, proscrits,
Et ce vide effrayant frappe encor mes esprits.
Alors, de l'Odéon le long pèlerinage
Étonnait un fidèle et troublait son courage.

Si quelques voyageurs, nés au quartier d'Antin,

Découvraient l'Odéon dans ce désert lointain,
Ils l'admiraient, frappés de respect et de crainte,
Comme un vieux monument d'Athène ou de Corinthe,
Et rentraient dans Paris sans risquer un écu
Pour voir les naturels de ce pays perdu.
Voilà, voilà, messieurs, l'effrayante chronique
Qu'on tourne à nos dépens en récit prophétique ;
Éternel entretien de l'amateur glacé,
Qui lit notre avenir écrit dans le passé.
Voilà les souvenirs dont s'armait la censure
Durant les longs travaux de notre architecture.
Pourquoi sont-ils passés ces temps, ces heureux temps
Où les murs s'élevaient au son des instruments,
Où les rochers émus cédaient à l'harmonie
Des Lafond, des Duport de la Mythologie?
Thalie eût emprunté, pour bâtir son palais,
Notre orchestre ou celui du Théâtre-Français,
Et nous eût épargné les sinistres augures
Qu'ont rendus contre nous les cent voix des brochures.

Deux théâtres ! dit-on ; mais le seul existant,
Faute d'appuis nouveaux, ne marche qu'en boitant.
Eh ! messieurs, partagez le champ le plus stérile :
Un seul le négligeait, deux le rendront fertile.
Les talents sont les fruits de la rivalité :
Souvent un fils unique est un enfant gâté.

Que n'a-t-il pas produit ce siècle de miracles
Où le Pinde français a rendu ses oracles !
Mais, illustrés par lui, deux théâtres rivaux
Luttaient dans la carrière ouverte à ses travaux
De Racine au combat l'un suivait la bannière,
L'autre avait arboré l'étendard de Molière,
Et l'auteur immortel du Cid et du Menteur
Versait sur les deux camps son éclat créateur.
Du zèle et du succès le public tributaire

Portait de l'un à l'autre un appui volontaire ;
Et, fidèle au talent qui charmait son loisir,
N'embrassait de parti que celui du plaisir.

Quand l'astre de Ferney n'éclaira plus la scène,
Il laissa dans la nuit Thalie et Melpomène ;
Mais la rivalité, divisant leurs sujets,
Du jour qui n'était plus nous rendit les reflets.
Fabre prêtait alors à la muse comique
La mordante âpreté de sa verve caustique ;
Sur les pas de Chénier Legouvé prit l'essor.
Cet aimable Collin, que Paris pleure encor,
Par l'abandon naïf de sa facile veine,
Mérita le surnom qu'ennoblit La Fontaine.
Ducis nous attendrit pour d'illustres malheurs ;
Ducis, dont l'art sublime éveillait nos terreurs,
Inspiré par Shakspear, qu'il imitait en maître,
Égala Crébillon, le surpassa peut-être.
Caïn aux spectateurs retraçait sur ces bords
L'horreur du premier crime et des premiers remords ;
Tout près du Luxembourg, le Vieux Célibataire,
Sous les traits de Molé, captivait le parterre ;
De Marius aux fers la sombre majesté
Désarmait d'un regard le Cimbre épouvanté ;
Cependant qu'Othello, Polynice et son père,
Fénelon et Boulen, et Macbeth et Fougère,
Du bruit toujours croissant de leurs brillants destins
Fatiguaient les échos des bords ultrapontins.

Quelque splendeur alors couronna nos poètes ;
Mais n'ont-ils pas trouvé de dignes interprètes?
Contat, Caumont, Raucourt, Sainval et Dugazon
Laissaient-ils au besoin les enfants d'Apollon ?
Fleuri, dont ce théâtre a gardé la mémoire,
Survit à nos plaisirs sans survivre à sa gloire ;
Saint-Prix, digne héritier du sceptre de Brizard,

A des colateraux vient de léguer son art;
Mais Paris se console en écoutant Oreste,
Et rit de deux jours l'un : Célimène lui reste.

Si la rivalité fut féconde en succès,
Pourquoi désespérer de ses nouveaux essais?
Un moment chaque soir ce combat dramatique
Ne peut-il dérider la sombre politique?
Animant de la voix deux empires jumeaux,
La grave déité qui préside aux journaux
Ne peut-elle au budget dérober une page
Pour peser les destins de Rome et de Carthage?
Plus d'un guerrier, captif et longtemps sans espoir,
S'apprête à secouer la poudre d'un tiroir;
Plus d'un prince, indécis entre les deux frontières,
N'attend que nos succès pour franchir nos barrières.
Venez, tristes héros, nos bras vous sont ouverts;
Affrontez parmi nous des flots souvent amers.
Le Permesse à la fin est pour vous navigable,
Et vous n'attendrez plus comme une ombre insolvable
Qui, suppliant Caron de la prendre au rabais,
Errait au bord du Styx sans le passer jamais!
Notre esquif lève l'ancre et va braver l'orage;
Mais c'est peu d'un esquif, il faut un équipage.
Que le nôtre à former nous a coûté d'efforts!
Nous avons parcouru la province et ses ports,
Dépeuplé la Belgique, et du Conservatoire
Appelé dans nos rangs et l'élite et la gloire.
Si nous vous présentons quelques heureux talents,
Pardonnez des écarts à leurs nobles élans.
Faut-il rejeter l'or pour un peu d'alliage?
Que son éclat plus pur devienne votre ouvrage.
Songez qu'avec le temps le bien se change en mieux;
Que le plus beau talent ne prend que sous vos yeux
Ce goût, cette nature élégante et fidèle,
Ce bon ton dont Moncade emporta le modèle;

Que le Garrik français s'éleva par degré
Aux célestes transports de Joad inspiré;
Qu'enfin d'un geste vrai la muette éloquence
Est fille d'Apollon... et de la Patience.

Ce propos me rappelle un conte d'autrefois;
Veuillez l'entendre : Ésope en faisait même aux rois.
Les rois, vous le savez, sont des dieux sur la terre,
Et ce qu'on dit aux dieux peut se dire au parterre.

« Dans un pays que je ne nomme point,
Pays des arts, du goût, de l'élégance
(Il est, je crois, de votre connaissance),
Était un parc admirable en tout point.
Chose bizarre : une seule avenue
Le traversait dans sa vaste étendue.
Là s'assemblaient gens de cour et bourgeois;
Juge, avocat, militaire, coquette,
S'y délassaient du soin de leurs emplois,
Ou des travaux d'une longue toilette.
Les orangers parfumaient ces beaux lieux:
On y rêvait au doux bruit des fontaines.
Quels gazons frais! quels sons mélodieux!
Les rossignols y chantaient par centaines
Toute l'année... hormis deux ou trois mois,
Où ces messieurs prenaient tous leur volée,
Couraient les champs, et laissaient dans l'allée
D'autres oiseaux, lesquels étaient sans voix.
A leur retour, la foule consolée
Dans l'avenue oubliait ses ennuis.
On s'y portait : c'était la mode; et puis...
C'était la seule. Un bon vieillard, un sage,
Dit : Mais pourquoi ne pas en avoir deux?
Soudain on plante, on se hâte, et l'ouvrage
Va lentement; alors c'était l'usage.
La promenade ouverte aux curieux,

Tout le monde entre, et d'abord la Critique.
Sur les défauts chaque passant s'explique.
Qui n'a les siens? C'est bien, s'écriait-on;
Mais peu de fleurs! mais des arbres sans ombre!
Les rossignols n'y sont pas en grand nombre!
Des fruits, pas un! à peine du gazon!
Oh! l'autre allée aura la préférence.
Elle a la mienne, et j'y cours... Patience,
Dit le vieillard, qui parlait de bon sens;
Juger trop vite à l'erreur nous entraîne.
Est-ce en deux jours que le gland devient chêne?
Laissez grandir ces arbustes naissants,
Ils donneront du frais et de l'ombrage.
Prodiguez l'onde aux gazons délicats,
Et leur duvet s'étendra sous vos pas.
Encouragez les chantres du bocage,
Les rossignols épars sur les rameaux
Verront près d'eux s'élever des rivaux;
Leur foule un jour couvrira ce feuillage,
Vous charmera de chants toujours nouveaux,
Toute l'année ils vous seront fidèles...
On prendra soin de leur couper les ailes.
Laissez aux fleurs le temps de s'entr'ouvrir,
Et leurs couleurs ne seront que plus belles.
Vienne l'automne, et les fruits vont mûrir.
Achetez donc par un peu d'indulgence
Double avenue et double jouissance. »

Suivit-on ce conseil? ce conseil fut-il vain?
Le mot de cette énigme au compliment prochain.

DISCOURS D'INAUGURATION

POUR L'OUVERTURE DU THÉATRE DU HAVRE[1].

Consacré par vos soins aux Neuf Sœurs de la Fable,
Enfin il est debout, ce Temple interminable,
Qui, de ses fondements sortant avec lenteur,
Longtemps d'un vain espoir flatta le spectateur,
Comme un chêne encor nain promet à fleur de terre
D'ombrager les neveux de son propriétaire.
Pour nous il s'est levé, ce jour terrible et doux,
Ce jour qui tant de fois recula devant nous;
Aux torrents du public enfin la porte s'ouvre,
Et sur vos bords aussi le génie a son Louvre.
Le parterre l'admire, étonné de s'asseoir
Sous un soleil nouveau qui s'allume le soir;
Il en peut contempler la colonnade ovale,
De celle de Perrault très-modeste rivale,
Les degrés somptueux et les foyers ouverts
Sur vos bassins chargés de pavillons divers.

L'armateur satisfait, pour prix de ses largesses,
Peut du sein des plaisirs calculer ses richesses,
Et dans ces lacs profonds, creusés pour son comptoir,
Voit d'un gain assuré se balancer l'espoir.
Tourne-t-il ses regards vers la scène mobile,
Une forêt qui fuit lui découvre une ville;
C'est là que Cicéri, dont les heureux pinceaux
Font frémir le feuillage et couler les ruisseaux,
A suspendu pour vous les tentes de l'Aulide,
Vous égare avec lui dans les jardins d'Armide,

---

[1] Ce théâtre a été ouvert le 25 août 1823. L'auteur est né au Havre.

Vous offre tour à tour le Caire et ses bazars,
La prison de Warwick, le palais des Césars,
Le temple de Vesta, le bosquet de Joconde,
Et vous donne en peinture un abrégé du monde.
Pour enchanter vos sens tous les arts sont d'accord :
Mais au goût qui les juge ils devaient cet effort.
Où pouvaient-ils porter d'aussi justes hommages?
Quel plaisir délicat n'a droit à vos suffrages?

C'est peu que la Neustrie étale à tous les yeux
Les opulents tributs d'un sol industrieux,
Ces pressoirs ruisselants qu'un jus doré colore,
Ces bassins de Déville, et ces prés où l'Aurore,
Qui n'a jamais quitté son époux d'un œil sec,
Vient mouiller de ses pleurs les madras de Bolbec;
C'est peu que d'Yvetot le royaume historique
Habille un peuple heureux des tissus qu'il fabrique,
Et d'un chorus de joie ébranlant les échos,
Célèbre le lundi sous les pommiers de Caux;
Votre gloire est plus belle, et l'antique Neustrie
N'est pas moins chère aux arts que chère à l'industrie.
Là Corneille naquit, et cet esprit puissant,
Qui créait à lui seul le théâtre naissant,
A devancé Racine, et Quinault, et Molière,
Et son laurier normand couvre la France entière;
Là naquit Fontenelle, astronome mondain,
Que les Grâces suivaient un compas à la main;
Là ce peintre éloquent, Poussin, dont le génie
D'un Raphaël français étonna l'Italie.

Sol fécond, dans tes champs le voyageur séduit
Rencontre un souvenir en savourant un fruit :
Arques, Falaise même eût ses jours de vaillance,
Et Rouen, plus fameux, où, morte pour la France,
Jeanne, qui succombait sous le joug étranger,
Léguait aux cœurs normands son malheur à venger;

Et ce clocher d'Harfleur, debout pour vous apprendre
Que l'Anglais l'a bâti, mais ne l'a pu défendre
Enfin votre cité, cette reine des eaux,
Par un commerce actif rivale de Bordeaux,
Rivale de Toulon par plus d'une victoire,
Qui s'illustra soi-même et suffit à sa gloire.

Oui, vous deviez un temple aux filles d'Apollon :
Elles ont eu des sœurs dans ce riant vallon.
C'est toi que j'en atteste, aimable Lafayette,
De Clève et de Nemours muse tendre et discrète.
Qui dérobas ta vie à la célébrité
En illustrant le nom que Segrais t'a prêté ;
Toi, docte Scudéri, muse plus téméraire,
Lauréat féminin d'un concours littéraire.

Mais le Havre a vu naître un talent créateur,
Celui qui transporta sur ce bord enchanteur
Les fables et les dieux de l'Arcadie antique [1].
Tout prend sous ses pinceaux un charme poétique :
La Seine est une vierge et fuit un jeune amant ;
A croire les récits de ce conteur charmant,
La pomme de discorde, offerte à trois rivales,
Se brise dans vos champs en deux moitiés égales,
Et si des noirs pepins le germe trop fécond
A semé les procès qu'on récolte à Domfront,
La blancheur de la pomme, où l'incarnat se joue,
Embellit la Cauchoise et brille sur sa joue.
Eh ! qui de vous, messieurs, quand propice aux vaisseaux
La Hève, au sein des nuits, allume ses fanaux,
Quand la mer vient heurter de ses vagues plaintives
Les rivages de Leure et les pointes de Dives,
Quand le signal d'alarme annonce à vos nochers
Qu'une nef en débris se perd sur les rochers,

---

[1] Bernardin de Saint-Pierre.

Qui de vous, plus sensible aux traits d'un beau génie,
Ne voit sur le tillac s'abîmer Virginie?
De cet amour si pur qui n'a plaint les malheurs?
Gloire au talent divin consacré par vos pleurs!
Honneur à sa patrie! Hélas! plus d'un orage
Retraça sous vos yeux cet immortel naufrage;
Plus d'une fois aussi le Havrais généreux,
Élancé dans les flots et repoussé par eux,
Pour l'humanité seule affronta la tourmente
Que Paul au désespoir bravait pour une amante;
Il affronta la mort, quand l'obus en passant
Creusait sous ses éclats le galet jaillissant,
Et qu'aux cris des vainqueurs, aux clameurs de la ville,
Aux bravos répétés des coteaux d'Ingouville,
L'amiral ennemi, foudroyé par nos forts [1],
Voyait tomber ses mâts croulant sur ses sabords.
Mais la paix vous désarme et vous rend l'opulence;
Recueillez ses présents, que sa douce influence
Règne aussi sur les mers que vous devez franchir;
Que le brick voyageur, armé pour s'enrichir
Des parfums du Niger, de l'Indus et du Phase,
S'élance des chantiers qu'en glissant il embrase;
Que du fruit cotonneux des champs américains
La poulie en criant charge vos magasins;
Sortant à grains dorés du boucaut qui se vide,
Que le moka pour vous s'élève en pyramide,
Et que de vos trésors quelques faibles ruisseaux.
Détournés de leur cours, tombent dans nos bureaux.
Venez sur notre scène, à vos frais embellie,
Courtiser chaque soir Melpomène et Thalie...
Melpomène!... à ce nom ne vous alarmez pas:
La muse de Grétry sur elle aura le pas.
De tragiques douleurs pourraient mettre à la gêne
Les Colins obligés de la troupe indigène;

[1] Sir Sidney Smith.

Nous ferons succéder à leurs tendres accents,
Non pas d'un dieu proscrit les bandits innocents,
Mais l'heureux Vaudeville, enfant de la satire,
Dont le luth bas-normand naquit au Val-de-Vire.

Enfin nous tenterons de plus nobles efforts,
Quand Mars et quand Talma, passagers sur nos bords,
Offriront aux bravos ce talent admirable
Qui n'imita personne et reste inimitable.
Heureux de nos autels les humbles desservants,
Si le Dieu trop connu qui déchaîne les vents,
Nous épargnant au port ses sifflements sinistres,
A nos dépens jamais ne vous prend pour ministres,
Et plus heureux l'auteur qui composa ces vers,
S'il n'a point profané des noms qui vous sont chers,
Et s'il fait partager à votre âme attendrie
Le plaisir qu'il éprouve en chantant sa patrie.

DISCOURS

EN L'HONNEUR DE PIERRE CORNEILLE [1].

Deux siècles ont passé, depuis que parmi vous,
De lui-même inconnu comme il l'était de tous,
Un jeune homme parut, que l'amour fit poëte.
De ses premiers transports éloquent interprète,
Plein du démon des vers qui s'éveillait en lui,
Poëte sans modèle, il marchait sans appui.
« Ses pareils à deux fois ne se font pas connaître. »
Où les maîtres manquaient bientôt il fut un maître.

[1] Ce discours fut composé à l'occasion de la souscription ouverte par la société libre d'émulation de Rouen, pour élever un monument à la gloire du grand Corneille.

Il franchit la carrière, et d'un pas de géant,
A la cime du Pinde élancé du néant,
Il y grava son nom qu'on ignorait la veille.
Ce jeune homme inconnu, c'était le grand Cornelle !

Deux siècles ont passé, des siècles passeront
Sans flétrir les lauriers qui surchargent son front ;
Leurs rameaux vieillissants se couvrent d'un feuillage
Dont l'immortalité reverdit d'âge en âge.

Le théâtre, ennobli par ses pompeux travaux,
Vit naître, après les siens, des chefs-d'œuvre nouveaux
Du Menteur, de Cinna, postérité sublime.
Ils ont trouvé pour eux l'avenir unanime :
De Molière en courroux le vers accusateur
Imprima l'infamie au front de l'Imposteur ;
Racine, dont Joad ranimait le génie,
A des concerts du ciel révélé l'harmonie,
Et Corneille pourtant, cet astre radieux,
Qui leur traça la route et leur ouvrit les cieux,
Vous apparaît plus grand, plus beau qu'à son aurore,
Entouré des rayons du jour qu'il fit éclore.

Que n'a-t-on point osé contre ces noms fameux ?
Mais cet obscur nuage est tombé derrière eux,
Comme on voit, près du but, s'abaisser la poussière
Qui nous dérobe au char vainqueur dans la carrière.
De leur trône affermi qui pourrait renverser
Ceux que l'Europe admire et n'a pu surpasser ?
Quand un peuple nouveau de rimeurs en démence
Tenterait d'ébranler leur renommée immense,
On verrait tous ces nains, sans haleine et sans voix,
En soulevant le roc, retomber sous son poids :
Dussent-ils, pour tromper le bon goût qui réclame,
Des éclairs de Brébeuf ressusciter la flamme,
Évoquer Chapelain des ombres du tombeau.

Et de Ronsard éteint rallumer le flambeau.

Non qu'on doive enchaîner la généreuse audace
Qui veut frayer sa route et conquérir sa place.
Corneille eût excité cet élan créateur.
S'il est encor nouveau, c'est qu'il fut novateur.
Liberté de mieux faire à qui suit son exemple !
Mais renier sa gloire, aux portes de son temple ;
Mais blasphémer d'en bas le dieu sur son autel ;
Insulter, quand on meurt, ce qui reste immortel :
Quiconque l'oserait, pour prix d'un tel outrage,
Marqué d'un ridicule égal à son courage,
Irait, avec Cotin d'éternel souvenir,
Égayer de son nom les railleurs à venir.
Vous qui, pour enflammer les talents dont la France
Sent frémir dans son sein la féconde espérance,
Vous qui des mêmes fleurs entourez tous les ans
L'autel où vos aïeux ont porté leurs présents,
A notre vieux Corneille offrez un digne hommage.
Les murs qui l'ont vu naître attendaient son image ;
Paris, tous les Français, tout un peuple jaloux
Veut de lui rendre honneur s'honorer avec vous.
C'est ainsi qu'à Stratford l'Angleterre idolâtre
Couronnait dans Shakspear le père du théâtre.
Juliette, en son nom, s'arrachant du cercueil,
Othello tout sanglant près d'Ophélie en deuil,
Macbeth, qui sur leurs pas s'avançait d'un air sombre,
De leur cortége auguste environnaient son ombre.
Garrick des spectateurs échauffait les transports...
Notre Garrick n'est plus ; mais du moins, chez les morts,
Si Corneille l'a vu, d'un lac de Trasimène
Menacer devant lui l'arrogance romaine,
Enivré de ses vers, Corneille, en l'admirant,
A pleuré de plaisir et s'est senti plus grand.

Ah ! qu'il pleure d'orgueil en se voyant renaître

DISCOURS EN L'HONNEUR DE P. CORNEILLE.

Dans le marbre animé par le ciseau d'un maître!
Que David nous le rende avec ce vaste front,
Creusé par les travaux de son esprit fécond,
Où rayonnait la gloire, où siégeait la pensée,
Et d'où la tragédie un jour s'est élancée.
Simple dans sa grandeur, l'air calme et l'œil ardent,
Que ce soit lui, qu'il vive, et qu'en le regardant
On croie entendre encor ces vers remplis de flamme,
Dont le bon sens sublime élève, agrandit l'âme,
Ressuscite l'honneur dans un cœur abattu :
Proverbes éternels dictés par la vertu;
Morale populaire à force de génie,
Et que ses actions n'ont jamais démentie !
Venez donc, offrez-lui vos vœux reconnaissants;
Offrez-lui vos tributs, orateurs : quels accents
Plus brûlants que les siens, de plus d'idolâtrie
Ont embrasé les cœurs au nom de la patrie?
Vous aussi, magistrats; c'est lui qui tant de fois
Entoura de respect l'autorité des lois.
Venez, généreux fils, en qui l'affront d'un père
Ferait encor du Cid bouillonner la colère;
Pour les lui présenter, Rodrigue attend vos dons.
Vous qui, les yeux en pleurs à ces nobles leçons,
Sentez de pardonner la magnanime envie,
Rois, à lui rendre hommage Auguste vous convie.
Et vous, guerriers, et vous qui trouvez des appas
Dans ce bruit glorieux qui laisse un beau trépas,
Venez au vieil Horace apporter votre offrande.
Venez, jeunes beautés, Chimène la demande.
Accourez tous, Corneille a charmé vos loisirs;
Payez, en un seul jour, deux cents ans de plaisirs.
Vos applaudissements font tressaillir sa cendre;
Appelé par vos cris, heureux de les entendre,
Pour jouir de sa gloire, il descend parmi nous.
Il vient, honneur à lui ! Levez-vous, levez-vous !...
Aux acclamations d'une foule ravie,

Les rois se sont levés pour honorer sa vie :
Eh bien ! qu'à leur exemple, ému d'un saint transport,
Le peuple, devant lui, se lève après sa mort.

ÉPITRE

A MESSIEURS DE L'ACADÉMIE FRANÇAISE

SUR CETTE QUESTION :

L'ÉTUDE FAIT-ELLE LE BONHEUR DANS TOUTES LES SITUATIONS DE LA VIE ?

Illustres héritiers du sceptre académique,
Tous égaux en pouvoir, vous dont la république
Offre aux regards surpris de cet accord heureux
Quarante souverains qui sont unis entre eux,
Souffrez que la Sorbonne, armée à la légère,
Hasarde contre vous un combat littéraire.
Le bonnet de docteur couvre mes cheveux blancs,
Et pour argumenter je monte sur les bancs.

Des Neuf Vierges du Pinde éloquents interprètes,
Le ciel vous a dotés de ses faveurs secrètes.
Vous avez vu les fruits de vos nobles travaux
D'un public idolâtre emporter les bravos :
Soit que, les yeux en pleurs, sur la scène il contemple
Benjamin, Clytemnestre et les héros du Temple ;
Que deux amis rivaux, pour corriger Paris,
Reproduisent Térence et Plaute en leurs écrits ;
Soit que vous décriviez, sur le mont d'Aonie,
Les doux travaux des champs et les lois d'Uranie ;
Que la grave Clio vous prête son burin ;
Ou qu'Apollon vous guide, un Homère à la main.
Je le sais, une étude et constante et profonde

ÉPITRE A MM. DE L'ACADÉMIE FRANÇAISE.

Des triomphes pour vous fut la source féconde.
L'étude, à vous entendre, est un divin secours ;
De l'existence entière elle embellit le cours...
Rebelle sur ce point, pardonnez si ma plume
Prouve que ces plaisirs sont mêlés d'amertume ;
Que semblable à ce mets du bossu Phrygien,
L'étude est un grand mal comme un souverain bien.
Le besoin de parler m'entraîne à contredire ;
Je suis vieux et docteur, passez-moi mon délire.

Heureux, heureux le temps où les premiers humains
Du temple de mémoire ignoraient les chemins !
Non pas qu'au siècle d'or ma muse les couronne
Des éternelles fleurs d'un printemps monotone ;
Non que je prise fort l'innocence des mœurs,
Qui dans un lourd repos assoupit nos humeurs,
Éteint des passions les flammes immortelles ;
Il n'est point de grandeur, point de bonheur sans elles.
Humains, j'aime à vous voir, en ce siècle vanté,
Jouir avec excès de votre liberté.
Dans de vieux préjugés votre esprit à la gêne
N'était pas en naissant accablé sous la chaîne ;
Vous n'aviez point payé, par d'arides travaux,
Les tristes visions qui troublent nos cerveaux ;
De la nature encor vous respectiez les voiles ;
Qui de vous discutait sur le cours des étoiles ?
Le fanatisme ardent, qui parle au nom du ciel,
Ne gonflait point vos cœurs d'arrogance et de fiel ;
Des sectes et des lois dédaignant l'esclavage,
Vous réfléchissiez moins, vous sentiez davantage.
Votre amour est farouche et tient de la fureur ;
Votre prompte justice imprime la terreur ;
Mais dans l'aspérité de vos vertus naïves
Brillent du naturel les traces primitives.
J'admire plus cent fois ce lion furieux
Qui, la gueule béante et le sang dans les yeux,

Les ongles tressaillant d'une effroyable joie,
Suit un instinct féroce et déchire sa proie,
Que ces ours baladins, sous le bâton dressés,
Étalant aux regards leurs ongles émoussés,
Leur gueule sans honneur, que le fer a flétrie,
Attributs impuissants d'une race avilie.

Las d'un libre destin, las de sa dignité,
L'homme sur ses autels plaça la vanité ;
Le front chargé d'ennui, l'étude prit naissance,
Et l'erreur, à sa voix, détrôna l'ignorance.
L'homme a dit[1] : « Je sais tout et j'ai tout défini ;
« J'ai pour loi la raison, pour borne l'infini ;
« L'étude me ravit à des hauteurs sublimes :
« De ce globe étonné j'ai sondé les abîmes :
« Cet élément subtil dont il roule entouré,
« Ce feu, de tous les corps le principe sacré,
« L'onde qui les nourrit de ses flots salutaires,
« N'ont pu contre mes yeux défendre leurs mystères.
« Est-il quelques secrets cachés au fond des cieux,
« Que n'ait point pénétrés mon regard curieux ?... »
Moins fier de sa raison, il eût mieux dit peut-être :
« J'ai su tout expliquer, ne pouvant tout connaître. »
L'insensé ! quels combats il s'épuise à livrer,
Pour détruire un mensonge ou pour le consacrer !
Que d'efforts malheureux, que de veilles stériles !
Qu'il érige à grands frais des systèmes fragiles !
Ptolémée, illustré par cent travaux divers [2],
Dans un ciel de cristal fait tourner l'univers.

---

1 Locutus sum in corde meo, dicens : Ecce magnus effectus sum, et præcessi omnes sapientiâ qui fuerunt ante me in Jerusalem : et mens mea contemplata est multa sapienter, et didici.
Dedique cor meum ut scirem prudentiam atque doctrinam, errores et stultitiam ; et agnovi quod in his quoque esset labor et afflictio spiritûs. (Ecclesiastes, cap. I.)

2 Ptolémée, surnommé le Très-Sage et le Divin, supposa l'exis-

D'autres, soumettant tout aux lois de Polymnie[1],
Des cercles étoilés ont noté l'harmonie.
Si le temps nous éclaire et les a réfutés,
Le temps de mille erreurs a fait des vérités.
Tout le savoir humain n'est qu'un grand labyrinthe.
L'étude nous conduit dans cette obscure enceinte ;
De son fil embrouillé, qui s'allonge toujours,
On suit péniblement les tortueux détours ;
Le voyageur perdu marche de doute en doute,
Et sans se retrouver expire sur la route.

A peine un faible enfant, échappé du berceau,
A brisé ces liens qui révoltaient Rousseau,
Les quatre Facultés, dont la voix l'endoctrine,
Épouvantent ses yeux de leur manteau d'hermine.
Certes, quand la frayeur hâte ses premiers pas,
Le chemin qu'il parcourt a pour lui peu d'appas.
Ne maudissiez-vous pas Sophocle et Stésichore,
Quand, leurs vers à la main, vous ignoriez encore
Que vous deviez un jour, chez nos derniers neveux,
Leur disputer l'honneur d'être maudits comme eux ?

Mais du collége enfin foulez aux pieds les chaînes.
O liberté ! sans toi les plaisirs sont des peines !
Quel destin vous attend, si de la vérité
Le flambeau redoutable est par vous présenté !
Que de petits esprits, jaloux des noms célèbres,
Prendront contre le jour parti pour les ténèbres !
Leur nombre dangereux fait leur autorité :
Les sots depuis Adam sont en majorité.

---

tence d'un dernier ciel de cristal qui imprimait le mouveme
tous les autres.

1 On connait les idées des anciens sur l'harmonie des corps 'c
lestes. Pythagore et ses disciples avaient représenté par les s ,it
notes de la musique les sept planètes alors connues.

La divinité même inspire Anaxagore[1] ;
D'un exil flétrissant l'arrêt le déshonore.
Les rêves d'Aristote abusaient nos aïeux :
Galilée indigné change l'ordre des cieux.
Sans pitié loin du centre il rejette la terre,
Du soleil par sa marche il la rend tributaire...
N'a-t-il pas expié par trois ans de prison
L'inexcusable tort d'avoir trop tôt raison ?

Répondez : que servit aux maîtres de la lyre
De suivre les écarts d'un immortel délire ?
Faut-il d'un seul exemple attrister vos regards ?
Le siècle de Louis, le siècle des beaux-arts,
N'accorda qu'à regret, vaincu par la prière,
Du pain au grand Corneille, une tombe à Molière.
Nourrissez donc le feu de vos nobles désirs ;
Immolez à l'étude, état, repos, plaisirs ;
Veillez, jeunes auteurs, pour qu'un jour d'injustice
De dix ans de travail renverse l'édifice.
Je veux qu'un beau succès couronne votre orgueil ;
Un peuple d'ennemis vous suit jusqu'au cercueil.
Triste sort des talents ! La noire calomnie
Flétrit de ses poisons le laurier du génie ;
Mille insectes impurs en rongent les rameaux,
Et, comme le cyprès, c'est l'arbre des tombeaux.

Vous, qu'Apollon choisit pour siéger dans son temple,
Oserais-je en passant vous citer votre exemple ?
Que de fois la critique a de son trait cruel
Effleuré jusqu'au vif votre cœur paternel !
Que de fois l'indigence au fond de votre asile,

---

[1] Anaxagore soutint le premier qu'une intelligence divine avait présidé à l'arrangement de l'univers. Les prières de Périclès, son élève et son ami, ne purent lui épargner la honte d'être chassé d'Athènes comme un impie.

ÉPITRE A MM. DE L'ACADÉMIE FRANÇAISE.

Sans feu, durant l'hiver, fixa son domicile,
Quand vous n'osiez encore, humbles dans votre orgueil,
Aspirer aux honneurs de l'immortel fauteuil !

Mais sortez, direz-vous, du temple de Mémoire ;
Cessez d'unir l'étude à l'amour de la gloire...
Vous m'avez prévenu ; c'est dans l'obscurité
Que l'étude est un pas vers la félicité.
La vérité m'attire, et, soigneux de me taire,
Je la cherche, la trouve, et la cache au vulgaire...

La cacher ! à ce mot vous répondez soudain,
Comme l'eût fait Caton dans le sénat romain :
« La cacher ! il le faut, si sa clarté peut nuire ;
« Mais au pied du bûcher dût-elle te conduire,
« Si tu conçois l'espoir d'être utile aux humains,
« Parle ! aux fers des tyrans cours présenter tes mains.
« Parle, c'est ton devoir ; philosophe, à quel titre
« Du bonheur des mortels te rendrais-tu l'arbitre ?
« Tu pâlis... De quel droit priver des malheureux
« De ce dépôt sacré qui t'est commis pour eux ?
« La gloire n'est, dis-tu, qu'une illustre fumée.
« Il s'agit d'une dette, et non de renommée.
« Parle au prix de tes jours ; le sacrifice est grand,
« Mais tu te l'imposais toi-même en t'éclairant.
« Ton honneur, ton pays, le monde le réclame ;
« Meurs donc infortuné pour ne pas vivre infâme. »

L'alternative est grave, et, parmi vous, je crois
Qu'on eût vu Fontenelle hésiter sur le choix.
Un auteur fut souvent brûlé pour un bon livre ;
Il est beau d'être lu, mais il est doux de vivre.
Je suis sexagénaire et crains de m'exposer ;
Que j'arrive à cent ans, et je veux tout oser.
Voilà mon sentiment, messieurs, ne vous déplaise.
Je le redis encor, retranché dans ma thèse :

Comme ce roi Janus qu'adora l'univers,
L'étude offre à mes yeux deux visages divers.
L'un est bouffi d'orgueil, mais pâle de tristesse ;
L'autre, calme et riant, ressemble à la Sagesse.
Le sage qui la suit, prompt à se modérer,
Sait boire dans sa coupe et ne pas s'enivrer.
Quel que soit de nos jours ou l'éclat ou le nombre,
L'existence de l'homme est le rêve d'une ombre [1] :
Veux-tu donc l'embellir ce rêve passager ?
Pourquoi chercher au loin un bonheur mensonger ?
Livre-toi tout entier à la douceur secrète
D'ensevelir ta vie au fond d'une retraite.
Sans t'épuiser en soins, sans te perdre en projets,
Laisse errer ton esprit sur la fleur des objets.
Repoussant loin du mien l'aliment qui l'accable,
Je cherche à le nourrir d'une science aimable.
J'exerce ma raison avec timidité ;
J'adore sans orgueil la sainte vérité.
Virgile ou Cicéron m'enflamme à son génie ;
Ils me font tour à tour fidèle compagnie.
Que j'aime Cicéron lassé du consulat,
Préférant Tusculum aux pompes du sénat !
Entouré de faisceaux, je l'admirais dans Rome ;
Là je vois l'homme heureux qui vaut bien le grand homme.

Le sort m'a-t-il repris ses présents incertains :
L'étude moins trompeuse adoucit mes chagrins,
De mes sens agités calme l'inquiétude,
Dissipe mes ennuis, peuple ma solitude.

O champs de la Neustrie, ô fertiles vallons !
Quand la fraîcheur du soir descend du haut des monts,
Sous des pommiers en fleur, à l'ombre des vieux chênes,
Laissez-moi m'égarer aux bords de vos fontaines !

---

[1] Σκιᾶς ὄναρ ἄνθρωποι. (PINDARE.)

L'aspect de l'univers m'élève à son auteur;
Il me révèle un Dieu, mais un Dieu bienfaiteur.

J'apprends à mépriser cette horreur fantastique
Qu'au chevet des mourants plaça la politique.
Qui peut dans ses décrets prévenir l'Éternel?
Mortel, songe à toi-même en jugeant un mortel,
Et, faible comme lui, ne sois pas plus sévère
Que ce Dieu qui pardonne, ou qui punit en père.

Que c'est bien à mon sens la volupté suprême,
D'oublier les humains, de descendre en soi-même,
De fixer dans son cœur, trop longtemps combattu,
L'inaltérable paix que donne la vertu !
Fais-toi donc de te vaincre une douce habitude;
Oui, consacre ta force à cette noble étude;
Elle est digne de l'homme; elle mène au bonheur.

Apprends, pour être heureux, à devenir meilleur.
Mais je vous vois sourire, auguste Aréopage :
« Docteur, me dites-vous, c'est raisonner en sage :
« Pour vous l'étude obscure a seule des douceurs;
« Vous rimez cependant en blâmant les Neuf Sœurs... »
J'entends, brûlez mes vers. Dans l'ardeur d'un beau zèle,
Je condamnais la gloire et l'étude avec elle.
Ingrat, je blasphémais, leurs rêves séduisants
D'un orgueilleux espoir caressaient mes vieux ans,
Me promettaient déjà cette palme éclatante,
Digne prix qu'Apollon par vos mains nous présente;
Dans mon cœur épuisé réveillaient des désirs,
Et réfutaient mes vers en charmant mes loisirs.
J'étais heureux enfin; dans cette triste vie,
Où de revers si prompts la victoire est suivie,
Où nos plus doux plaisirs deviennent nos bourreaux,
L'étude, après l'amour, est le meilleur des maux.

ÉPITRE

A. M. A. DE LAMARTINE.

Captif sous mes rideaux, dont la double barrière
Enfermait avec moi la fièvre meurtrière,
J'humectais vainement mes poumons irrités
Des sirops onctueux par Charlard inventés;
Mon rhume s'obstinait, et ma bruyante haleine
Par secousse, en sifflant, s'exhalait avec peine.
Tes vers, qui m'ont sauvé, m'ont appris un peu tard
Qu'Apollon, pour guérir, vaut son docte bâtard;
Et je crois, plein du dieu qu'en te lisant j'adore,
Que l'oracle du Pinde est celui d'Épidaure.

Oui, tu m'as bien compris; oui, cette liberté
Qui séduit ma raison à sa mâle beauté,
Que ma muse poursuit de son ardent hommage,
Et dont mes fleurs d'un jour ont couronné l'image,
Propice à l'innocent, redoutable au pervers,
Est celle que Socrate invoque dans tes vers.
Messène l'adorait au pied du mont Ithôme,
Venise n'embrassa que son sanglant fantôme;
Son arc de l'Helvétie a chassé les Germains,
Et la flèche de Tell étincelle en ses mains.

Créé pour commander, l'homme naquit sans maître,
Et chef-d'œuvre imparfait du Dieu qui le fit naître,
Avec l'instinct du bien vers le mal emporté,
Pour choisir la vertu reçut la liberté.
La licence est en lui l'abus d'un droit sublime :
La liberté gouverne, et la licence opprime.
Elle seule, à nos yeux, de son front sans pudeur
Sous un masque romain déguisa la laideur,

Et, de la liberté simulacre infidèle,
Lui ravit nos respects en se donnant pour elle.
L'excès de la raison comme un autre est fatal,
Et l'abus d'un grand bien le change en un grand mal.

Pour détrôner l'abus, proscrirons-nous l'usage?
Mais quel bienfait si grand, ou quelle loi si sage,
Hors la tendre amitié, quel sentiment si beau,
Dont l'abus dangereux n'ait pas fait un fléau?
Du soupçon à l'œil faux la prudence est suivie,
Et l'émulation traîne après soi l'envie.
Pour la philosophie, un jour on m'a conté
Que son front se gonfla d'avoir trop médité,
Son cerveau douloureux s'ouvrit, et le sophisme
En sortit tout armé d'un double syllogisme;
Entre Euclide et Pascal, de l'excès du savoir
Naît le doute effaré qui regarde sans voir;
La faiblesse pour mère a l'extrême indulgence,
Et l'extrême justice est presque la vengeance.
En punissant la faute, elle insulte au malheur :
La torture, à sa voix, fait mentir la douleur.
Thémis moins rigoureuse est aujourd'hui plus juste;
Mais on la trompe encore, et sa balance auguste
N'incline pas toujours du côté du bon droit;
Son glaive tombe à faux et frappe en maladroit.

La chicane au teint jaune, aux doigts longs et difformes,
Entoure son palais du dédale des formes,
Et dans l'obscurité, les plaideurs aux abois
Sont par leurs défenseurs pillés au fond du bois.
J'ôte à ce parvenu la toge qui le pare,
Et je découvre un sot caché sous la simarre.
Que faire? de Thémis briser les tribunaux?
Mettre sa toque en cendre, et sa robe en lambeaux?
Mais je vois un bandit qui ne craint plus l'enquête,
A ma bourse, en plein jour, adresser sa requête,

Et deux plaideurs manceaux, de colère animés,
En champ clos, pour leurs droits, plaider à poings fermés.

Noble chevalerie, autrefois ta bannière
De l'Orient pour nous rapporta la lumière.
J'aime avec l'Arioste à vanter tes exploits
Dont la justice errante a devancé les lois;
A voir tes jeux guerriers, ton amoureux servage
Adoucir de nos mœurs l'aspérité sauvage.
Mais dans leurs jeux parfois tes preux moins innocents
Ont, la lance en arrêt, détroussé les passants,
Ont levé sur l'hymen des dîmes peu morales,
Et possesseurs armés de leurs jeunes vassales,
Opposant aux maris un rempart crénelé,
Ont fait plus d'orphelins qu'ils n'en ont consolé.
Eh bien, de nos romans bannirons-nous tes fées?
Irons-nous, de l'histoire arrachant tes trophées,
Des excès féodaux d'un fougueux châtelain
Flétrir Clisson, Roland, Bayard et Duguesclin?

Le saint amour des rois, dans sa ferveur antique,
Des plus beaux dévoûments fut la source héroïque.
Mais cet amour outré mène au mépris des lois,
Foule à pieds joints l'honneur, le bon sens et nos droits,
Sous le joug du pouvoir se jette avec furie,
Compte un homme pour tout et pour rien la patrie.
J'en conclus qu'en tous lieux, surtout chez les Français,
L'incertaine raison marche entre deux excès,
Et court, dès qu'un faux pas l'écarte de sa route,
Du bonheur qu'on espère au malheur qu'on redoute;
Ainsi qu'un clair ruisseau captif entre ses bords,
Qui, sans les inonder, leur verse ses trésors,
Gonflé par un orage, en un torrent se change,
Et roule sur les fleurs les débris et la fange.
Si les lois, si les arts, le bon droit, le bon goût,
Si tout admet l'excès, si l'excès flétrit tout,

Ami, la liberté n'en est pas plus complice
Que toute autre vertu dont l'abus est un vice.
À son front virginal ma main n'a pas ôté
Le bonnet phrygien qu'il n'a jamais porté.
Pourquoi donc, trop séduit d'une fausse apparence,
Nommer la liberté quand tu peins la licence?

Eh! que répondrais-tu, si quelque noir censeur,
Trompé par tes accords et sourd à leur douceur,
Dans la vierge immortelle à qui tu rends hommage
Voulait voir cet esprit d'imposture et de rage
Qui, sur les bancs dorés d'un concile romain,
Présida dans Constance, un brandon à la main,
De Jean Hus, en priant, signa l'arrêt barbare,
Au front d'un Alexandre égara la tiare,
Qui, le doigt sur la bouche, au fond du Louvre assis,
Attisait les complots que soufflait Médicis,
Et poussait Charles-Neuf, quand ses mains frénétiques
Frappaient d'un plomb dévot des sujets hérétiques;
Qui, se signant le front, l'air contrit, l'œil fervent,
Pour immoler Henri s'échappait d'un couvent;
Dont partout aujourd'hui la tortueuse audace
Se mêle en habit court aux nouveaux fils d'Ignace;
Qui prêche sous le frac, rampe sous le surplis,
Cache son embonpoint sous sa robe à longs plis;
Malgré ses trois mentons, vante ses abstinences,
Se glisse incognito de la chaire aux finances,
Résigné, s'il le faut, à sauter du saint lieu
Dans le fauteuil royal où s'assit Richelieu?

Mais non, ce fanatisme est l'abus que je blâme;
Il n'a pas allumé ces traits de vive flamme
Qui, par l'Aigle de Meaux à ta muse inspirés,
Brillent comme un reflet dans ses foudres sacrés.
Il n'a pas modulé ces sons dont l'harmonie
Semble un écho pieux des concerts d'Athalie.

Non, non, ce n'est pas lui que ta lyre a chanté :
C'est la religion, sœur de la liberté.
Un flambeau dans les mains, les ailes étendues,
Des bras du roi des cieux toutes deux descendues,
Chez les rois de la terre ont voulu s'exiler
Pour affranchir l'esclave ou pour le consoler.
Toutes deux ont ensemble erré parmi les tombes ;
Toutes deux, s'élançant du fond des catacombes,
Sous un même drapeau marchaient du même pas,
Répandaient la lumière, et ne l'étouffaient pas.

L'une, le front paré des palmes du martyre,
Présente l'espérance aux humains qu'elle attire ;
Clémente, elle pardonne avec Guise expirant,
Embrase Fénelon d'un amour tolérant,
Guide Vincent de Paul, ensevelit Voltaire ;
Brûle de chastes feux ces anges de la terre
Qui sans faste et sans crainte à la mort vont s'offrir
Pour sauver un malade ou l'aider à mourir.
L'autre, le casque en tête et le pied sur des chaînes,
Sourit à Miltiade, inspire Démosthènes,
Joue avec le laurier cueilli par Washington,
Et l'offre aux dignes fils des Grecs de Marathon,
Libres s'ils sont vainqueurs, et libres s'ils périssent,
Qu'un poëte secourt et que les rois trahissent.
Viens, et sans condamner nos cultes différents,
Viens aux pieds des deux sœurs échanger nos serments.
Éclairés par leurs yeux, réchauffés sous leurs ailes,
Pour les mieux adorer unissons-nous comme elles,
Et dans un même temple, à deux autels voisins,
Offrons nos dons divers sans désunir nos mains.

Que j'aime le tableau de ta barque incertaine
Cédant en vers si doux au souffle qui l'entraîne !
Au gré des flots mouvants, par la brise effleurés,
Sous nos deux pavillons nous voguons séparés,

Mais, quel que soit le bord où tende notre audace,
Pour nous montrer du doigt l'écueil qui nous menace,
Nous saluer d'un signe et d'un regard ami,
Laissons tomber la rame élevée à demi.
Demandons l'un pour l'autre une mer sans orage,
Un ciel d'azur, un port au terme du voyage,
Un vent qui nous y mène, et, propice à tous deux,
M'apportant tes souhaits, te reporte mes vœux.

ÉTUDES SUR L'ANTIQUITÉ

LES TROYENNES.

CANTATE.

> Ἀλλ' ᾧ τῶν χαλκεγχέων Τρώων
> Ἄλοχοι μέλεαι,
> Καὶ κουραῖ, καὶ δύσνυμφοι,
> Τύφετα Ἴλιον· Αἰαζωμεν.
>
> EURIPIDE.

Aux bords du Simoïs, les Troyennes captives
Ensemble rappelaient, par des hymnes pieux,
De leurs félicités les heures fugitives,
Et, le deuil sur le front, les larmes dans les yeux,
    Adressaient de leurs voix plaintives
Aux restes d'Ilion ces éternels adieux :

CHŒUR.

D'un peuple d'exilés déplorable patrie,
Ton empire n'est plus, et ta gloire est flétrie.

UNE TROYENNE.

Des rois voisins puissant recours,
Que de fois Ilion s'arma pour leur défense!

D'un peuple heureux l'innombrable concours
S'agitait dans les murs de cette ville immense :
Ses tours bravaient des ans les progrès destructeurs,
Et, fondés par les dieux, ses temples magnifiques
    Touchaient de leurs voûtes antiques
    Au séjour de leurs fondateurs.

UNE TROYENNE.

    Cinquante fils, l'honneur de Troie,
    Assis au banquet paternel,
Environnaient Priam de splendeur et de joie ;
Heureux père, il croyait son bonheur éternel !

UNE AUTRE.

    Royal espoir de ta famille,
    Hector, tu prends le bouclier,
    Sur ton sein la cuirasse brille,
    Le fer couvre ton front guerrier.
    Aux yeux d'Hécube, qui frissonne,
    Dans les jeux obtiens la couronne,
    Pour en couvrir ses cheveux blancs ;
    Du ciel allumant la colère,
    Déjà le crime de ton frère
    T'apprête des jeux plus sanglants.

UNE JEUNE FILLE.

Polyxène disait à ses jeunes compagnes :
Dépouillez ce vallon favorisé des cieux ;
C'est pour nous que les fleurs naissent dans ces campagnes ;
    Le printemps sourit à nos jeux.
Elle ne disait pas : Vous plaindrez ma misère
Sur ces bords où mes jours coulent dans les honneurs ;
Elle ne disait pas : Mon sang teindra la terre
    Où je cueille aujourd'hui des fleurs.

CHOEUR.

D'un peuple d'exilés déplorable patrie,

Ton empire n'est plus, et ta gloire est flétrie.

UNE TROYENNE.

Sous l'azur d'un beau ciel, qui promet d'heureux jours,
Quel est ce passager dont la nef couronnée,
Dans un calme profond, s'avance abandonnée
    Au souffle des Amours?

UNE AUTRE.

    Il apporte dans nos murailles
    Le carnage et les funérailles.
Neptune, au fond des mers que son trident vengeur
    Ouvre une tombe à l'adultère !
Et vous, dieux de l'Olympe, ordonnez au tonnerre
    De dévorer le ravisseur.

UNE TROYENNE.

Mais non, le clairon sonne et le fer étincelle ;
Je vois tomber les rocs, j'entends siffler les dards ;
Dans les champs dévastés le sang au loin ruisselle,
    Les chars sont heurtés par les chars.
        Achille s'élance,
        Il vole, tout fuit,
        L'horreur le devance,
        Le trépas le suit,
        La crainte et la honte
        Sont dans tous les yeux,
        Hector seul affronte
        Achille et les dieux.

UNE AUTRE.

Sur les restes d'Hector qu'on épanche une eau pure.
Apportez des parfums, faites fumer l'encens.
Autour de son bûcher, vos sourds gémissements
    Forment un douloureux murmure ;
Ah ! gémissez, Troyens ! soldats, baignez de pleurs

Une cendre si chère!...
Des fleurs! vierges, semez des fleurs!
Hector dans le tombeau précède son vieux père.

CHOEUR.

Des fleurs! vierges, semez des fleurs!
Hector dans le tombeau précède son vieux père.

UNE TROYENNE.

Ilion, Ilion, tu dors, et dans tes murs
Pyrrhus veille enflammé d'une cruelle joie;
Tels que des loups errants par des sentiers obscurs,
   Les Grecs viennent saisir leur proie.

UNE AUTRE.

   Hélas! demain à son retour
Le soleil pour Argos ramènera le jour;
   Mais il ne luira plus pour Troie.

UNE TROYENNE.

O détestable nuit! ô perfide sommeil!
D'où vient qu'autour de moi brille une clarté sombre!
Quels affreux hurlements se prolongent dans l'ombre!
   Quel épouvantable réveil!

UNE JEUNE TROYENNE.

Sthénélus massacre mon frère.

UNE JEUNE TROYENNE.

Ajax poursuit ma sœur dans les bras de ma mère.

UNE AUTRE.

Ulysse foule aux pieds mon père.

UNE TROYENNE.

Nos palais sont détruits, nos temples ravagés;

Femmes, enfants, vieillards, sous le fer tout succombe,
Par un même trépas dans une même tombe
   Tous les citoyens sont plongés.

UNE AUTRE.

Adieu, champs où fut Troie; adieu, terre chérie,
Et vous, mânes sacrés des héros et des rois,
Doux sommets de l'Ida, beau ciel de la patrie,
   Adieu pour la dernière fois!

UNE TROYENNE.

Un jour, en parcourant la plage solitaire,
   Des forêts le tigre indompté
Souillera de ses pas l'auguste sanctuaire,
   Séjour de la divinité.

UNE TROYENNE.

Le pâtre de l'Ida, seul près d'un vieux portique,
Sous les rameaux sanglants du laurier domestique,
Où l'ombre de Priam semble gémir encor,
Cherchera des cités l'antique souveraine,
Tandis que le bélier bondira dans la plaine
   Sur le tombeau d'Hector.

UNE AUTRE.

Et nous, tristes débris, battus par les tempêtes,
La mer nous jettera sur quelque bord lointain.

UNE AUTRE.

   Des vainqueurs nous verrons les fêtes,
Nous dresserons aux Grecs la table du festin.
Leurs épouses riront de notre obéissance;
Et dans les coupes d'or où buvaient nos aïeux,
Debout, nous verserons aux convives joyeux
   Le vin, l'ivresse et l'arrogance.

UNE TROYENNE.

Chantez cette Ilion proscrite par les dieux ;
Chantez, nous diront-ils, misérables captives,
Et que l'hymne troyen retentisse en ces lieux.
O fleuves d'Ilion, nous chantions sur vos rives,
Quand des murs de Priam les nombreux citoyens,
Enrichis dans la paix, triomphaient dans la guerre ;
      Mais les hymnes troyens
Ne retentiront plus sur la rive étrangère !

UNE AUTRE.

    Si tu veux entendre nos chants,
Rends-nous, peuple cruel, nos époux et nos pères,
      Nos enfants et nos frères !
Fais sortir Ilion de ses débris fumants !
Mais puisque nul effort aujourd'hui ne peut rendre
      La splendeur à Pergame en cendre,
      La vie aux guerriers phrygiens,
Sans cesse nous voulons pleurer notre misère,
      Et les hymnes troyens
Ne retentiront pas sur la rive étrangère.

CHOEUR.

Adieu, mânes sacrés des héros et des rois !
    Adieu, terre chérie !
Doux sommet de l'Ida, beau ciel de la patrie,
Vous entendez nos chants pour la dernière fois !

DANAÉ.

> Εὗδε βρέφος, εὐδέτω δὲ πόντος
> Εὐδέτω ἄμετρον κακόν.
>
> SIMONIDE.

Les ministres fougueux du tyran d'Éolie
Troublaient au loin les airs de leurs longs sifflements,
Et des rochers émus jusqu'en leurs fondements
Amphitrite insultait la cime ensevelie
  Sous ses monts écumants.
Un torrent pluvieux s'échappait des nuages,
Et les pâles clartés que vomissaient leurs flancs
  Sillonnaient les flots turbulents
  De cet océan sans rivages.

Le front déjà voilé des ombres du trépas,
Seule sur un esquif, Danaé gémissante
Levait au ciel ses yeux éteints par l'épouvante,
Ses yeux... Son jeune fils reposait dans ses bras.
Enfin, avec transport sur son cœur elle presse
Ce fils, l'unique objet de ses mornes douleurs,
Puis de ses froides mains doucement le caresse,
Et lui dit, le couvrant de baisers et de pleurs :

  « Si jeune tu ne peux connaître
  « Toute l'horreur de notre sort ;
  « Pauvre enfant, tu souris peut-être
  « Au flot qui t'apporte la mort.

  « Phébé, que ton céleste frère
  « Abaisse ses regards sur moi ;
  « Fils de Latone, souviens-toi
  « Des infortunes de ta mère.

« Hélas! rallumant son flambeau,
« Que l'aurore tarde à paraître;
« Dieux! quelle nuit et quel berceau
« Pour un enfant qui vient de naître!

« O mon fils! il n'est plus d'espoir!
« Déjà l'abîme nous dévore :
« Sur mon sein je te presse encore,
« Mais je ne dois plus te revoir. »

Cependant Jupiter a tressailli de crainte :
Pâle, il s'est élancé, le courroux dans les yeux :
C'est un père, un amant, c'est le maître des dieux.
Il porte sur son front cette majesté sainte
Qui consterne la terre et fait trembler les cieux.
La foudre à son aspect se tait épouvantée;
A ses pieds les autans déposent leur fureur,
De la voûte du ciel, qu'elle avait insultée,
     La mer précipitée
Dans ses gouffres sans fond retombe de terreur.
Il parle; Danaé tremble à sa voix chérie,
Se courbe sous sa gloire, et frissonne, et s'écrie :

« Grâce, dieu redouté, ne nous consume pas
« De l'éclat dévorant dont ta gloire est armée.
« Et toi, lève, ô mon fils, ta tête inanimée;
    « C'est ton père, tends-lui les bras!

« Il m'exauce, aucun bruit ne frappe mes oreilles;
« La nuit a rallumé ses astres radieux;
« Tu souris, tes beaux yeux se ferment, tu sommeilles;
    « Dors, mon fils, sur la foi des dieux. »

Elle dit, et l'esquif, sous un ciel sans nuage,
Poussé par les zéphyrs, glisse jusqu'au rivage.
Danaé sur des fleurs dépose son trésor,

Cet enfant qu'à regret les flots semblent lui rendre ;
L'écoute respirer, l'entend, l'écoute encor,
   Ne peut se lasser de l'entendre,
Et, le cœur agité d'un doux frémissement,
Sentant son cœur pressé par la bouche vermeille
    De l'enfant qui s'éveille,
Rend un pieux hommage à son céleste amant.

ANTIGONE ET ISMÈNE

PLEURANT SUR LEURS FRÈRES.

> Ἴτω δάκρυα
> ἴτω γόος.
>
> ESCHYLE.

ANTIGONE.

Éclatez, mes sanglots !

ISMÈNE.

    Coulez, coulez mes pleurs !

ANTIGONE.

Tu frappes et péris.

ISMÈNE.

    En immolant tu meurs.

ANTIGONE.

Son glaive te renverse.

ISMÈNE.

    Et sous ton glaive il tombe.

ANTIGONE.

Même âge.

ISMÈNE.

Même sang.

ANTIGONE.

Et bientôt même tombe.
O frères malheureux !

ISMÈNE.

Plus misérables sœurs !

ANTIGONE.

Éclatez, mes sanglots !

ISMÈNE.

Coulez, coulez, mes pleurs

ANTIGONE.

Mes yeux se couvrent de ténèbres ;
Mon cœur succombe à ses tourments.

ISMÈNE.

Ma voix, lasse de cris funèbres,
S'éteint en sourds gémissements.

ANTIGONE.

Quoi ! périr d'une main si chère !

ISMÈNE.

Quoi ! percer le cœur de son frère !

ANTIGONE.

Tous deux vainqueurs !

ISMÈNE.

Vaincus tous deux!

ANTIGONE.

O récit qui me désespère!

ISMÈNE.

O spectacle encor plus affreux!

ANTIGONE.

Où les ensevelir?

ISMÈNE.

A côté de leur père;
Il fut infortuné comme eux.

ANTIGONE.

O mon cher Polynice!

ISMÈNE.

Étéocle, ô mon frère!

ENSEMBLE.

Et nous, plus misérables sœurs!

ANTIGONE.

Éclatez, mes sanglots!

ISMÈNE.

Coulez, coulez, mes pleurs!

HYMNE A VÉNUS.

<blockquote>..... Hominum divûmque voluptas,
Alma Venus !
Lucrèce.</blockquote>

Vénus, ô volupté des mortels et des dieux !
    Ame de tout ce qui respire,
Tu gouvernes la terre, et les mers et les cieux ;
    Tout l'univers reconnaît ton empire !
Des êtres différents les germes précieux,
Qui dorment dispersés sous la terre ou dans l'onde,
    Rassemblés à ta voix féconde,
Courent former les corps que tu veux enfanter.
Les mondes lumineux roulent d'un cours paisible,
L'un vers l'autre attirés, unis sans se heurter,
    Par ton influence invisible !

Tu parais, ton aspect embellit l'univers :
Je vois fuir devant toi les vents et les tempêtes ;
    L'azur éclate sur nos têtes ;
Un jour pur et divin se répand dans les airs.

L'onde avec volupté caresse le rivage ;
Les oiseaux, palpitants sous leur toit de feuillage,
Célèbrent leurs plaisirs par de tendres concerts.
Des gouffres de Thétis tous les monstres informes
    Font bouillonner les flots amers
Des élans amoureux de leurs masses énormes.
Les papillons légers se cherchent sous les fleurs,
Et par un doux hymen confondent leurs couleurs.
L'aigle suit dans les cieux sa compagne superbe ;
Les serpents en sifflant s'entrelacent sous l'herbe ;
Le tigre, dévoré d'une indomptable ardeur,
Terrible, l'œil sanglant et la gueule écumante,

Contemple, en rugissant d'amour et de fureur,
La sauvage beauté de son horrible amante.

Tout ressent de Vénus la puissante chaleur;
Tout produit : les vallons, les fleuves, les montagnes;
La rose se parfume et le chêne verdit;
Au fond de l'Océan la perle s'arrondit,
Et les palmiers en fleur fécondent leurs compagnes.
Cependant les sylvains, brûlés des mêmes feux,
    Pressent la nymphe palpitante
    Qui tremble dans leurs bras nerveux
    Et de désir et d'épouvante!...

La déesse sourit aux mortels enchantés :
Elle entend s'élever au milieu des cités,
De l'épaisseur des bois, au sein des mers profondes,
Un murmure confus de cent bruits amoureux,
    Et ce concert voluptueux
Est l'hommage éternel des êtres et des mondes.

ODE.

> ..... Neque harum, quas colis, arborum,
> Te, præter invisas cupressos,
> Ulla brevem dominum sequetur.
> HORACE.

Déjà l'Aurore aux mains vermeilles
Sème les roses du matin;
Va, jeune esclave, sous ces treilles
Porter les coupes du festin :
Que ces flacons, dont la vieillesse
Promet à la soif qui nous presse
Un nectar longtemps respecté,

Rafraîchis par des eaux limpides,
M'apportent dans leurs flancs humides
Le délire et la volupté.

C'est ainsi qu'une aimable ivresse
Loin de moi chasse la douleur.
De mes jours la mort est maîtresse :
Je suis maître de mon bonheur.
Quand l'aveugle destin l'outrage,
Amis, le véritable sage
S'enveloppe de sa vertu.
Dédaignant la plainte importune,
Il rit et boit à la fortune,
Qui pensait l'avoir abattu.

Des beaux arbres qui m'ont vu naître,
Des cyprès doivent seuls un jour,
Derniers compagnons de leur maître,
Le suivre à son dernier séjour.
Mais que parfois la vigne encore,
Sur nos fronts que son jus colore,
Courbe ses fortunés berceaux,
Avant que le cyprès fidèle
Balance son ombre éternelle
Sur le marbre de nos tombeaux.

O Naïs ! par la mort cruelle
Quand mon arrêt sera porté,
Approche, la douleur t'appelle
Où t'appelait la volupté.
Réponds à ma voix défaillante,
Soulève ma tête tremblante,
De ton souffle viens m'embraser ;
Ah ! que sur tes lèvres de flamme
Je puisse déposer mon âme !
Que j'expire dans un baiser !

A MES AMIS.

Alors que ma froide paupière
Pressera mes yeux à jamais,
O Naïs! pour faveur dernière,
Couronne-moi de myrtes frais.
Paré comme en un jour de fête,
Sur un bras inclinant ma tête,
Une coupe vide à la main,
J'offrirai la riante image
De ce convive heureux et sage
Qui sommeille après un festin.

Toi-même, à la clarté ravie,
Tu dois fermer tes yeux si beaux;
Mais un jour l'éternelle vie
Sortira du sein des tombeaux.
Comme deux époux de la veille,
Qu'un tendre souvenir éveille,
Aux premiers rayons du matin,
Surpris et charmés de renaître,
Ensemble nous verrons paraître
L'aurore d'un jour sans déclin.

A MES AMIS.

> Fugaces...
> Labuntur anni.
> HORACE.

O mes amis, que ce banquet m'enchante!
J'aime ces jeux, ce désordre et ces cris,
Des vins fumants la pourpre étincelante,
Ces fruits épars et ces joyeux débris.
Dans soixante ans, quand l'âge impitoyable
Fera trembler les flacons dans ma main,

Puisse Bacchus nous rassembler à table,
Et nul de nous ne manquer au festin!

Nous chanterons d'une voix moins sonore;
Mais que Bacchus dicte nos derniers vers:
Buvons à lui; qu'un jus brûlant colore
Nos fronts pâlis par quatre-vingts hivers!

Plongeons nos sens dans une heureuse ivresse:
Le lierre, amis, sied bien aux cheveux blancs;
Ses rameaux verts couvrent de leur jeunesse
Les vieux ormeaux dépouillés par les ans.

AU VALLON D'ARGENTOL.

Quàm juvat immites ventos audire cubantem!
. . . .
Aut gelidas hibernus aquas quum fuderit Auster,
Securum somnos, imbre juvante, sequi!
Hoc mihi contingat!...
TIBULLE.

Retraite d'Argentol, vallon tranquille et sombre,
Qu'habitent le travail, la paix et le bonheur,
Que j'aime à respirer ce reste de fraîcheur,
A l'ardeur des étés échappé sous ton ombre!
Le zéphyre se plaît dans tes longs peupliers;
Ces monts, où deux forêts balancent leur verdure,
Environnent ton sein d'une double ceinture.
Courbez-vous sur mon front, rameaux hospitaliers;
Source fraîche où ma main recueille une onde pure,
Reviens par cent détours aux bords que tu chéris;
Poursuis; que ton murmure, en charmant mes oreilles,
Se mêle au bruit léger de cet essaim d'abeilles
Qui vole en bourdonnant sur les buissons fleuris.

Des chênes ébranlés mutilant les racines,
Puissent les noirs torrents, dont le cours inégal
Dans un lit de gravier gronde au pied des collines,
Ne jamais obscurcir ton paisible cristal !
Puissent le dieu des champs et ses nymphes divines
Écarter loin de toi le chasseur inhumain,
Quand, l'oreille aux aguets, sortant du bois voisin,
La biche au pied léger ou le chevreuil timide
Vient se désaltérer à ta source limpide !
Ah ! si jamais le ciel, soigneux de mes plaisirs,
Fixe ma vie errante au milieu de ces plaines,
Je veux que leur enceinte enferme mes désirs,
Que mon travail soit libre ainsi que mes loisirs :
J'y veux couler en paix des jours exempts de peines.
Quand l'ardent Sirius blanchit l'azur des cieux,
Quel bonheur de fouler des herbes verdoyantes !
Ou dans les nuits d'hiver, quand un vent pluvieux
Vient battre à coups pressés les vitres frémissantes,
De rêver à ce bruit qui vous ferme les yeux !
Si je meurs entouré de riantes images,
Je ne veux pour tombeau que ces gazons épais.
Les passants, fatigués de quelques longs voyages,
Pourront s'y reposer sous des peupliers frais ;
Mon ombre écartera de leur couche tranquille
L'insecte malfaisant, le reptile odieux :
Un regret, un soupir, en quittant ces beaux lieux,
Me payeront au delà mes soins et mon asile.
Voilà mes seuls désirs : puissent-ils plaire aux dieux !
O vallon fortuné, paisibles promenades,
Tout ce faste imposant que Paris va m'offrir,
Ces palais, ces jardins et leurs tristes naïades,
Du besoin de vous voir ne me sauraient guérir :
Entre vos monts altiers, au bruit de vos cascades,
Que ne m'est-il donné de vivre et de mourir !

IMITATION

D'UNE SCÈNE DE L'HÉCUBE D'EURIPIDE.

HÉCUBE, POLYXÈNE, ULYSSE, Gardes.

ULYSSE.

. . . Forcé de remplir un devoir trop sévère,
Je viens porter le deuil dans l'âme d'une mère;
Mais Achille commande, Achille est écouté :
A regret j'accomplis l'arrêt qu'il a dicté.

HÉCUBE.

Achille, ce bourreau de toute ma famille,
Vivant, tua mon fils; mort, égorge ma fille!
O trop heureux Hector! c'est moi qui te survis
Pour mourir chaque jour dans chacun de mes fils,
Pour rester seule au monde et périr la dernière,
Sans trouver un ami qui ferme ma paupière!
(A Ulysse qui fait un pas vers Polyxène.)
J'ai droit à la pitié : l'obtiendrai-je de toi?
Cruel, arrête, écoute!... Ulysse, écoutez-moi.

ULYSSE.

Je sais quel saint respect tant de malheur réclame;
Parlez.

HÉCUBE.

Vous souvient-il du jour où, dans Pergame,
Caché sous un faux nom, déguisant vos projets,
Vous veniez des Troyens surprendre les secrets?
Hélène pénétra cet important mystère;
Seule de son secret je fus dépositaire.
Ulysse, quel Troyen ne vous eût condamné?

A mes pieds, sans espoir, vous étiez prosterné.
Et, glacé par la mort à vos regards présente,
Vers moi vous étendiez une main suppliante;
N'étais-je pas alors arbitre de vos jours?

ULYSSE.

D'un seul mot votre bouche en eût tranché le cours,
Vous pouviez me punir...

HÉCUBE.

Je le devais peut-être,
Ingrat, et ma pitié ne te fit point connaître.
Je t'épargne un trépas honteux et mérité;
Tu me dois tout, l'honneur, le jour, la liberté,
Et tu veux m'accabler, et, pour reconnaissance,
Tu prends un soin cruel d'irriter ma souffrance.
Sur l'esprit des soldats, que ton art a séduit,
L'ouvrage de mes pleurs par toi seul est détruit;
Pour Achille et les dieux c'est toi qui les décides.
Les dieux commandent-ils à vos mains parricides
De traîner des captifs sous le couteau mortel,
Comme de vils troupeaux réservés à l'autel?
Mais je veux que, flatté d'une pareille offrande,
En faveur d'un héros le ciel vous le commande.
Est-ce à moi d'honorer de ce tribut sanglant
Celui dont les exploits ont déchiré mon flanc?
Faut-il sacrifier ma fille à sa mémoire?
Doit-elle de ses jours payer votre victoire?
Pour mourir sous vos coups quels sont ses attentats?
Elle n'a point causé nos funestes débats,
Et, brûlant sur ces bords d'une flamme adultère,
Appelé dans nos champs la famine et la guerre.
Une autre a divisé les Grecs et les Troyens;
Elle seule a perdu vos guerriers et les miens.
De ce crime au tombeau qu'elle emporte la peine :
Justifiez les dieux en punissant Hélène.

Mais respectez ma fille, épargnez mes vieux ans ;
Laissez-moi cet appui de mes pas chancelants.
Près d'elle mes douleurs me semblent moins amères ;
En elle je retrouve et son père et ses frères.
C'est me ravir encor tout ce que j'ai perdu
Que m'enlever ce bien par qui tout m'est rendu,
Ce doux et cher trésor qui me reste de Troie,
Mon guide, mon espoir, ma famille et ma joie.
Ecoutez ma prière, et soyez généreux ;
Instruit par vos malheurs, plaignez les malheureux.
Ulysse, par ma voix l'équité vous supplie
De ne point opprimer qui vous sauva la vie.
Qu'un service passé vous parle ici pour nous !
Je vous vis à mes pieds, j'embrasse vos genoux ;
Je vis couler vos pleurs, tournez sur moi la vue,
Contemplez l'infortune où je suis descendue.
Moi, veuve de Priam, j'implore vos regards,
Et je baise la main qui livra nos remparts.
Oui, vous nous défendrez, vous serez notre asile ;
Sauvez-nous, retournez vers le tombeau d'Achille.
De remords combattu, Pyrrhus doit hésiter :
Atride à vos discours ne pourra résister ;
Vous saurez dans les cœurs réveiller la clémence ;
Vous fléchirez les Grecs ; et si votre éloquence
De Calchas et des dieux désarme le courroux,
Vous ferez plus pour moi que je n'ai fait pour vous.

ULYSSE.

Que ne m'est-il permis de remplir votre attente,
Et de soustraire aux dieux votre fille innocente !
Si mon intérêt seul m'ordonnait d'obéir,
Je n'hésiterais pas, Hécube, à le trahir ;
Mais le salut des Grecs défend que je balance.

HÉCUBE.

Je ne puis ébranler sa féroce constance.

Ta douce voix, tes pleurs sont mon unique espoir :
Parle-lui; c'est à toi d'essayer ton pouvoir.

POLYXÈNE.

Vous détournez les yeux, seigneur; votre courage
D'un regard suppliant redoute le langage;
Faible contre mes pleurs, il craint de s'attendrir.
Ne vous alarmez pas; je suis prête à mourir.
Quand j'ai vu de si haut s'écrouler ma fortune,
Puis-je encor regretter une vie importune?
L'hymen me promettait un illustre avenir;
Au sang de mes aïeux les rois, fiers de s'unir,
Déposaient à mes pieds l'orgueil du diadème.
Priam, semblable aux dieux dont la bonté suprême
Devait de son empire éterniser le cours,
Eût régné leur égal, s'il eût régné toujours.
Ce monarque n'est plus, et moi, je suis captive.
Vous m'ouvrez une route à l'infernale rive,
Et je balancerais! et je vivrais encor,
Pour voir ma liberté marchandée à prix d'or!
Et j'irais dans les murs d'une ville ennemie
Traîner de mes destins l'horreur et l'infamie!
Un hymen flétrissant unirait dans Argos,
La race d'un esclave à celle d'un héros!
Parlez; quel est le sort le plus digne d'envie :
La gloire avec la mort, l'opprobre avec la vie?
Qui choisit son destin est libre dans les fers;
Je le suis, j'ai choisi, finissez mes revers,
Au trépas qui m'attend sans terreur je me livre;
Console-toi, Priam, ta fille va te suivre;
Et toi, dont le courage a passé dans mon cœur,
Hector, ouvre tes bras pour recevoir ta sœur!

HÉCUBE, aux soldats.

Foulez donc sous vos pieds une mère éperdue.
Lâches, par son danger la force m'est rendue...

Qui pourra désunir nos bras entrelacés

ULYSSE.

Aux ordres de vos rois, soldats, obéissez.

POLYXÈNE.

Ah! seigneur, épargnez sa tendresse imprudente.
Ma mère, voulez-vous qu'une foule insolente
Ose, dans ses fureurs, souiller vos cheveux blancs?
Voulez-vous qu'elle insulte à mes restes sanglants,
Et que, pour vous punir, une dernière injure
Vous condamne à les voir privés de sépulture?
Obéissons aux Grecs, il les faut désarmer :
A la clarté du ciel mes yeux vont se fermer.

HÉCUBE.

Sans moi dans les enfers tu descendras, ma fille!

POLYXÈNE.

Polyxène aux enfers trouvera sa famille.

HÉCUBE.

Et moi, qui vieillirai sous le poids des douleurs,
Aux flots de l'Eurotas j'irai mêler mes pleurs.

POLYXÈNE.

Pour vous aux sombres bords que dirai-je à mon père?

HÉCUBE.

Dis-lui que ton trépas a comblé ma misere.

POLYXÈNE.

Que dire à votre Hector?

HÉCUBE.

    Que Pergame n'est plus;

Qu'Andromaque gémit dans les fers de Pyrrhus.

POLYXÈNE.

Adieu, ma mère! adieu, rivage du Scamandre!
Lieux sacrés, où demain reposera ma cendre!
Chers débris d'Ilion, tombeaux de mes aïeux,
Champs où régnait Priam, recevez mes adieux.
Vous, malheureuse Hécube, ô vous dont la tendresse
Pour un plus beau destin éleva ma jeunesse,
Ma mère, embrassez-moi... pressez-moi dans vos bras...
Je vous quitte, il le faut, ne me retenez pas.
De nos derniers tourments épargnons-nous la vue,
Votre douleur m'accable, et ma douleur vous tue...

STANCES.

Θανεῖν με δεῖ, κἂν μὴ θελῶ.

ANACRÉON.

Vivons heureux, la mort est sur nos pas,
Que du néant tout ici nous instruise,
Et la liqueur que notre soif épuise,
Et le cristal brisé dans nos ébats!
De ce flambeau la lueur passagère
Nous dit encor qu'il faut chasser l'ennui :
Buvons, amis, tandis qu'il nous éclaire ;
Chacun de nous peut mourir avant lui.

Que, poursuivant des trésors incertains,
Le voyageur traîne une vie errante,
Dispute aux flots la perle transparente,
Et les parfums aux sables africains!

L'encens lointain caché dans la Lybie
Vaut-il les fleurs dont se couvrent nos vins?
Et l'ambre épars aux rives de l'Asie,
L'ambre doré qui rit sur les raisins?

Les descendants d'un comte ou d'un baron
En char pompeux font voler la poussière;
Le médaillon qui brille à la portière
Promène aux yeux l'éclat de leur blason;
Mais les coursiers gênés par mille entraves,
Étincelants d'une impuissante ardeur,
Du frein doré sont cent fois moins esclaves
Que nos barons de leur triste grandeur.

Qu'on porte envie au pontife romain;
Son corps glacé dans la pourpre frissonne,
Son front fléchit sous la triple couronne,
Les saintes clefs lassent sa faible main;
L'ennui l'assiége, et la goutte assassine,
Rongeant les nœuds de ses doigts inégaux,
Va se cacher sous la bague divine
Dont la vertu guérit de tous les maux.

Quand l'urne d'or enfermait ses héros,
Rome honorait leurs ombres consulaires.
Pour leur bâtir des palais funéraires,
Elle épuisa les marbres de Paros.
Vaine grandeur! les ans, dans leur naufrage,
Ont entraîné ces pompeux monuments;
Anacréon n'a laissé qu'une page,
Qui flotte encor sur l'abîme des temps.

Lisons ses vers, imitons ses plaisirs.
Gais sans transports, délicats sans mollesse,
Sur nos besoins réglons notre sagesse;
En vains projets n'usons point nos désirs,

N'immolons pas notre belle jeunesse
Au fol espoir d'en prolonger le cours :
Enfin, rendons au néant qui nous presse
Des jours remplis plutôt que de longs jours

POÉSIES

DE

LA JEUNESSE DE L'AUTEUR.

LA MORT DE J. DELILLE.

DITHYRAMBE.

« L'astre éclatant du jour a fini sa carrière,
« La mer vient d'engloutir ce globe radieux,
« L'ombre efface déjà les sillons de lumière
« Qui marquaient dans le ciel son chemin glorieux.
    « Les feux dont la nuit se décore
« N'ont rien de comparable aux brillantes clartés
« Dont il éblouissait nos regards enchantés.
« Dieux ! ne verrons-nous plus les pompes de l'aurore,
    « Ou le soleil doit-il encore
« Inviter les humains à ses solennités ? »

Ainsi, dans l'ombre immense où se perdait leur voix,
Gémissaient les humains, hôtes naissants du monde,
Quand le char du soleil pour la première fois
    Courut s'ensevelir dans l'onde,
Et livra les vallons, les montagnes, les bois,
    A l'horreur d'une nuit profonde.

Mais bientôt, des mortels dissipant les douleurs,
L'astre consolateur chasse la nuit obscure :
     « Reprends, dit-il à la nature,
     « Reprends ta forme et tes couleurs.
     « Vallons, couvrez-vous de verdure;
« Que l'émail du printemps renaisse sur les fleurs,
« Que de l'or des moissons la terre se couronne,
« Qu'un pavillon d'azur s'étende dans les cieux ;
« Et vous, devant mon char que la gloire environne,
     « Mortels, baissez les yeux ! »

     Le soleil, vainqueur des ténèbres,
     Aux humains fut ainsi rendu :
     Qui peut rendre à nos cris funèbres
     L'astre que nous avons perdu ?
     Le flambeau renaissant du monde
     Peut de sa lumière féconde
     L'embellir et le ranimer ;
     Nous seuls avons droit de nous plaindre,
     Et l'astre qui vient de s'éteindre
     Ne doit jamais se rallumer.

     On a vu des clartés légères
Apparaître un moment sur l'abîme des flots :
A peine on distinguait ces lueurs passagères,
Et leurs feux expiraient aux yeux des matelots.

Mais toi, qui t'élevas par delà le tonnerre,
     Du soleil auguste rival,
Comme lui tu brillais en éclairant la terre,
     Et tu marchais d'un pas égal !
Vainement un orage, éclatant sur nos têtes,
Voulut de tes rayons obscurcir tous les traits.
Fidèle dans sa route, au milieu des tempêtes,
     Ton char ne dévia jamais ;
Une splendeur divine a marqué son passage,

Et l'éternelle nuit fut ton premier nuage.

Tandis que ma douleur s'exhale en vains adieux,
D'où vient qu'à mon oreille une douce harmonie
    Apporte des accents joyeux ;
D'où vient que, sans respect pour le deuil du génie,
Elle insulte à ces pleurs qui tombent de nos yeux ?

    Pardonnez, troupe divine,
    Qui sur la double colline
    Formez ces riants concerts ;
    Je vois l'ombre fortunée
    Que vos mains ont couronnée,
    Et dont vous chantez les vers.

    Vous lui montrez ces demeures
    Où, charmant le cours des heures
    Par de folâtres amours,
    Un peuple tendre et fidèle,
    Dans une ivresse éternelle,
    Coule mollement ses jours.

    Dans les bocages antiques,
    Dont les rameaux poétiques
    Ombragent vos fronts sacrés,
    Aux accords de Polymnie,
    Par vos jeux vous entourez
    Sa vieillesse rajeunie.

Il s'égare avec vous au fond des bois épais,
    Glorieux, immortel asile,
Où jadis en foulant des gazons toujours frais
Vous conduisiez les pas d'Horace et de Virgile.

    D'Ilion le héros pieux,
Apprêtant des lauriers pour ce front qu'il révère,

Au-devant du chantre des dieux
S'élance et guide son vieux père.
Par un soupir Didon a trahi ses douleurs,
Et l'amour dans ses yeux retrouve encor des pleurs.
Orphée, aux doux accents qui charment ses oreilles,
Du Virgile français reconnaît le pouvoir ;
Et le jeune Aristée, accourant pour le voir,
Oublie un instant ses abeilles.

Mais que vois-je ! des monts que la neige a couverts,
Des rocs dont je cherche la cime,
Un ruisseau qui s'enfuit parmi des saules verts,
Des sapins suspendus sur les flots d'un abîme,
Des champs chargés d'épis, des forêts, des déserts,
Assemblage confus de mille objets divers,
Ensemble bizarre et sublime !

Milton, sur les rochers, sur les bords des torrents,
Promène au loin ses yeux errants ;
Dès qu'il voit cette ombre nouvelle :
O vous que les Neuf Sœurs ont admis à leur cour,
Dit-il, que sous vos doigts ma lyre fraternelle
Par des accords plus doux enchante ce séjour !

Des fantômes nombreux la troupe fugitive
Se rassemble, l'œil fixe et l'oreille attentive ;
Ainsi dans les bois d'alentour
Nous voyons se presser les chantres du bocage
Quand la sombre tempête ou le soir d'un beau jour
Les réunit en foule à l'abri du feuillage.

Le vieillard étonné les contemple un instant :
Ses yeux d'un seul regard leur imposent silence ;
Il prélude, il commence,
Et Milton enchanté s'admire en l'écoutant.

Écartez-vous, légers fantômes !
C'est trop le cacher à nos yeux.
Habitants qui peuplez ces fortunés royaumes,
Écartez-vous, héros et demi-dieux !
Et vous, amants chéris des filles de Mémoire,
Ses maîtres, ses égaux, les amis de sa gloire,
Mortels divins, écartez-vous !
Laissez-nous contempler cet auguste visage,
Et souffrez que, témoins d'un douloureux hommage,
Ses regards satisfaits s'abaissent jusqu'à nous.

O toi, le digne objet des pleurs de la patrie,
Vois un peuple idolâtre entourer ton cercueil !
La mort en te frappant a répandu le deuil
Sur la France attendrie.

On répète tes vers, on vante tes leçons,
Que de ta voix muette on ne peut plus entendre ;
Et, fiers de leur fardeau, tes jeunes nourrissons
D'un front respectueux se courbent sous ta cendre !

« Au bord d'un limpide ruisseau
« Placez ma tombe solitaire :
« Que les arbres voisins rapprochés en berceau
« Couvrent le tertre funéraire. »

Tu l'as dit : le dieu Pan, touché de tes destins,
Élève en soupirant ce monument champêtre ;
Et tout près il écrit sur l'écorce d'un hêtre :
Au chantre des Jardins.

L'Imagination, pensive, échevelée,
Te cherche au milieu des tombeaux :
Tantôt elle gémit, et tantôt consolée,
Elle te voit encor surpassant tes rivaux.

La Pitié sur les fleurs dont la terre est jonchée
S'avance, l'œil humide et la tête penchée.
Près du marbre insensible où t'enferme la mort,
Sur d'horribles serpents, dont la fureur sommeille,
    L'Envie en murmurant s'endort,
    Et l'Immortalité s'éveille.

LA DÉCOUVERTE DE LA VACCINE.

DISCOURS EN VERS.

Quels titres n'ont-ils pas à l'amour des humains,
Ces mortels inspirés dont les savantes mains
Pour nous de la nature ont percé les mystères,
Dans des cercles connus ont fait couler les sphères,
Et, sondant l'infini, peuplé ses profondeurs
D'immobiles clartés et de feux voyageurs !
Leur sublime génie, à travers les nuages,
Osa ravir aux cieux le secret des orages ;
A l'aide du cristal en prisme façonné,
Divisa les rayons du soleil étonné ;
Expliqua des couleurs les brillants phénomènes,
Et de notre pensée agrandit les domaines.
Mais reculer l'instant qui nous plonge au tombeau,
Des misères de l'homme alléger le fardeau,
Détruire sans retour ce mal héréditaire
Que l'Arabe a transmis au reste de la terre [1],
Qui trop souvent mortel, toujours contagieux,
D'une lèpre inconnue a frappé nos aïeux,

[1] On sait que les soldats d'Omar apportèrent la petite vérole en Égypte, d'où elle se répandit dans le reste du monde.

Qui n'épargne le rang, ni le sexe ni l'âge,
C'est le plus beau laurier dont se couronne un sage.

Quelquefois le hasard nous prête son flambeau
Pour éclairer nos pas dans un sentier nouveau.

Au fond du Glocester, dont les vertes campagnes
Nourrissent des taureaux les utiles compagnes,
Jenner opposait l'art à ce fléau cruel,
Tribut que la naissance impose à tout mortel.
Ses bienfaisantes mains prévenaient la nature,
Et, déposant au sein d'une heureuse blessure
Du poison éprouvé le germe moins fatal,
Transmettaient à la fois le remède et le mal [1].
C'est ainsi qu'avant nous les peuples de l'Asie
Préservaient ces beautés, trésors de Circassie,
Qu'un avide intérêt, par ce triste secours,
Aux ennuis du sérail condamnait pour toujours.

Mais c'est peu d'arrêter le torrent dans sa course,
Et Jenner plus heureux en doit tarir la source.
Le bien dans tous les arts n'est qu'un pas vers le mieux.
Tandis que dans Berkley ses loisirs studieux
Contemplent les troupeaux des fécondes génisses,
D'un mal qui le surprend les fraîches cicatrices
Ont fixé tout à coup ses yeux observateurs.
« Quelquefois, lui dit-on, de malignes humeurs
« S'arrêtent sur les chairs de la mamelle ardente.
« Le trayon douloureux que la fièvre tourmente,
« Hérissé de tumeurs, couvert d'un pâle azur,
« Prodigue moins les flots de son lait encor pur [2],
« Et, pressé par les doigts du berger trop avide,

---

[1] Jenner inoculait à Berkley, lorsqu'il découvrit la vaccine.
[2] Le lait moins abondant n'éprouve aucune altération.

« Distille goutte à goutte une liqueur limpide [1].
« Ces venins pénétrants empoisonnent la main
« Qui brise leur prison et leur ouvre un chemin ;
« Mais sitôt qu'un pasteur en a senti l'atteinte,
« Il n'est plus tourmenté par la commune crainte :
« Le fléau dont vos soins viennent purger ces lieux
« Émousse contre lui ses traits contagieux. »

Jenner entend ces mots, et sa route est tracée.
Il marche, il touche au but que poursuit sa pensée ;
Par le fer délicat dont il arme ses doigts,
Le bras d'un jeune enfant est effleuré trois fois.
Des utiles poisons d'une mamelle impure
Il infecte avec art cette triple piqûre.
Autour d'elle s'allume un cercle fugitif :
Le remède nouveau dort longtemps inactif.
Le quatrième jour a commencé d'éclore ;
Et la chair par degrés se gonfle et se colore.
La tumeur en croissant de pourpre se revêt,
S'arrondit à la base et se creuse au sommet.
Un cercle plus vermeil de ses feux l'environne ;
D'une écaille d'argent l'épaisseur la couronne ;
Plus mûre, elle est dorée ; elle s'ouvre, et soudain
Délivre la liqueur captive dans son sein.
Puisez le germe heureux dans sa fraîcheur première,
Quand le soleil cinq fois a fourni sa carrière.
Si la douzième nuit a commencé son cours,
Souvent il offrira d'infidèles secours.
A peine les accès d'une fièvre légère
Accompagnent les pas de ce mal volontaire,
Et l'ennemi secret par lui seul combattu,
Chassé de veine en veine, expire sans vertu.

---

[1] La limpidité est un des caractères principaux qui distinguent le bon vaccin. (Husson.)

O triomphe immortel dans les fastes du monde!
Beauté, fille des cieux, toi dont la main féconde
Se plaît à varier ses trésors enchanteurs,
Joint la forme élégante à l'éclat des couleurs,
Imprime au front de l'homme une mâle noblesse,
Et d'un sexe adoré fait régner la faiblesse;
Premier lien des cœurs et volupté des yeux;
Beauté, toi dont l'éclat sur des traits gracieux,
Détruit avant le temps, passait comme un sourire,
Nous pourrons désormais prolonger ton empire.
Mais le bruit du prodige à Londres se répand.
Recueilli dans la plaie, un philtre bienfaisant,
Fixé sous des tissus, prisonnier sous le verre,
Sans perdre son pouvoir, traverse l'Angleterre.
Pour Jenner chaque épreuve est un succès nouveau;
Vainqueur, devant ses pas il chasse le fléau.
En vain dans ses fureurs une ignorance altière,
Un bandeau sur les yeux, insulte à la lumière;
Le fanatisme, en vain contre lui déclaré,
Environne l'erreur de son rempart sacré;
Où règne la raison l'erreur est sans défense:
L'Angleterre examine, approuve et récompense.
L'Anglais, né libre et fier, aime la vérité;
Il la cherche, il la trouve, il marche à sa clarté.
Estimé des Français, il leur doit son estime;
Mais avare en tout temps d'un tribut légitime,
Sans accorder l'éloge, il le veut obtenir.
Rivaux, si l'intérêt a pu nous désunir,
La justice en nos cœurs ne dut jamais s'éteindre:
Deux grandes nations s'admirent sans se craindre!
Voyez loin d'Albion ces Anglais courageux,
A travers les écueils, sur les flots orageux,
Du secret de Jenner propageant les merveilles,
Semer sur d'autres bords l'heureux fruit de ses veilles.
Fendez le sein des mers, hardis navigateurs!
Les autans enchaînés suspendent leurs fureurs;

Un dieu veille sur vous, un dieu doit vous conduire.
Abandonnez la voile au souffle du zéphyre :
Le ciel est pur, la nuit prodigue ses flambeaux,
Et les sœurs de Thétis entraînent vos vaisseaux.
Déjà vous atteignez, par delà le tropique,
Le vaste continent que baigne l'Atlantique.
Le vaccin voyageur parcourt ces bords lointains
Où le moka doré mûrit pour nos festins,
Et ces vallons peuplés de jeunes bayadères
Dont Madras a tissu les parures légères.
Il pénètre à Bagdad, aux murs de Bassora,
Que le myrte enrichit des larmes de Myrrha,
Dans ces champs où de loin le voyageur admire
Quelques débris épars des grandeurs de Palmyre.
Aux lieux où Constantin a fondé ses ramparts,
Et sous le ciel glacé de l'empire des czars.
Mais volons sur ses pas aux rives de la France ;
Le bruit de ses bienfaits vainement le devance :
La folle confiance, aux regards effarés,
Adopte les récits par l'effroi consacrés.
Des crimes de Jenner quelle absurde chronique !
L'un croit trouver la mort dans ce philtre magique ;
L'autre croit voir sa fille, errante aux pieds des monts,
Fouler, nouvelle Io, le thym et les gazons [1] ;
Et chacun, s'obstinant dans l'erreur qui l'obsède,
Veut expirer du mal par la peur du remède.
Un plus hardi paraît, et, seul mieux inspiré,
Hasarde un premier pas trop longtemps différé.
Son audace est heureuse, un autre se rassure ;
Un troisième après lui veut tenter l'aventure.
Chaque jour est marqué par de nombreux essais :
Paris donne l'exemple au reste des Français ;

---

1 Quelques habitants de la campagne, même dans les environs de Paris, ont poussé la folie jusqu'à croire que le vaccin pouvait leur faire prendre la forme de l'animal qui le fournit.

Aux leçons de Paris la province est docile,
Et bientôt le village ose imiter la ville.

Loin du toit fastueux par le riche habité,
J'ai vu dans des hameaux la simple humanité,
A des travaux pieux consacrant ses lumières,
De la contagion affranchir les chaumières.

Quand sous l'humble clocher du temple villageois,
L'airain qui frappe l'heure avait frémi deux fois,
Vêtu, comme aux beaux jours, de sa blanche tunique,
Le chantre, précédé d'un tambour pacifique,
Du docteur redouté proclamait le retour ;
Femmes, enfants, vieillards se pressent à l'entour.
Ce mortel si terrible à leurs yeux se présente :
Ses regards paternels dissipent l'épouvante ;
Il rassure la mère, il sourit aux enfants,
Il prédit au vieillard qu'il doit vivre cent ans.
Sous le chaume bientôt la foule se rassemble ;
On entre, on est assis, de nouveau chacun tremble.
Ils répondent par ordre à l'appel du pasteur ;
Une bourse à la main, de loin le bon docteur
Montre au plus intrépide un prix de sa vaillance ;
Le magister sourit d'un air de défiance,
Et les traces d'un mal qu'il a trop mérité
Ont gravé sur son front son incrédulité.
L'instant fatal approche ; il faut qu'on se décide...
Des assistants nombreux quel est le moins timide ?
Qu'il se signale ! Il vient ; tous au fer menaçant
Vont offrir tour à tour un bras obéissant.
Debout au milieu d'eux, le Nestor du village
Tout bas par ses discours affermit leur courage.
Une mère l'écoute, et, les pleurs dans les yeux,
Inquiète, à son fils adresse ses adieux,
Le présente au docteur, et soudain le retire,
Puis le présente encor, se détourne et soupire.

L'un affecte un grand cœur que son trouble dément;
L'autre rougit, pâlit et pleure franchement;
Leur voisin en héros affronte la piqûre,
Après ce bel exploit, plus fier de sa blessure
Qu'un vieux soldat français mourant pour son pays
Dans les champs de Rocroi, de Lens ou d'Austerlitz.

Cependant à regret leur bienfaiteur les quitte.
Quelques jours écoulés, un soir il les visite.
Ce n'est plus la terreur qu'il fait naître aujourd'hui :
Ses malades charmés sautent autour de lui;
Le plus jeune d'entre eux l'embrasse et le caresse;
Leurs visages vermeils respirent l'allégresse;
Ils devancent ses pas d'un air leste et dispos.
Leurs compliments naïfs, leurs aimables propos,
La verdeur des vieillards, la fraîcheur de leurs filles,
La joie et la santé de toutes les familles,
Attestent le pouvoir d'un art libérateur,
Et tous, sans le connaître, en bénissent l'auteur.

Adopte ce bienfait, ô France! ô ma patrie!
Après tant de revers, qui ne t'ont pas flétrie,
En dépit des vainqueurs, forcés de t'admirer,
Quel beau siècle pour toi semble se préparer!
Je vois de toutes parts une race nouvelle
S'élever dans ton sein plus nombreuse et plus belle.
La nature vaincue en respecte la fleur.
Plus tard, étincelants de grâce et de vigueur,
Ces jeunes nourrissons peuplent tes champs fertiles;
Laboureurs au village, artisans dans les villes,
Par l'équité sévère armés du fer des lois,
Admis à la tribune à discuter nos droits,
Ardents, prêts à donner tous les trésors de l'Inde
Pour les lauriers de Mars ou les palmes du Pinde.
Croissez, nobles enfants, l'espoir du nom français;
Par la guerre illustrés, soyez grands dans la paix.

Si quelque roi jaloux insulte à votre gloire,
Couronnez votre front d'une double victoire :
Régnez par les beaux-arts sur ses peuples soumis,
Et soyez sans rivaux comme sans ennemis.

DITHYRAMBE

SUR LA NAISSANCE DU ROI DE ROME.

20 mars 1811.

« Destin, qui m'as promis l'empire de la terre,
« Tu disais : Rome, un jour souveraine des rois,
  « Les verra, courbés sous ses lois,
« Devant elle abaisser leur sceptre tributaire :
« Rome au monde asservi dictera ses arrêts.
« Où sont ces rois captifs, ces tributs, ces hommages,
« Et ce sceptre vainqueur des peuples et des âges?
  « Destin, qu'ont produit tes décrets?

« Ma gloire a disparu comme une ombre légère ;
  « Autour de moi je vois épars
« Les antiques débris du trône des Césars
  « Ensevelis dans la poussière.
« Où marchaient mes soldats, où flottait leur bannière,
  « Je n'aperçois que des tombeaux ;
« Et, déchu pour jamais de sa splendeur première,
« Un peuple de vaincus ose fouler la terre
  « Où dort un peuple de héros. »

Rome ! ne gémis plus sur tes foudres éteintes,
Au séjour du Destin ont pénétré tes plaintes,
   de son antre obscur, aussi vieux que le temps,
La voûte prophétique a redit ce accents :

« Que la cité de Mars à ma voix se console ;
« Un nouveau Jupiter, garant de mes décrets,
  « Va présider au Capitole ;
« O monts du Latium, inclinez vos sommets !
« NAPOLÉON va rendre à l'antique Ausonie
« Ses lauriers, sa splendeur, son trône, son génie.
  « Rome, tes destins vont changer ;
« La France, sur ses pas, t'appelle à la victoire,
  « Elle ne peut céder sa gloire,
  « Mais elle peut la partager.

« Pour soutenir le poids du sacré diadème
« Qui doit à ses grandeurs bientôt t'associer,
  « Du héros la bonté suprême
  « Te promet un autre lui-même,
  « De ses vertus immortel héritier. »

Mais déjà le ciel te le donne ;
L'éclair luit, les airs sont troublés,
Et dans les temples ébranlés
L'airain pieux tremble et résonne.
La foudre a retenti cent fois :
  « Quel est celui que le tonnerre
  « En grondant annonce à la terre ?
  « C'est le fils du plus grand des rois ! »

Salut, doux espoir de la France !
Gloire au guerrier fils du guerrier !
A peine il vient de naître... et l'univers entier
A retenti de sa naissance.

Déjà l'aigle romaine, au vol audacieux,
Va prendre son essor et planer dans les cieux ;
Ces fils de Romulus, dont vingt siècles de gloire
  Protégent les exploits passés,
  Tremblent de les voir éclipsés

Par cet illustre enfant qu'adopte la victoire :
L'astre de Jule en a pâli,
Et sous le marbre solitaire,
De ses restes glacés muet dépositaire,
César a tressailli.

Quel auguste appareil ! quels pompeux sacrifices !
Aux autels de son Dieu, dans les saints édifices,
La France est à genoux !
Quel immense concours assiége ces portiques !
Ministres du Seigneur, redoublez vos cantiques !
O temples, agrandissez-vous !

Sous ces voûtes religieuses
Où flottent de vingt rois les dépouilles fameuses,
Mobiles monuments des exploits d'un héros,
Ce peuple ne vient pas, dans sa reconnaissance,
Du dieu guerrier, protecteur de la France,
Chanter les triomphes nouveaux.
Un besoin plus touchant que celui de la gloire
A guidé les Français ravis ;
Et l'hymne de la paix résonne en ces parvis,
Naguère accoutumés aux chants de la victoire.

Le Danube est ému jusqu'au fond de ses eaux,
Et, secouant sa chevelure humide,
Il s'élance joyeux de son palais liquide,
Le front ceint de roseaux.

Mais quelle sublime harmonie
Soudain retentit sur ses bords !
Des vierges de la Germanie
Qui dira les divins accords ?
Un dieu lui-même les inspire,
Un dieu leur a prêté sa lyre,
Et la corde sonore a frémi sous leurs doigts.

C'est toi que leur voix chante, aimable souveraine,
Toi, dont les jeunes mains ont désarmé la haine
Toi, la fille, l'épouse et la mère des rois.

Tu parus : aussitôt les peuples de la France
Entourèrent ton char de leur concert joyeux;
  Devant toi marchait l'espérance,
  Et ce jour à jamais heureux
D'un jour plus doux encor nous donnait l'assurance.
Jeune immortelle, il naît de ton sein généreux,
Ce fils que ta présence annonçait à l'Empire;
Un doux transport déjà se mêle à tes douleurs,
Et, sur ces traits souffrants où la beauté respire,
Le souris maternel brille au milieu des pleurs.

    Telle, dans sa course légère,
    Dissipant un brouillard obscur,
    Du jour l'aimable messagère
    Apparaît sur son char d'azur.
    A la terre qui se réveille,
    La déesse, de sa corbeille
    Prodiguant les trésors divers,
    Par ses pleurs et par son sourire
    Annonce le dieu dont l'empire
    Va s'étendre sur l'univers.

Reçois, royal enfant, les vœux de la patrie :
Qu'un laurier paternel ombrage ton berceau!
Que la gloire et les arts, qui charmeront ta vie,
Consacrent à jamais le règne le plus beau!
Enfant chéri du ciel, attendu de la terre,
  Promis à la postérité,
Puisses-tu, sous les yeux de ton auguste père,
  Croître pour l'immortalité!

Et vous, peuples heureux qui couvrez ces rivages,

O vous dont la naissance a comblé tous les vœux,
　　Goûtez un bonheur sans nuages
Qui doit s'étendre un jour à nos derniers neveux.
　　Bannissez la crainte importune;
Par un vent favorable en sa course entraîné,
Le vaisseau de l'État, de gloire environné,
　　Porte César et sa fortune!

VERSAILLES.

ÉLÉGIE.

Reviens, ô mon unique amie,
Dissipe un noir chagrin qui trouble ma raison :
Reviens, quitte un moment cette ville embellie
　　Par les arts, enfants d'Apollon,
Ce palais, ces jardins créés par le génie
　　De Le Nôtre et de Girardon.

Dans un séjour si fécond en prodiges
　　Tu ne peux entendre ma voix :
Ces lieux, pour t'arrêter, épuisent leurs prestiges :
Du travail la nature a reconnu les lois.
　　En fertilisant ces campagnes.
Un fleuve obéissant a franchi des montagnes
Pour offrir son tribut au plus fier de nos rois;
　　Comme dans les jeux du théâtre,
Soigneux de présenter mille aspects différents,
Tantôt c'est un torrent qui presse un lit d'albâtre;
Tantôt, pour réfléchir des traits que j'idolâtre,
Il étend le miroir de ses flots transparents;
Son onde te poursuit en ruisseaux divisée :
Elle éblouit tes yeux de ses jets éclatants,
Étincelle dans l'air, et, tombant en rosée,
　　Brille sur tes cheveux flottants.

Lebrun a peint sur ces portiques
Et les amours des dieux et les horreurs de Mars ;
Pour admirer ces lambris magnifiques
Il a vu s'arrêter Luxembourg et Villars.

O chefs-d'œuvre divins ! quel nouveau Praxitèle
Anima dans ces lieux et le marbre et l'airain ?
Des Muses la troupe immortelle
Semble servir encor son jeune souverain ;
Pour arracher sa main du chêne qui la presse,
Sous un monstre en fureur Milon se dresse encor ;
Pluton, brûlant d'amour, ravit une déesse ;
Mercure va parler : l'Amour a pris l'essor !...

Non, tu ne peux quitter ce palais, ces ombrages ;
Je dois te pardonner de m'oublier pour eux.
Renaissez autour d'elle ; errez dans les bocages,
Courtisans, magistrats et poëtes fameux :
Reviens sous ces ormeaux antiques,
O vénérable Fénelon !
Échos, répétez les cantiques
Où Racine a pleuré les malheurs de Sion !
Benserade, Boileau, Sévigné, La Bruyère,
Écoutez en riant les contes d'Hamilton ;
Zéphyrs, semez des fleurs sous les pas de Ninon,
Et vous, grands de la cour, applaudissez Molière !

Là, le plus amoureux, le plus beau des mortels,
En pompe a célébré ses brillants carrousels ;
Mille nobles beautés entouraient la carrière,
Armaient les combattants, couronnaient les vainqueurs ;
C'est là que, rayonnant d'une splendeur guerrière,
Louis fit triompher les modestes couleurs
Et le chiffre de La Vallière.

La Vallière ! à ce nom, quel tendre souvenir

Dans mon triste cœur se ranime !
De sa fidélité fallait-il la punir ?
Le grand cœur de Louis ne fut pas magnanime :
Il brisa sans pitié ce fortuné lien.
Hélas ! elle aimait trop, c'était là tout son crime,
    Et ce crime est aussi le mien.

L'ATTENTE.

> Tutto con te mi piace,
> Sia colle, o selva, o prato.
> MÉTASTASE.

L'aurore a chassé les orages,
D'un voile de pourpre et d'azur
Elle pare un ciel sans nuages ;
L'onde roule un cristal plus pur.

Sur un gazon humide encore,
Aux premiers regards du soleil,
La rose, se hâtant d'éclore,
Ouvre un calice plus vermeil ;

Un zéphyr plus doux la caresse ;
Les oiseaux sont plus amoureux ;
La vigne avec plus de tendresse
Embrasse l'ormeau de ses nœuds.

Dans ces retraites solitaires,
Tout s'embellit de mon espoir :
Frais gazons, beau ciel, ondes claires,
Sauriez-vous qu'elle vient ce soir ?

A MON AMI ***

EN LUI DEMANDANT POUR UNE VIEILLE FEMME UNE PLACE DANS UN HOSPICE.

Au secours d'une infortunée
La pitié m'appelle aujourd'hui,
Et je réclame ton appui
Pour adoucir sa destinée.

La faiblesse enchaîne ses pas ;
Sur son front tremblant, qui s'incline,
L'âge accumule ses frimas :
Elle est bien vieille comme Alcine ;
Pour sorcière, elle ne l'est pas.

Ami, sois donc sa providence :
Elle compte plus d'un rival ;
Hélas ! dans ce siècle fatal,
On trouve encor la concurrence
A la porte de l'hôpital.

Mon astre, dit-on, me menace
D'y mourir aux dépens du roi !
Pour elle accorde-moi la place,
Et la survivance pour moi.

DISCOURS DE RÉCEPTION

A L'ACADÉMIE FRANÇAISE.

7 juillet 1825.

Messieurs,

Un mois avant la perte que l'Académie française vient de faire dans la personne de M. le comte Ferrand, cet ami des lettres désira me connaître, et la demande d'un vieillard fut un ordre pour moi. Plusieurs d'entre vous qui m'ont vu sur les bancs du collége, et qui ont voulu, dans leur bienveillante amitié, que leur élève devînt leur confrère, m'avaient souvent entretenu de l'assiduité de M. le comte Ferrand à vos séances : je savais quelle part il prenait à vos travaux; la tribune retentissait de ses paroles ; admis à la confidence journalière du prince, d'autres devoirs le trouvaient infatigable. J'imaginais qu'une activité si constante prenait sa source dans cette force de corps, dans cette jeunesse prolongée de quelques vieillards, pour qui le temps semble s'arrêter, comme s'il voulait aussi rendre hommage à de hautes vertus et à des talents peu communs, ou qu'il sentît une sorte de regret à détruire ce qu'il ne peut faire oublier.

Quelle fut ma surprise à la vue d'un vieillard faible, infirme, aveugle, et qui, déjà mort dans une portion de lui-même, paraissait ne plus tenir à la vie que par la volonté forte de vivre encore? Je trouvai dans son accueil cette bonté facile dont vos entretiens m'avaient appris à connaître tout le charme. Son âme encore brûlante se répandait dans ses discours, comme pour plaire à une imagination qu'il supposait pleine d'ardeur et d'illusions : il me parlait de mes ouvrages en ami qui n'en veut point voir les défauts, de mon avenir comme s'il nous appartenait à tous deux; il ne m'appelait point à lui, il se faisait jeune pour venir à moi ; dans l'excès d'une bienveillance inquiète, il concevait des craintes sur la destinée d'un jeune homme dont les sentiments pouvaient, à quelques égards, différer des siens ; il essaya de me montrer la vérité où il la voyait lui-même ; il conseillait avec douceur, mais avec une sorte d'empire, car il y a toujours quelque chose d'absolu dans la chaleur d'une opinion combattue et dans l'expérience d'un âge avancé. Je l'écoutais avec respect, et, si je le quittai sans être persuadé, ne vous en prenez point à son éloquence : n'est-il pas, j'en appelle à vous-mêmes, des sentiments intimes dont la racine, trop avant dans le cœur, ne peut s'en arracher ; des convictions impérieuses de la conscience qu'on ne peut secouer sans perdre l'estime des autres, et, ce qui est le premier besoin de toute âme généreuse, l'estime de soi-même?

M. le comte Ferrand n'aurait exigé de personne un sacrifice que personne n'avait obtenu de lui : l'intolérance est le dévouement de ceux qui ont beaucoup d'erreurs à faire oublier.

Pour moi, surpris d'une telle indulgence dans une conviction si fervente, ému par tant de force morale dans une si extrême faiblesse, j'emportai de cet entretien un souvenir profond. J'avais appris jusqu'à quel point l'intelligence peut régner sur ces débris de l'homme qu'elle défend contre la destruction : des yeux qui ne voyaient plus brillaient encore de tout le feu de la pensée; des mains qui cherchaient les objets s'agitaient encore de ce mouvement énergique dont l'éloquence parle aux regards et vient au secours d'une voix défaillante. Il était vrai pour moi qu'une âme vigoureuse reste libre et entière dans un corps que les infirmités enchaînent, et que le temps a mutilé. Par la seule force de sa volonté, elle transporte où il lui plaît cet esclave réduit à l'obéissance, le soutient quand il chancelle, le fortifie par les travaux qui devraient l'affaiblir; lutte imposante, où la douleur se tait, où la nature paraît faire effort contre elle-même, où la mort hésite, et semble craindre, en achevant sa victoire, de perdre le spectacle d'une héroïque résistance.

12.

« De tous les sentiments qui exerçaient, sans l'épuiser, l'activité de cette âme ardente, l'amour des lettres fut le plus puissant. Dans la jeunesse de M. le comte Ferrand, cette passion lui servit comme d'un délassement à des études austères; plus tard, elle le consola dans l'infortune, et, pour dernier bienfait, le protégea contre la mort : voilà ce que les muses ont fait pour lui; rappelons ce qu'il a fait pour elles. L'éloge de sa vie politique n'appartient point à cette tribune; c'est l'homme de lettres que vos suffrages m'appellent à remplacer; qu'un plus éloquent parle de ses actions, je vous entretiendrai de ses ouvrages.

Plusieurs tragédies, fruit de ses loisirs, sont conçues avec sagesse, écrites avec pureté. Douces études, nobles peintures de héros et de malheurs imaginaires, il fut arraché à vos fictions par des désastres véritables, par une tragédie réelle et plus sanglante. Qu'aurait-il inventé d'aussi imposant que ce spectacle? Un roi sans couronne, une famille auguste dans l'exil, empruntaient de leur infortune même une majesté plus touchante. Un prince qui avait combattu sous les drapeaux de la France passait du champ de bataille dans un obscur collége et demandait aux lettres, sans rien perdre de sa dignité, l'appui qu'il devait leur rendre un jour, sans rien ravir à leur indépendance. Sur quel théâtre s'étaient succédé des scènes plus sublimes ou plus déchirantes! Inspiré par sa douleur, M. le comte Ferrand paya un tribut éloquent à la mémoire d'une princesse, fille de tant de rois et dont les vertus étaient plus royales encore que la naissance ; il sentit qu'il ne pouvait orner ce sujet sans l'affaiblir et fut moins orateur qu'historien. Le génie de Bossuet aurait suffi sans doute à l'oraison funèbre de madame Élisabeth ; mais qu'aurait-il ajouté à la majesté d'une telle vie, à l'horreur d'une telle mort? Il y a de ces actions dont la grandeur est en elles-mêmes; et, pour qu'elle leur reste tout entière, on ne les loue pas, on les raconte.

Après une révolution qui avait tout détruit et tout recréé, M. le comte Ferrand dut éprouver une sorte de malaise au milieu d'un monde inconnu. Ses premières années, celles dont on se souvient toujours, il les avait passées dans une de ces demeures qui semblent encore garder l'empreinte des antiques vertus et des vieilles habitudes parlementaires. Malgré l'ardeur inquiète de son esprit, il s'était accoutumé à tout ce qu'il y a de régulier et de stable dans la loi dont il fut longtemps l'organe; aussi l'ancienne France avec son ordre établi, ses distinctions marquées, avec l'autorité de ses institutions consacrées par des siècles, lui apparaissait-elle sans cesse au milieu de la France nouvelle; aussi n'avait-il d'admiration que pour l'immuable : une progression vers le mieux entraînait un changement; tout changement lui semblait une secousse : on eût dit que les commotions violentes l'avaient dégoûté même du mouvement. Sous l'influence de ces idées, il écrivit la *Théorie des Révolutions*.

Dans cet ouvrage, de vastes connaissances sont unies à des vues souvent profondes; mais peut-être l'auteur exige-t-il trop évidemment de l'histoire qu'elle se plie à sa pensée dominante; il force toutes les révolutions du monde à déposer contre une seule, tous les siècles contre un moment, et ne fait plus, si j'ose mêler une critique à mes éloges, qu'un ouvrage de circonstance sur l'univers. C'est dans l'*Esprit de l'histoire* que M. le comte Ferrand s'élève, plus que dans aucun autre de ses écrits, à la hauteur de son talent; voilà sans doute le plus beau de ses titres à l'honneur qu'il eut de siéger parmi vous : partout ici de graves instructions, des faits enchaînés avec art, des conséquences déduites avec force; partout un amour de la monarchie qui n'exclut point dans l'auteur un respect profond des libertés politiques et religieuses. Que puis-je ajouter à cet éloge, si ce n'est que, dans aucun de ses ouvrages, M. le comte Ferrand n'a cédé à ce besoin de satisfaire toutes les opinions, dont l'effet le plus ordinaire est de n'en contenter aucune? Loin de lui ces précautions dont on enveloppe sa pensée jusqu'à l'étouffer pour la rendre supportable aux autres. Ce n'est point un de ces timides esprits qui n'ont de franchise que pour la moitié de la vérité, et se travaillent sans cesse à courtiser le lecteur par quelque demi-sacrifice : c'est un vieil ami de bonne foi, qui aime mieux lui déplaire que le flatter.

Qu'il me soit permis d'examiner, dans ce sanctuaire des lettres, quelle est, sur les ouvrages de l'esprit, l'influence de cette bonne foi avec soi-même et avec le lecteur, de cette conscience en littérature. Buffon l'a dit, messieurs, dans son éloquent discours à vos devanciers, c'est elle qui donne au style tout son effet, au génie toute sa chaleur et sa piquante originalité; d'une phrase échappée à ce grand écrivain peut naître un' discours utile. Je n'entends pas seulement ici par conscience ce respect pour le public, qui ne laisse pas sortir de vos mains ce que vous sentez indigne de vous et de lui. Sans doute un goût délicat devient en nous comme un remords qui nous tourmente et nous force de corriger les défauts que notre paresse ou notre vanité en révolte avaient longtemps défendus. Rien d'entièrement beau, je le sais, rien qui porte en soi le caractère de la perfection et de la durée, sans cette patience que Buffon appelait le génie, et qui n'en est, je crois, que la moitié; mais aussi rien de puissant sur la raison ou sur les cœurs, sans une conviction courageuse qui est la conscience de l'écrivain. Elle peut nous égarer sans doute, parce qu'elle agit d'autant plus violemment au dehors qu'elle est en nous plus passionnée ; mais n'est-ce pas une preuve irrécusable de son pouvoir, qu'elle soit encore, même dans celui qui se trompe, un moyen de tromper les autres! Puisqu'elle donne à l'erreur un triomphe passager, que ne fera-t-elle pas pour la vérité, qui est éternelle? Mais si elle nous manque, si l'intérêt la tient captive au fond de nos cœurs, ou si la crainte la fait taire, en vain serions-nous doués de qualités éminentes, en vain l'étude aurait-elle ajouté à ces dons de la nature. Rappelons-nous cette loi d'Athènes qui frappait de mort tout citoyen assez faible pour ne pas embrasser un parti ; c'est contre nos écrits qu'elle a son application rigoureuse. Condamnés à leur naissance, ils portent la peine de notre faiblesse. Comme nous ne saurions leur communiquer une âme que nous n'avons pas, nous n'enfantons que des productions sans vie, que des paroles d'une élégance froide et morte, que des cadavres, que des ombres.

Une hésitation continuelle dans l'auteur produit l'indécision dans les autres ; comment le croire, s'il n'a pas l'air de se croire lui-même? On se défie de ceux qui cherchent à déguiser leur pensée ; l'on plaint ceux qui n'ont pas le courage de la dire : il arrive même qu'on leur préfère l'homme médiocre, mais convaincu, parce qu'on trouve en lui je ne sais quoi de hardi et de vrai qui a au moins le charme du naturel. Ne cherchez point des armes contre moi dans la philosophie douteuse de Montaigne ; l'attrait irrésistible qui nous ramène sans cesse à ce livre de bonne foi n'est-il pas la sincérité ? Il y a peut-être quelque audace à examiner quand tout le monde croit. Et d'ailleurs, quelle conviction de cœur pour de hautes vérités! quel amour de la vertu! que d'horreur des préjugés qui torturent la vie et qui enlaidissent la mort! quel sentiment exquis des jouissances de l'amitié! Mais je m'aperçois trop tard que, par cet éloge de Montaigne, je vous rappelle une voix qui vous est chère et qu'une souffrance momentanée condamne au silence; je m'arrête, vos souvenirs seraient plus éloquents que mes paroles.

Cette conscience, qui vous plaît jusque dans le doute et vous rend la médiocrité tolérable, concevez-la unie à l'audace d'un esprit décidé, à un jugement sain, à une imagination forte et mobile; maîtresse d'une belle âme, qu'elle y parle en souveraine, tout haut et sans crainte; du génie elle reçoit sa force, il reçoit d'elle son empire : il faut que tout se soumette à l'écrivain armé de cette double puissance; négligé, incorrect même, il a un langage qui n'est qu'à lui. Quels que soient ses écarts, il marche seul au milieu de la foule; il lui est donné de faire haïr ce qu'il hait, de faire aimer ce qu'il aime, d'entrer de vive force dans les cœurs, où il excite des ravissements d'enthousiasme, et d'attacher une ineffable jouissance au sentiment même de sa supériorité, dont il les accable; enfin, il jouit du seul privilége qui ait quelque chose de divin, celui de régner par la pensée, et de donner, après Dieu, une âme à ceux qui l'écoutent : il est lui-même; il se réfléchit dans ses ouvrages, et c'est là le secret de ses triomphes. Qu'on ne dise pas que les principes des grandes inspirations s'épuisent et ne sauraient se reproduire à l'infini sous des formes toujours nouvelles. Communs à tous, ils vous deviennent propres par l'originalité qu'ils empruntent de votre nature; et, diversement affectés, c'est en restant vous-mêmes que vous ne ressemblez à personne. Ainsi brillent à la fois d'un éclat différent ces éloquences que nous voyons triompher tour à tour dans nos débats politiques, soit par cette franchise guerrière et cette énergie de l'âme dont les élans nous entraînent, soit par l'irrésistible ascendant d'une raison plus froide, ou par ce coloris presque involontaire de l'expression qui trahit encore dans l'orateur l'imagination du grand écrivain. Ainsi, piquante et ingénieuse quand elle prononce ses jugements sur Louis XIV, l'histoire, qui change de ton en changeant d'interprète, raconte avec un intérêt plus grave les sanglants démêlés de Gênes et de Venise : rien n'est épuisé, j'en atteste cette foule de productions heureuses qui ont enrichi votre siècle. La tyrannie domestique trouvant sa punition dans son excès; l'avarice châtiée par l'élégante raillerie de l'auteur du *Trésor ;* la dignité paternelle éloquemment vengée dans *les Deux Gendres :* j'en prends à témoin les tableaux plus naïfs d'un héritier de Le Sage, qui semble, dans une double carrière, vouloir faire oublier que l'auteur de *Gil Blas* et de *Turcaret* a aussi manqué à votre gloire. Quoi de plus nouveau que cette conquête faite sur l'histoire par la comédie? Nous avons vu la conjuration de Pinto nous présenter, dans les petites causes, les ressorts cachés des grands événements, et nous conduire, à travers la foule d'incidents comiques, à la plus imposante catastrophe qui puisse changer la face d'un empire. Après toutes les séductions de Zaïre, la magie des noms français n'a-t-elle pas prêté un charme inconnu au grand-maître des chevaliers du Temple et au jeune Marigny?

Déjà fière d'avoir opposé Paul et Virginie aux plus douces fictions de la pastorale chez tous les peuples, la religion n'a-t-elle pas lutté avec gloire contre tous les souvenirs épiques d'un amour malheureux, lorsqu'elle s'est assise entre Eudore et Velléda sous les forêts des druides? Ah! quand votre gloire le proclame, qu'il me soit permis de le croire, dans l'intérêt de cette génération naissante à laquelle je m'honore d'appartenir, il est encore possible de créer, pour qui veut rester fidèle à sa nature. Ces innovations, dont le besoin tourmente tous les esprits, et que semble appeler une littérature enrichie et comme fatiguée par tant de chefs-d'œuvre, c'est au théâtre qu'elles ont surtout leurs triomphes et leurs dangers. Sur cette mer tant de fois et si glorieusement parcourue, on ne peut rien découvrir sans s'exposer aux orages. Là aussi, messieurs, s'il m'est permis de rappeler une fiction poétique, là s'élève ce génie des tempêtes dont parle Camoëns ; il arrête, il épouvante le jeune poëte qui se sent prédestiné aux hasardeuses entreprises ; il lui montre les écueils, il lui montre des nochers malheureux, il lui raconte les naufrages. — «Tu t'égares, ne tente pas des routes nouvelles : tout finit à cet horizon où la vue s'arrête ; au delà de cette limite, plus d'astres pour te guider, plus de flots pour te soutenir; rien que le naufrage et l'abîme.» Mais qu'importent ces effrayantes prophéties, si le génie du poëte le précipite malgré lui dans les hasards? Dût-il se perdre, il s'ouvrira des chemins, il affrontera les écueils, au risque de se briser; si l'horizon qui le presse ne peut le contenir, pour se faire de l'espace il en franchira les bornes, il attachera son nom à quelques régions ignorées jusqu'à lui ; et, comme les mondes réels, ces terres inconnues ne dateront leur existence que du jour de leur découverte.

Mais, à travers tant de périls, qui peut nous conduire à cette gloire, objet idéal de toutes les ambitions en littérature? une religieuse conscience, une audace réglée par la raison. Raisonnables avant tout, marchons ensuite avec indépendance, sans céder aux opinions exclusives, sans nous soumettre en aveugles aux théories qui veulent devancer l'art et qui ne doivent venir qu'après lui. Quel génie créateur se révoltera contre les formes anciennes pour s'en laisser prescrire de nouvelles? Ce ne serait que changer de servitude. Le mépris des règles n'est pas moins insensé que le fanatisme pour elles. Quand d'imposantes beautés peuvent justifier nos écarts, c'est aimer l'esclavage, c'est immoler la vraisemblance à la routine, que de presser notre sujet dans des entraves qu'il repousse; mais s'affranchir des règles pour se faire singulier, lorsque l'action dramatique les comporte, c'est chercher son triomphe dans une servile concession aux idées du moment, et le pire de l'esclavage, c'est celui qui joue la liberté. Admirateurs ardents de Sophocle, sachons donc admirer Shakspeare et Gœthe, moins pour les produire en nous que pour apprendre en eux à rester ce que la nature nous a faits. Quel que soit le parti littéraire qui nous adopte ou nous rejette, cherchons le vrai en évitant la barbarie; sans confondre la liberté avec la licence, obéissons aux besoins d'un sujet dont le développement nous emporte; mais ne nous attachons pas au char d'un écrivain fameux pour nous faire traîner à la réputation sous sa livrée : ce qui est vrai en lui est faux en nous; ce qui le jette hors des rangs nous confond avec la foule. Soyons-nous-mêmes, nos idées et nos sentiments sauront se revêtir en naissant de couleurs inusitées, et voilà l'originalité véritable. Celle qu'on cherche ailleurs n'est qu'une imitation plus ou moins docile, que la pâle copie ou la caricature bizarre de l'originalité d'autrui. N'oublions pas surtout que le premier devoir de l'écrivain est le respect pour la langue. Chez tous les peuples elle a ses qualités comme ses défauts qui la distinguent ; et, voulût-on la corriger ou l'enrichir, on ne peut lui faire violence sans dénaturer son caractère national. La langue française, si rigoureuse dans ses aversions, ennemie impitoyable de toute obscurité, est la plus universelle et la plus calomniée : elle n'admet, il faut l'avouer, que les hardiesses qui se cachent ; elle n'accepte que les dons qu'on lui déguise : mais Corneille et Racine ont prouvé qu'au théâtre il n'est point de hauteurs inaccessibles pour elle, point d'humbles familiarités où elle ne puisse descendre ; et la plus singulière des innovations, la création de toutes la plus sublime et la plus inattendue, serait encore d'écrire comme eux. Ainsi, messieurs, la pureté du langage et la candeur dans l'expression de la pensée donnent aux ouvrages de l'esprit ce charme qui en établit d'abord les beautés originales, et cette vérité qui les fait vivre toujours. Mais, pour que les tableaux soient fidèles, pour que les vices du siècle s'y montrent sans voile, et que la tragédie, plus sincère, devienne une représentation animée de l'histoire, les lettres réclament l'appui d'une liberté sage. Que d'espérances n'avons-nous pas droit de fonder sur cette protectrice naturelle de tout ce qui se rattache à la dignité humaine ? La première pensée du monarque fut pour elle; nous la verrons, à l'ombre de cette puissance auguste, ouvrir une plus noble carrière aux travaux de l'imagination, un champ plus vaste aux jeux du théâtre. Affranchie de ses entraves, puisse-t-elle répondre à ce bienfait d'un petit-fils de Louis XIV par quelques-uns de ces immortels ouvrages, non moins glorieux au génie qui les enfante qu'au prince assez grand pour en jouir et les protéger! Avec les acclamations du peuple, qu'elle lui porte les hommages des arts, les vœux reconnaissants des lettres! Au milieu des fêtes d'un nouveau règne, il a voulu l'associer aux pompes de sa puissance pour mêler un éclat durable à tant de magnificences passagères! Ah! qu'elle soit l'ornement solide de son trône, qu'elle en soit à jamais la décoration vivante, comme dans ces solennités où, sacrée avec lui, elle s'est mise, devant Dieu et devant les hommes, sous la garde de ses serments.

TABLE

Sur l'Esprit et le Caractère des Messéniennes. 1

MESSÉNIENNES.

Envoi des Messéniennes à madame ***. 9

LIVRE PREMIER.

La Bataille de Waterloo. 11
La Dévastation du Musée. 15
Du Besoin de s'unir après le départ des Étrangers. . . 19
La Vie de Jeanne d'Arc. 24
La Mort de Jeanne d'Arc. 27

LIVRE DEUXIÈME.

Le jeune Diacre. 31
Parthénope et l'Étrangère. 36
Aux ruines de la Grèce païenne. 40
Tyrtée aux Grecs. 43
Le Voyageur. 48
A Napoléon. 52
Lord Byron. 58
Épilogue. 63

LIVRE TROISIÈME.

Le Départ. 65
Trois jours de Christophe Colomb. 70
Le Vaisseau. 76
La Sibylle. 80
Les Funérailles du général Foy. 87
Adieux à Rome. 92
Promenade au Lido. 97
Épilogue. 102
Une Semaine de Paris. 103
Le Retour. 109

CHANTS POPULAIRES.

La Parisienne.	115
Le Dies Iræ de Kosciuszko.	118
La Varsovienne.	119
Le Chien du Louvre.	123
La Napoléonne.	126
Hymne des Invalides.	129

POÉSIES DIVERSES.

Discours d'ouverture du second Théâtre-Français.	131
Discours d'inauguration pour l'ouverture du Théâtre du Havre.	138
Discours en l'honneur de Pierre Corneille.	142
Épitre à MM. de l'Académie française.	146
Épitre à M. de Lamartine.	154

ÉTUDES SUR L'ANTIQUITÉ.

Les Troyennes.	161
Danaé.	167
Antigone et Ismène.	169
Hymne à Vénus.	172
Ode.	173
A mes Amis.	175
Au vallon d'Argentol.	176
Imitation de l'Hécube d'Euripide.	178
Stances.	183

POÉSIES DE LA JEUNESSE DE L'AUTEUR.

La mort de J. Delille.	187
La Découverte de la Vaccine.	192
Dithyrambe sur la Naissance du roi de Rome.	199
Versailles.	203
L'Attente.	205
A mon ami ***.	206
Discours de réception à l'Académie française.	207

FIN DE LA TABLE.

DERNIERS CHANTS

POËMES ET BALLADES SUR L'ITALIE

ŒUVRES POSTHUMES

DERNIERS CHANTS

POËMES ET BALLADES SUR L'ITALIE

PAR

CASIMIR DELAVIGNE
DE L'ACADÉMIE FRANÇAISE

PRÉCÉDÉS D'UNE NOTICE

PAR M. GERMAIN DELAVIGNE

NOUVELLE ÉDITION

PARIS
LIBRAIRIE ACADÉMIQUE
DIDIER ET Cie, LIBRAIRES-ÉDITEURS
35, QUAI DES AUGUSTINS

A LA VILLE DU HAVRE.

C'est remplir le vœu de mon père que d'offrir son dernier ouvrage à la ville du Havre, qu'il a tant aimée. Qu'elle veuille bien l'accepter comme une preuve de ma profonde reconnaissance pour l'hommage qu'elle a rendu à sa mémoire.

A.-Casimir Delavigne.

NOTICE

SUR

CASIMIR DELAVIGNE

C'est avec un sentiment à la fois doux et pénible que j'écris cette simple notice sur un frère que la mort seule a pu séparer de moi. Si je ne puis me rappeler sans une émotion de plaisir les belles années que nous avons passées ensemble dans une union si tendre, lui se créant chaque jour de nouveaux titres à l'admiration générale, et moi modeste confident de ses travaux, aujourd'hui un regret bien amer vient se mêler à ces souvenirs. Je n'ai pas dû hésiter cependant à parler de lui, et à le faire connaître comme je l'ai connu. Le faire connaître, c'est le faire aimer, et cette mission me donne du courage.

Les éditeurs d'un poëte placent ordinairement son portrait à la tête de ses ouvrages. Avant de donner quelques détails sur la vie de Casimir, je crois devoir, comme eux, placer ici un tableau fidèle de son caractère, que son amour pour la retraite n'a pas permis d'apprécier entièrement. Casimir était un de ces hommes rares, à l'épreuve de la crainte, de l'intérêt ou de l'ambition. Aucun danger, aucune séduction n'aurait pu le pousser à un acte qu'il aurait regardé comme blâmable ou lui faire abandonner ce qu'il croyait noble et juste. Beaucoup ont connu sa bonté, mais bien peu ont pu se faire une idée de toute l'énergie de son âme. Honoré de l'amitié du souverain, jamais il ne demanda rien pour lui-même; mais, sans crainte d'être importun, il demanda bien souvent pour les autres, et jamais il n'éprouva un refus. Son cœur était ouvert à tous les sentiments tendres ; aimant avec passion le travail et la retraite, les réunions intimes de la famille faisaient tout le charme de sa vie. La critique fut sévère et plus d'une fois injuste envers lui, surtout pendant ses dernières années. Il était très-sensible à ses attaques, mais il ne voulait pas y répondre. Il disait souvent : « Si mon ouvrage est bon, avec « le temps il doit triompher ; s'il ne l'est pas, la critique « a raison, il faut tâcher de faire mieux. » Il possédait cependant à un degré très-élevé le talent de la satire ; mais il refusa toujours d'en faire usage, et c'est une arme dont il ne se servit qu'une seule fois, en badinant, lorsqu'il composa sa comédie des *Comédiens*. Toujours animé d'une noble émulation, jamais il n'éprouva un sentiment de jalousie pour ses rivaux ; il applaudissait avec transport à leurs travaux, quand son goût était satisfait ; dans le cas contraire il gardait le silence ; aussi, en quittant la vie, a-t-il pu dire, comme un de nos anciens tragiques :

Aucun fiel n'a jamais empoisonné ma plume.

Tels sont les traits principaux du caractère de Casimir Delavigne ; le portrait n'est point flatté, et il ne m'était pas possible d'en tracer une image infidèle, à moi qui ai pendant si longtemps été pour lui une seconde conscience. Telles sont les heureuses et brillantes qualités qui le distinguaient ; les détails de sa vie en seront le développement et la preuve.

Casimir Delavigne naquit au Havre le 4 avril 1793. Il était fils d'un négociant justement considéré. Son enfance ne présenta aucune circonstance remarquable ; il annonçait un esprit vif, et par une singulière contradiction, malgré son ardeur pour le travail, il ne triomphait qu'avec beaucoup de peine des premières difficultés de ses études. A l'âge de dix ans, il fut envoyé au collége, à Paris, où je l'avais précédé de plusieurs années. Je demande pardon au lecteur de parler de moi quelquefois, mais le lien qui nous unissait était si intime que je serai forcé souvent de me citer comme témoin des faits que je raconte.

Pendant les premières années, Casimir se fit aimer par la bonté de son caractère, et se fit remarquer plus par son application que par ses succès ; mais, à l'âge de quatorze ans, ses facultés se développèrent d'une manière extraordinaire, et, en quelques mois, il devint l'un des meilleurs écoliers de son temps. Comme presque tous les jeunes gens, je faisais alors des vers fort médiocres ; on connaît l'anathème de Boileau :

Il n'est point de degrés du médiocre au pire.

Je les lisais à Casimir, qui avait la bonhomie de les trouver admirables, et mes essais informes eurent l'avantage de lui donner de bonne heure le goût de la poésie, qui sans doute lui serait venu plus tard. Il voulut aussi essayer ses forces ; il apporta dans ce travail l'ardeur qu'il mettait à tout ce qu'il entreprenait, et je ne tardai pas à m'apercevoir qu'il réussissait beaucoup mieux que moi. Dès lors je cessai de faire des vers pour me borner à corriger les siens.

Il eut, ainsi que moi, le bonheur de trouver sur les bancs du collége un ami dont la tendre affection ne s'est jamais démentie ; je veux parler de Scribe. Les liens d'une amitié bien rare se formèrent entre nous trois. Nous nous faisions mutuellement confidence de nos travaux, de nos projets, de nos espérances. Lorsque nous sortions, le dimanche, c'était encore pour nous réunir, et, quand notre bourse d'écolier nous le permettait, nous allions faire un modeste déjeuner dans un petit café près du Palais-Royal. Là, nous formions ensemble des plans pour l'avenir, avec toutes les illusions de la jeunesse. Casimir craignait de travailler pour le théâtre ; il voulait être poëte, mais il désirait consacrer sa vie à la composition d'un poëme épique. Scribe se destinait au barreau. Dans nos petits conciliabules, comme j'étais le plus âgé, j'exerçais une certaine influence. Je les entraînai tous deux à travailler pour la scène. Me sera-t-il permis de me féliciter en passant d'avoir donné au théâtre deux hommes aussi éminents dans des genres divers? c'est certainement ce que j'ai fait de mieux.

Nous étions convenus de nous réunir au même endroit dans chaque circonstance importante de notre vie, afin de nous féliciter ou de nous consoler ensemble, et chacun de nous fut toujours fidèle à cet engagement. Une de ces réunions eut lieu à l'époque où Casimir fut nommé membre de l'Académie française. Scribe avait obtenu déjà les plus beaux succès, j'avais eu part à quelques-uns; nous étions tous trois heureux; chaque souvenir du passé nous semblait le gage d'un avenir plus brillant. Ce jour même, on jouait aux Français *l'Ecole des Vieillards* et *Valérie*. Nous nous rendîmes ensemble au théâtre : la salle était remplie; le public applaudissait; le sentiment de bonheur que chacun de nous éprouva nous émut jusqu'aux larmes, et Casimir nous répétait en se retirant : « Mes amis, remercions la Providence, elle a été « plus loin que nos vœux et que nos rêves de jeunesse. »

En l'absence de sa famille qui habitait le Havre, Casimir était reçu, les jours de congé, chez un oncle[1], avoué à Paris, qui, comme le vieux procureur de Crébillon, aimait les lettres, et les cultivait autant que les affaires pouvaient le lui permettre. Il était intimement lié avec le bon et spirituel Andrieux; il le consulta sur les premiers essais de Casimir. Andrieux aimait les jeunes gens; il leur prodiguait volontiers ses conseils et ses leçons, mais il ne les gâtait pas par trop d'indulgence, et presque toujours il les détournait d'entrer dans la carrière des lettres, où, disait-il, ils devaient s'attendre à trouver les plus amers désappointements. Après avoir lu les vers de Casimir, il répondit : « Ce n'est pas mal; mais, croyez-« moi, il serait bien plus sage de se disposer à faire son « droit. » Cet arrêt fut rapporté au jeune poëte, qui n'en fut pas découragé.

Une année après, il était encore élève de rhétorique, la naissance du roi de Rome lui offrit l'occasion de faire révoquer la sentence. Il composa un dithyrambe renfer-

---

[1] Lambert Sainte-Croix.

mant des beautés poétiques de l'ordre le plus élevé, et qui fixa sur lui l'attention générale. Le bon oncle s'empressa de porter cette nouvelle production à Andrieux. Ce dernier, après l'avoir lue avec un vif intérêt, s'écria : « Voilà qui est bien différent ! Il ne faut plus le tour-
« menter : amenez-le-moi ; il ne fera jamais que des vers,
« et j'espère qu'il les fera bons. » Il l'accueillit en effet avec une bonté paternelle, se plut à lui donner des encouragements, et l'excita à poursuivre une carrière qui lui promettait de véritables succès. Parmi les jeunes gens qui venaient consulter Andrieux, Casimir est peut-être le seul auquel il ait donné un conseil semblable; aussi le jeune poëte, qui ne l'ignorait pas, puisa-t-il dans ses éloges une confiance et une ardeur nouvelles.

Je dois démentir ici une anecdote complétement fausse, qui a été insérée dans plusieurs recueils périodiques. On a raconté que l'Empereur, faisant une visite au lycée Napoléon après avoir lu le dithyrambe composé sur la naissance de son fils, se fit présenter l'auteur et lui demanda quelle récompense il désirait. On ajoutait que Casimir avait réclamé l'exemption du service militaire. Je puis affirmer que jamais l'Empereur n'a fait de visite au lycée Napoléon, et que jamais Casimir n'a eu l'honneur de lui parler.

Il fut soumis à la conscription comme tous les autres jeunes gens de cette époque. Ce ne fut point un ordre de l'Empereur qui le fit rester dans ses foyers, ce fut le dévouement de ses jeunes concitoyens. Les formalités de la loi l'avaient obligé de se rendre au Havre. Il était déjà d'une santé bien délicate, et qui n'aurait pu supporter les fatigues de la guerre ; mais ce motif ne suffisait pas pour le faire exempter du service. Il fallait appuyer sa réclamation sur une infirmité quelconque bien constatée. Il était alors affecté d'une légère surdité, qui depuis disparut entièrement. Ce fut l'excuse qu'il présenta ; mais, pour que cette excuse fût admissible, le certificat qui attestait cette infirmité devait être signé par les jeunes conscrits de sa classe. Tous s'empressèrent de venir le signer, et cependant ils n'ignoraient pas qu'en agissant ainsi chacun d'eux s'exposait à partir à la place de celui qu'il voulait sauver. Que ceux qui existent encore reçoivent ici le tribut d'une reconnaissance dont Casimir fut pénétré jusqu'à la fin de sa vie.

Le dithyrambe sur la naissance du roi de Rome eut pour Casimir un précieux avantage : il fixa sur lui l'attention d'un homme aussi distingué par les qualités de son cœur que par les grâces et l'étendue de son esprit. M. le comte Français (de Nantes), alors directeur-général des droits réunis, aimait à se délasser des fatigues de l'administration par la culture des lettres : il aimait à s'entourer d'hommes remarquables par leur savoir et leurs travaux. Il avait donné asile dans ses bureaux à quelques gens de lettres malheureux, et il se plaisait à encourager parmi les jeunes poëtes ceux qui lui paraissaient annoncer du talent. Il se fit présenter Casimir. La famille du jeune poëte avait éprouvé de cruels revers par suite des longues guerres de l'Empire : pour suivre la carrière où il venait d'entrer il lui fallait un appui : il le trouva dans cet homme excellent pour lequel il conserva toujours autant de gratitude que de vénération.

M. le comte Français lui donna un petit emploi dans l'administration, en lui recommandant de ne s'y présenter que le dernier jour de chaque mois, jour où l'on payait les appointements. S'il le rencontrait dans les bureaux à une autre époque, il le renvoyait en lui disant : — « Mon cher Casimir, allez travailler, ne venez pas ici « perdre votre temps. Si je vous ai donné une place, « c'est pour que vous ayez bientôt le moyen de vous en « passer. » Il avait eu la bonté de l'admettre dans son cercle intime, composé des hommes les plus distingués dans tous les genres. Là, chaque soir, Casimir assistait à une conversation aussi instructive que variée, qui était pour lui une école de savoir et de goût.

Il s'efforça de justifier par des succès la bienveillance dont il avait été l'objet. Les concours académiques lui ayant paru le moyen le plus prompt d'arriver à son but, il composa un épisode du genre épique intitulé : *Charles XII à Narva*. Cet ouvrage n'obtint pas le prix, mais l'Académie y remarqua de brillantes qualités poétiques, et lui accorda une mention honorable.

L'année suivante le sujet du prix était la découverte de la vaccine. Il résolut de tenter une seconde fois la fortune. Afin de s'entourer de toutes les lumières nécessaires, il s'adressa au docteur Pariset, aujourd'hui secrétaire perpétuel de l'Académie royale de médecine, qu'il voyait habituellement chez M. Français, et qui lui montrait toujours beaucoup d'amitié. Le docteur, qui faisait lui-même de très-bons vers, se prêta volontiers aux désirs du poëte, et lui donna les explications les plus précises. Ils allèrent même plus d'une fois de compagnie vacciner dans les campagnes aux environs de Paris. Ces études consciencieuses inspirèrent à Casimir quelques vers techniques où il rendit avec un rare bonheur et une élégante précision les symptômes et les effets de la vaccine.

Qu'il me soit permis de remettre sous les yeux des lecteurs ces vers, qui alors furent extrêmement remarqués :

> Par le fer délicat dont il (Jenner) arme ses doigts,
> Le bras d'un jeune enfant est effleuré trois fois.
> Des utiles poisons d'une mamelle impure,
> Il infecte avec art cette triple piqûre.
> Autour d'elle s'allume un cercle fugitif.
> Le remède nouveau dort longtemps inactif.
> Le quatrième jour a commencé d'éclore,
> Et la chair par degrés se gonfle et se colore.
> La tumeur en croissant de pourpre se revêt,
> S'arrondit à la base et se creuse au sommet.
> Un cercle plus vermeil de ses feux l'environne ;
> D'une écaille d'argent l'épaisseur la couronne.
> Plus mûre, elle est dorée ; elle s'ouvre et soudain
> Délivre la liqueur captive dans son sein.
> Puisez le germe heureux dans sa fraîcheur première,
> Quand le soleil cinq fois a fourni sa carrière ;
> Si la douzième nuit a commencé son cours,
> Souvent il offrira d'infidèles secours, etc., etc.

Le ton peut-être un peu trop didactique de ce poëme l'empêcha d'obtenir le prix ; mais l'Académie, d'un suffrage unanime, lui décerna l'accessit, en rendant une justice entière à un style toujours élégant et poétique.

Cependant les désastres de l'Empire avaient commencé. Casimir était animé d'un patriotisme ardent. Il aimait la France d'un amour passionné : les revers de son pays firent sur son âme une impression qui ne s'effaça jamais, et ce fut avec une profonde douleur qu'il assista à la chute de l'Empereur et à la double invasion de l'étranger. Il ne put voir sans indignation les outrages prodigués à cette époque aux derniers défenseurs de la patrie. Il voulut les consoler et les venger ; et au mois de juillet 1815, quelques jours après la funeste bataille de Waterloo, il composa la première Messénienne. Cet ouvrage produisit dans la France entière une immense sensation. Chacun sut gré au jeune poëte d'avoir exprimé avec tant de verve et d'énergie des sentiments qui faisaient battre tous les cœurs français. Cette Messénienne fut immédiatement suivie de deux autres, et tel fut l'enthousiasme qu'elles excitèrent que, dans la première année de leur publication, il en fut vendu vingt et un mille exemplaires. En un moment Casimir devint le poëte national de la France, et il était digne de ce titre honorable. S'il aimait la gloire de son pays, il n'aimait pas moins la liberté, cette liberté féconde aussi éloignée des désordres de l'anarchie que des abus du despotisme, et il consacra toute sa vie à la chanter et à la défendre.

La chute de l'Empereur avait naturellement éloigné des affaires M. le comte Français, et Casimir avait perdu le petit emploi qu'il occupait dans les droits réunis. M. le baron Pasquier, alors garde des sceaux, aujourd'hui chancelier de France, lut avec émotion les trois premières *Messéniennes;* il fit appeler l'auteur, et créa pour lui la place de bibliothécaire de la chancellerie. Dans cette nouvelle position, Casimir redoubla d'efforts pour réaliser les espérances qu'il avait données et répondre à la bienveillance générale dont il était entouré. Au collége, tout rempli d'admiration pour les classiques grecs, qu'il étudiait avec amour, il avait composé une tragédie de *Polyxène*. Cet ouvrage, écrit d'un style élégant et pur, et qui reproduisait quelquefois avec bonheur les beautés d'Euripide, n'aurait pu réussir sur notre théâtre. Casimir le sentit : il condamna lui-même sa première production dramatique, et s'occupa des *Vêpres Siciliennes*, dont le sujet lui paraissait susceptible d'un vif intérêt. Si l'auteur éprouve de grandes jouissances pendant la composition de son œuvre, viennent ensuite les tribulations de toute nature inhérentes à la représentation. Elles ne furent pas épargnées à Casimir. Après avoir longtemps sollicité une lecture au Théâtre-Français, il parvint enfin à l'obtenir ; mais l'ouvrage fut écouté avec la défiance et la défaveur qui accueillent assez ordinairement le coup d'essai d'un jeune homme, et ce ne fut qu'à grand'peine qu'on le reçut à correction. Ce jugement offrit une circonstance assez singulière. A cette époque les comédiens avaient l'habitude, après avoir entendu une pièce, de motiver leur vote dans un bulletin. Celui de Thénard, qui tenait alors l'emploi des premiers comiques, était conçu en ces termes : « Je reçois cet ouvrage malgré ses défauts ; j'y « trouve la preuve que l'auteur un jour écrira très-bien « la comédie. » Une année après l'auteur avait justifié cet horoscope.

En attendant, Casimir se remit au travail avec courage. Il chercha à corriger les défauts qu'on lui avait indiqués et à satisfaire le goût et les exigences de ses juges. Il réclama ensuite et obtint une seconde lecture, dont le résultat fut un refus définitif.

Il revint chez lui désespéré ; et, en entrant dans son cabinet, où je l'attendais, il m'annonça la fatale nouvelle, et ajouta : — « Il parait que je me suis tout à fait « trompé : il faut faire une autre tragédie. » En disant ces mots il jeta son manuscrit dans le feu. Je m'empressai de l'en retirer, et je lui répondis : — « Sans « doute il faut faire une autre tragédie ; mais il faut « garder celle-ci. Le jugement qui la condamne n'est « peut-être pas sans appel. »

A cette même époque l'Académie française avait donné pour sujet du prix de poésie le bonheur que procure l'étude dans toutes les situations de la vie. Casimir résolut de concourir encore une fois ; mais, au milieu des difficultés qu'il éprouvait à faire représenter son premier ouvrage, il sentait vivement que le résultat du travail et de l'étude n'est pas toujours aussi agréable que le prétendait l'Académie. Il composa donc une épître où le sujet était traité dans un sens tout à fait différent de celui qui avait été indiqué. Cette pièce cependant renfermait une si heureuse philosophie, elle était écrite avec tant de facilité, d'esprit et de grâce, qu'elle obtint l'assentiment général. Les lois du concours ne permettaient pas de lui donner le prix ; mais l'Académie la cita de la manière la plus honorable, et, par exception, elle fut lue tout entière en séance publique, aux applaudissements unanimes des auditeurs.

Picard était alors directeur de l'Odéon. Tout le monde connaît ses ouvrages remplis d'une gaieté naïve, d'observations vraies, d'aperçus pleins de finesse. Mais cet homme excellent était aussi cher à ses amis par la bonté de son cœur qu'il était remarquable aux yeux de tous par ses talents. Casimir lui avait été présenté par Andrieux, et il lui avait témoigné dès le premier abord une affection paternelle. Un incendie dévora son théâtre. Ce malheureux événement non-seulement compromettait sa petite fortune, mais plongeait dans la détresse les nombreuses familles qui tiraient leurs moyens d'existence de l'exploitation de l'Odéon. Le roi Louis XVIII voulut venir en aide à une telle infortune, et, en ordonnant de reconstruire la salle, il accorda à Picard le privilége du second Théâtre-Français.

Picard s'occupa sur-le-champ de rassembler les éléments d'une troupe nouvelle. Par son expérience et son activité il parvint bientôt à réunir des artistes d'un talent véritable, qui, après avoir fondé avec éclat le second Théâtre-Français, sont devenus depuis presque tous sociétaires du premier. Il forma ensuite un comité de lecture composé de gens de lettres, et vint trouver Casimir pour l'inviter à lire devant ces nouveaux juges sa tragédie des *Vêpres Siciliennes*. La pièce fut accueillie avec la plus grande faveur, et l'on décida que, parmi tous les ouvrages reçus, ce serait le premier qui serait joué sur le théâtre de l'Odéon.

Enfin, après tant de délais et de difficultés, la première représentation eut lieu le 23 octobre 1819, et attira une affluence considérable.

Il faut avoir travaillé pour le théâtre et avoir fait représenter un ouvrage quelconque, fût-ce une bagatelle, pour bien comprendre les angoisses de l'auteur qui subit cette terrible épreuve. Casimir, qui joignait à une modestie bien réelle une extrême sensibilité, avait besoin de tout son courage pour résister aux émotions qu'il éprouvait chaque fois qu'il donnait un ouvrage nouveau. Dans ces circonstances je ne le quittais jamais, et souvent, en lui promettant de le remplacer, je l'engageais à s'épargner un supplice inutile. Mais il regardait sa présence sur le théâtre comme un devoir, et me répondait : — « Ce n'est point un supplice inutile ; c'est ici que je « reçois les meilleurs conseils et les meilleures leçons. » En lui offrant de le remplacer, je faisais moi-même un grand effort ; car je ne souffrais guère moins que lui. Je m'étais tellement identifié à ses ouvrages qu'ils me semblaient les miens, et que souvent je me surprenais à être modeste pour son compte.

Les Vêpres Siciliennes obtinrent un succès dont les annales du théâtre n'offrent pas d'exemple. Ceux qui n'ont point assisté à cette représentation ne pourraient s'en former une idée. Le quatrième acte surtout avait excité un tel enthousiasme que les applaudissements ne cessèrent pas pendant l'intervalle qui le sépara du cinquième. L'émotion du public avait gagné la foule qui encombrait la place et les abords du théâtre, heureuse de s'unir à la victoire du poëte qui avait consolé la France de ses revers. Picard, se jetant dans ses bras, lui dit avec effusion : — « Mon cher Casimir, vous nous « sauvez. Vous êtes le fondateur du second Théâtre-« Français. Jouissez bien de votre succès. Vous ferez « sans doute encore de plus beaux ouvrages ; mais vous « n'obtiendrez jamais un pareil triomphe. »

Ce fut un beau moment dans la vie de Casimir. Il se voyait l'objet d'une bienveillance presque universelle. Il avait trouvé à l'Odéon de nouveaux et bien précieux amis. Je dois citer entre autres M. Droz, membre du comité de lecture, l'ami de Picard et d'Andrieux, et qui partagea bien vite leur affection pour le jeune poëte. Je vois encore M. Droz, le philosophe pratique, abandonnant un moment ses graves méditations pour s'occuper de négociations délicates avec les acteurs, négociations qu'à cette époque l'invincible timidité de Casimir l'aurait certainement empêché de mener à bien; il était profondément ému de tous les témoignages d'amitié qu'il recevait. « Je suis bien heureux, me disait-il souvent, « d'avoir trouvé à mon début dans la carrière tant « d'hommes distingués qui veulent bien me donner leurs « conseils, et qui prennent à mes succès autant d'inté- « rêt que moi-même. Si je réussis, c'est une dette que « j'acquitterai plus tard lorsque des jeunes gens vien- « dront me consulter à mon tour. » Et cette promesse, il l'a tenue religieusement.

Si le refus des *Vêpres Siciliennes* à la Comédie-Française n'avait point découragé Casimir, il avait cependant été très-sensible à ce cruel désappointement. Il n'avait pu voir sans une vive contrariété toutes ses espérances détruites, ou du moins ajournées pour longtemps. Ce sentiment d'irritation donna naissance à la comédie des *Comediens*. Il combattit le chagrin par le travail, et, sans avoir d'abord l'intention de faire représenter ce nouvel ouvrage, il trouva une consolation dans les plaisanteries qu'il dirigeait contre ses premiers juges. Lui, qui d'ordinaire disposait ses plans avec un soin minutieux et après de longues méditations, se laissa entraîner à écrire quelques scènes sans avoir même songé à la place qu'elles devraient occuper dans l'ensemble.

Cependant, à mesure qu'il travaillait, son sujet s'étendit, se dessina plus nettement, et il parvint à en coordonner toutes les parties. S'il est resté dans cette comédie quelque trace de la manière dont elle fut composée, par combien de qualités ce léger défaut ne fut-il pas racheté! Que de chaleur et de vivacité dans le style! que de verve comique! que d'observations fines et de saillies piquantes!

Le second Théâtre-Français s'empressa de jouer cette comédie, qui obtint un brillant succès. Si elle n'attira pas d'abord la même affluence que *les Vêpres Sici-*

liennes, elle fut appréciée sur-le-champ par les connaisseurs comme un ouvrage de l'ordre le plus élevé, et depuis le public a ratifié ce jugement.

Casimir, immédiatement après, s'occupa de composer une seconde tragédie. Il lisait alors avec beaucoup d'intérêt une nouvelle de M. de Maistre, intitulée *le Lépreux de la cité d'Aoste.* Cet homme, frappé d'une réprobation universelle sans l'avoir mérité, abandonné de tous, et conservant dans son isolement les passions des autres hommes, lui paraissait le sujet d'un drame extrêmement touchant. « Je voudrais, me disait-il, mettre cette pen-
« sée sur la scène ; je voudrais offrir au théâtre le ta-
« bleau d'un être injustement frappé d'une lèpre morale,
« luttant contre sa destinée ; et je voudrais en même
« temps que mon sujet me permit de déployer tout le
« luxe de la poésie orientale. »

Cette succession d'idées le conduisit à choisir un Paria pour le héros de son œuvre nouvelle.

C'est avec passion qu'il se livra à ce travail, et il se plut à prodiguer dans cette tragédie toutes les richesses de la poésie la plus brillante. A l'imitation de Racine dans l'*Athalie*, il plaça entre les actes des chœurs qui sont regardés comme d'admirables morceaux lyriques.

Le Paria fut représenté le 1er décembre 1821, et ne fut pas accueilli moins favorablement que les deux ouvrages qui l'avaient précédé.

Pendant qu'il poursuivait si heureusement sa carrière laborieuse et qu'il obtenait ce nouveau triomphe, les événements politiques avaient marché ; plusieurs Messéniennes avaient succédé aux premières, et toutes respiraient un ardent amour de la liberté ; le ministère n'était plus le même, et, comme le caractère indépendant du poëte ne pouvait convenir aux nouveaux agents du pouvoir, la place de bibliothécaire à la chancellerie fut supprimée.

Casimir fut promptement dédommagé de cette petite persécution, dont le public s'irrita plus que lui-même. M. le duc d'Orléans, en apprenant le coup qui l'avait frappé, lui fit offrir la place de bibliothécaire du Palais-Royal. La lettre qui lui annonça cette faveur contenait

ces mots remarquables : « Le tonnerre est tombé sur
« votre maison, je vous offre un appartement dans la
« mienne. » Casimir accepta avec reconnaissance une offre
faite avec tant de noblesse. Admis bientôt dans l'intimité
de M. le duc d'Orléans, il en fut traité avec une bienveillance qui devint en peu de temps une véritable amitié. Ce fut alors qu'il put apprécier toutes les vertus du
prince, et la vaste étendue de ses connaissances, dont
l'universalité l'étonnait toujours. Aussi était-il heureux
de se dire : « Du moins je puis le louer sans être flat-
« teur. »

A cette époque, plusieurs places devinrent successive-
ment vacantes à l'Académie française. Casimir attachait
beaucoup de prix à toutes les distinctions purement litté-
raires. C'était là son unique ambition. Bien qu'un profond amour pour la France, une rare fermeté de caractère jointe à une éloquence naturelle et à une grande
rectitude de jugement lui eussent permis de jouer un
rôle utile et brillant dans les affaires du pays; malgré
l'amitié qui l'unissait aux chefs du parti libéral à cette
époque, le général Foy, Manuel et Stanislas de Girardin,
qui désiraient le voir siéger un jour dans leurs rangs, il
s'y refusa constamment, convaincu que les lettres, comme
la politique, exigeaient un homme tout entier. Deux fois
il déclina l'honneur d'entrer à la chambre des députés,
qui lui fut offert d'abord par la ville du Havre, son berceau;
à laquelle il avait voué un attachement qui ne s'altéra jamais, et ensuite par la ville d'Évreux. Mais une place à
l'Académie française lui parut une juste récompense de
ses succès et de ses travaux. Il n'hésita donc pas à se
mettre sur les rangs. Malheureusement la majorité de
cette compagnie célèbre était alors dominée par des préoc-
cupations étrangères à la littérature. Casimir échoua deux
fois dans sa candidature ; la première, on lui préféra
M. l'évêque d'Hermopolis, et la seconde, M. l'archevêque
de Paris. Quelque temps après, ses amis l'engageant à
faire une troisième tentative, il leur répondit gaiement :
« Ce serait inutile, car sans doute on m'opposerait le
« pape. »

A ses yeux le plus sûr moyen de conquérir enfin les

suffrages qui lui avaient été refusés, était de se présenter avec un titre nouveau : c'est à ce parti qu'il s'arrêta. Les sociétaires du Théâtre-Français, regrettant d'avoir éloigné de leur scène un homme qui devait en être l'ornement, avaient fait quelques démarches auprès de lui ; Casimir se prêta volontiers à une réconciliation dont *l'École des Vieillards* fut le gage. Lorsqu'il lut cette comédie au comité, Talma était présent : ce grand acteur fut profondément frappé de l'ouvrage en général et du rôle de Danville en particulier. Il s'approcha de Casimir après la lecture, et lui dit : « Ce rôle de Danville, « c'est moi-même, c'est moi seul qui dois le jouer ; je « vous le demande, et vous ne pouvez pas me le refu« ser. » Casimir fut aussi charmé que surpris de cette résolution de Talma ; il n'hésita pas à lui confier ce rôle, et la pièce fut mise immédiatement en répétition. Je n'ai pas besoin de rappeler au lecteur quel fut le grand et légitime succès de cette comédie, qui depuis est restée en possession de la scène, quoiqu'elle ait perdu deux appuis bien précieux, Talma et mademoiselle Mars.

L'Académie française se décida alors à ouvrir ses portes au poëte que le public semblait avoir adopté, et elle parut elle-même vouloir le dédommager de l'attente par l'éclat de son élection : il obtint vingt-sept voix sur vingt-huit votants.

Au moment où il préparait son discours de réception, une lettre de M. le vicomte de La Rochefoucauld lui annonça que le roi Charles X venait de lui accorder une pension de douze cents francs. Casimir avait peu de confiance dans les tendances du gouvernement d'alors, il croyait y voir l'intention de retirer à la France la plupart des libertés dont elle jouissait, et il était bien décidé à rester indépendant d'un pouvoir qu'il avait déjà combattu et qu'il pouvait être appelé à combattre encore. Il écrivit donc au roi, et refusa cette pension avec autant de fermeté que de respect.

Cependant ses travaux assidus, ses efforts continuels, avaient altéré gravement sa santé ; déjà les premiers symptômes du mal auquel il a succombé plus tard, dans toute la force de l'âge, avaient commencé à paraître d'une manière menaçante ; sa famille et ses amis en furent alarmés, et les médecins lui ordonnèrent de faire en Italie un voyage de plusieurs mois.

Malgré le désir qu'il éprouvait de voir et d'admirer ce pays si poétique, plusieurs motifs lui faisaient quitter la France avec répugnance : d'abord le regret de s'éloigner de sa famille pour un temps indéterminé, et ensuite la nécessité d'interrompre le nouvel ouvrage qu'il avait déjà commencé. Les représentations de *l'École des Vieillards* avaient naturellement amené une liaison entre le poëte et l'acteur. Talma avait demandé une tragédie à Casimir qui lui avait communiqué le plan de *Louis XI*. Tous deux étaient pleins d'ardeur pour cette œuvre nouvelle. Casimir y voyait le développement d'un grand caractère, et un tableau de mœurs encore inconnues au théâtre, et Talma répétait souvent qu'il ne trouverait jamais l'occasion de déployer un talent plus profond et plus varié.

Lorsque les médecins ordonnèrent le voyage d'Italie, le premier acte était terminé, quoiqu'il ne fût pas écrit. Casimir avait un mode de travail qui lui était particulier. Quand, après de longues méditations, il avait arrêté un plan d'une manière définitive, il l'écrivait, mais ensuite il composait son ouvrage entier sans en écrire un seul mot. Lorsqu'un acte était fini, il me le récitait ; si je lui adressais quelques observations critiques, il faisait des corrections ; et, par une disposition singulière de sa mémoire, le vers condamné s'effaçait, et il était remplacé par un vers nouveau, sans qu'il y eût jamais erreur ni confusion. Aussi les manuscrits qui nous restent de lui ne portent-ils presque aucune rature. Je l'engageais souvent à renoncer à une méthode qui me paraissait devoir le fatiguer ; mais il me répondait toujours qu'il n'en éprouvait aucun inconvénient, et qu'il y trouvait un grand avantage, celui de pouvoir se représenter à tout moment l'ensemble de son ouvrage, et d'éviter ainsi des répétitions dans les mots et dans les formes du style. Il partit donc pour l'Italie sans avoir écrit, suivant son habitude, le premier acte de *Louis XI*, et il me disait en riant que de cette manière il ne craignait pas de perdre son portefeuille.

Ce voyage fut pour lui une source de jouissances continuelles; personne n'était plus sensible que lui aux beautés de la nature ; il contemplait sans se lasser ces campagnes si admirables et si variées, et goûtait avec ravissement les charmes de ce climat si doux. Sa santé se rétablissait à vue d'œil, il avait recouvré toutes ses forces; mais, ainsi qu'il l'avait prévu, les distractions dont il était entouré ne lui permettaient pas de s'occuper d'un ouvrage de longue haleine. Il se contenta de composer sur les événements du moment plusieurs Messéniennes, qu'il publia lors de son retour en France, et qui ne sont point inférieures à leurs aînées.

Après une année d'absence, il rentra en France plein d'ardeur et de joie, et cette circonstance me rappelle un mot touchant qui lui fut adressé par le prince dont il avait été si noblement accueilli. Casimir, après avoir embrassé sa famille, s'était empressé de se rendre à Neuilly pour annoncer son retour à M. le duc d'Orléans, qui, en le félicitant sur les heureux résultats de son voyage, l'engagea à passer le reste de la journée au château. Casimir ayant répondu qu'il avait promis à son père de ne le quitter qu'un moment le premier jour de son arrivée : « Vous avez raison, dit le prince avec une « bonté toute paternelle : allez retrouver votre père, « j'oublie toujours que nous ne sommes que votre se- « conde famille. »

Pendant son séjour en Italie, Casimir avait appris avec un profond chagrin la nouvelle de la mort de Talma. La perte de ce grand tragédien changea tous ses projets, et à son retour, au lieu de continuer sa tragédie de *Louis XI*, il s'occupa de *la Princesse Aurélie*, comédie en cinq actes, qui fut représentée au Théâtre-Français le 6 mars 1828. Ce fut celui de tous ses ouvrages qui fut accueilli avec le moins de faveur. On rendit justice à un style plein de verve et de grâce, à des plaisanteries fines, délicates et spirituelles: mais l'intrigue sembla trop légère pour cinq actes. Ce défaut, s'il existe réellement, parut d'autant plus sensible qu'à cette époque le drame romantique, qui commençait à se montrer sur la scène, remplaçait le développement des passions par des catastrophes et des événements accumulés, et rendait le public beaucoup plus exigeant sous ce rapport en détruisant le goût d'une simplicité noble et pure.

Lorsqu'il avait parcouru à Venise le palais ducal, Casimir n'avait pu voir sans émotion dans la salle du grand conseil, où sont tous les portraits des doges, le cadre voilé d'un crêpe noir qui porte cette inciption : *Hic est locus Marini Faletro, decapitati pro criminibus.* C'est à l'endroit même où cette sanglante tragédie avait eu lieu qu'il conçut l'idée de la mettre sur le théâtre, et il en termina le plan à Venise. La conception de cet ouvrage est vraiment belle, et l'auteur triompha avec un rare bonheur des difficultés d'un sujet où lord Byron avait complétement échoué, au moins sous le rapport dramatique. Casimir avait lu cette pièce au Théâtre-Français, et le personnage d'Éléna devait être représenté par mademoiselle Mars; mais, quelques difficultés s'étant élevées sur la distribution des autres rôles, la tragédie fut retirée et transporté au théâtre de la Porte-Saint-Martin, où Ligier fut engagé pour jouer le rôle de Faliero.

Cette périlleuse tentative fut couronnée du succès le plus éclatant. Le talent que Ligier déploya dans cette circonstance si importante pour Casimir fit penser à ce dernier qu'il avait trouvé un digne interprète de Louis XI, et lui donna l'idée de terminer cette tragédie, qu'il regrettait d'avoir laissée si longtemps inachevée. C'est alors qu'il rechercha dans sa mémoire ce premier acte qu'il y avait déposé depuis plusieurs années, et qu'il l'y retrouva tout entier sans aucun effort.

Au moment où il se mettait au travail, il en fut distrait par une affaire tout à fait étrangère au théâtre. Quelques années avant cette époque, Fontan, jeune poëte, qui depuis a succombé à une mort prématurée, arrivé à Paris avec peu de ressources, était venu trouver Casimir pour réclamer son appui. Celui-ci, après avoir entendu ses vers, où il trouva le germe d'un talent réel, lui donna beaucoup d'encouragements, et réussit à lui faire obtenir dans une administration particulière une place modeste, mais qui le mettait au-dessus du besoin et lui permettait de poursuivre ses travaux. Fontan avait une âme généreuse, une tête ardente, et il était d'une opposition politique très-violente. Il écrivit dans un journal hebdomadaire un article satirique dirigé contre le roi Charles X. Cet article le fit traduire devant les tribunaux et condamner à cinq ans d'emprisonnement. Casimir, qui avait blâmé la violence de l'ataque, fut profondément affligé de la rigueur de la pene. Après sa condamnation, Fontan avait été enfermé, avec plusieurs autres hommes de lettres, dans la prison de Sainte-Pélagie, où il croyait devoir passer cinq années, lorsqu'il en fut subitement arraché, et conduit, en compagnie d'un voleur, dans la maison centrale de Poissy. Dans ce cruel moment, le dernier cri de Fontan fut le nom de Casimir, et celui-ci ne fut pas sourd à cet appel.

Il s'empressa de faire toutes les démarches qui pouvaient adoucir le sort du malheureux prisonnier. Il se rendit d'abord chez M. de Montbel, alors ministre de l'intérieur, lui fit avec énergie un tableau touchant de la position de Fontan, et réclama vivement en sa faveur. Le ministre parut ému, et promit d'intervenir dans cette affaire, mais ajouta que la conclusion dépendait particulièrement de M. Mangin, préfet de police.

Casimir se transporta aussitôt chez M. Mangin. Là, il reçut un accueil beaucoup plus sévère. Le préfet, après l'avoir écouté, lui dit : « Nous sommes forts, monsieur « Delavigne, nous ne craignons rien, il faut que justice « se fasse. » — « C'est précisément parce que vous êtes « forts, lui répondit Casimir, que vous pouvez vous mon- « trer humains, ou justes plutôt, en ne confondant pas « un homme de lettres avec des escrocs et des voleurs. » Mais, malgré tous ses efforts, il ne put rien obtenir. Quelques mois après, la révolution de juillet prouva combien était factice la force sur laquelle ce magistrat croyait pouvoir s'appuyer.

La première nouvelle de ces grands et glorieux événements vint surprendre Casimir à la campagne, où il s'était retiré pour se livrer tout entier à ses travaux. Il se hâta de revenir à Paris, et, immédiatement après son arrivée, s'empressa d'aller à Neuilly rejoindre le prince, dans lequel, au milieu de ces graves circonstances, il voyait l'unique moyen de salut de la France. Ses espérances ne furent pas trompées. M. le duc d'Orléans accepta la lieutenance générale du royaume.

Deux jours après parut dans *le Moniteur* l'ordonnance qui annulait toutes les condamnations prononcées pour délits politiques de la presse. Je n'ai pas besoin de dire avec quel plaisir Casimir lut cette ordonnance, qui rendait à la liberté un grand nombre de ses confrères, et parmi eux celui pour qui il avait fait tant de démarches inutiles.

Déjà il avait improvisé *la Parisienne,* chant national, dont le mérite est dans l'à-propos, et qui fut répété non-seulement par la France, mais par l'Europe entière, et il s'occupa de sa dernière Messénienne, *une Semaine de Paris,* où il développa avec une rare énergie tous les sentiments dont il était animé. Après avoir payé son tribut à cette heureuse révolution, qui rendait à la France tous ses droits méconnus, il reprit le cours de ses travaux, et termina enfin sa tragédie de *Louis XI,* l'ouvrage peut-être le plus profond qui soit sorti de sa plume. Au mois de février 1832, cette pièce fut représentée au Théâtre-Français avec un brillant succès, et depuis s'est maintenue constamment au répertoire.

Vers la fin de 1830, Casimir, pour qui la vie de famille avait tant de charmes, voulut les augmenter encore en contractant un lien que devaient lui rendre doublement cher son caractère naturellement tendre et son goût pour une solitude animée par les épanchements de l'amitié: il épousa mademoiselle Elisa de Courtin, qu'il avait connue en Italie, et pour laquelle il avait conçu un profond attachement, que justifiaient toutes les qualités d'un esprit élevé et d'un cœur digne de comprendre celui qui avait su l'apprécier et le choisir. Bientôt la naissance d'un fils vint rendre leur bonheur complet.

C'est à cette même époque qu'il exprima dans plusieurs chants pleins d'enthousiasme les sentiments que lui faisait éprouver l'héroïque nation polonaise, soutenant alors une lutte désespérée pour la défense de sa liberté. Toutes les fois que retentissait le cri des opprimés, il trouvait un écho dans le cœur de Casimir. Déjà, quelques années auparavant, il avait mêlé sa voix à celle des défenseurs de la Grèce, qui combattait avec autant de courage, mais avec plus de bonheur, pour recouvrer son indépendance. Mais les infortunes des enfants de la Pologne lui inspirèrent une sympathie plus grande encore ; il ne pouvait oublier qu'en 1814 ils étaient dans les rangs de nos soldats pour repousser l'invasion étrangère, et il pensait en les défendant acquitter une dette de la patrie. Parmi les vers qu'il publia, on remarqua particulièrement *la Varsovienne*, que les braves Polonais chantèrent plus d'une fois sur le champ de bataille.

Cependant ces divers travaux ne l'empêchaient pas de s'occuper du théâtre. Le tableau des *Enfants d'Edouard*, de son ami Paul Delaroche, lui fit naître la pensée de mettre sur la scène cet épisode si touchant que Shakspeare a seulement indiqué dans *Richard III*. Il se livra avec un plaisir extrême à ce travail ; la peinture de l'amitié si naïve de ces deux enfants était pour lui remplie de charmes ; aussi son œuvre fut-elle bientôt achevée.

La pièce avait été très-promptement apprise et répétée, lorsque, le jour même de la première représentation, par suite d'un rapport adressé au ministre, et qui faisait craindre qu'elle ne donnât lieu à quelque trouble, un ordre supérieur intervint pour la suspendre. Casimir se résigna avec chagrin à cet ajournement, dont il ne pouvait comprendre le motif ; mais les sociétaires de la Comédie-Française, qui fondaient de justes espérances sur cette tragédie, dont la privation en ce moment leur paraissait avoir pour eux les plus graves conséquences, vinrent le trouver, et lui demandèrent avec instance de se rendre auprès du roi, dont la bienveillance pour lui était connue, et de supplier Sa Majesté de faire lever l'interdit qui pesait sur son ouvrage. Casimir céda après avoir fait quelques difficultés, et se rendit aux Tuileries. Le roi l'accueillit avec sa bonté accoutumée, et, après avoir entendu sa demande, lui répondit : « Mon
« cher Casimir, ce que vous désirez n'est pas en mon

« pouvoir; je suis roi constitutionnel, mes ministres
« sont responsables, je ne puis donc pas dans cette cir-
« constance donner un ordre, mais je puis exprimer
« un vœu : allez de ma part trouver M. Thiers (il était
« alors ministre de l'intérieur), et dites-lui que je serai
« heureux s'il peut vous rendre votre ouvrage, à la
« représentation duquel je ne vois aucun inconvénient. »

Casimir s'empressa de suivre le conseil du roi, et de porter à M. Thiers les paroles bienveillantes de Sa Majesté. Ce ministre le reçut de la manière la plus favorable, et, après une légère discussion, autorisa la représentation des *Enfants d'Edouard*, qui eut lieu le soir même avec un succès complet et sans provoquer le moindre désordre.

A une heure du matin nous étions encore près de lui, et nous le félicitions sur sa nouvelle victoire, lorsqu'un courrier arrivant de Neuilly lui apporta une lettre du roi conçue en ces termes :

« Neuilly, le samedi 18 mai 1833, à minuit.

« J'apprends avec un grand plaisir, mon cher Casi-
« mir, le succès de votre pièce, et je ne veux pas me
« coucher sans vous avoir fait mon compliment. Vous
« savez combien j'ai toujours joui de tous ceux que vous
« avez obtenus; mais je jouis doublement de celui-ci, et
« je vous en félicite de tout mon cœur. Il vous vaudra
« une bonne nuit et à moi aussi.

« Bonsoir.

« L.-P. »

Casimir ne fut pas surpris de ce nouveau témoignage de bonté, mais il en fut profondément touché. Il en fut d'autant plus sensible que l'esprit de parti cherchait à donner à son ouvrage les interprétations les plus ridicules et les plus contraires aux intentions de l'auteur. J'ai retrouvé dans ses papiers la copie d'une réponse qu'il adressait alors à la lettre d'une personne dont le nom m'est inconnu. Je crois devoir placer ici cette réponse, qui fera connaître en même temps les allégations qu'il s'était cru obligé de repousser et les principes invariables qui ont toujours dirigé sa conduite politique :

« Monsieur,

« Je suis heureux que mon ouvrage ait pu vous
« intéresser un moment ; mais, permettez-moi de vous
« le dire, nous ne sommes pas plus d'accord sur le
« présent que sur le passé. Je pense, et le public a été
« de mon avis, qu'il n'y a aucun rapprochement possible
« entre l'usurpation incontestable que je flétris dans ma
« tragédie et une révolution, à laquelle je m'honore
« d'avoir pris part, qui a été faite par l'immense majo-
« rité des Français, au nom des lois et dans un senti-
« ment de défense légitime. Le contrat une fois rompu
« par celui qui avait juré de le faire respecter, le peuple
« n'a point usurpé les droits du monarque, mais il est
« rentré dans les siens. Souverain après la victoire, il
« a conféré un pouvoir devenu sa conquête au prince
« dont le caractère connu lui offrait le plus de garan-
« ties. Le nouveau monarque que la volonté nationale
« a placé sur un trône vacant est donc roi de fait et de
« droit, roi par la grâce du peuple ; et c'est, à mon
« sens, la seule légitimité raisonnable aujourd'hui, la
« seule possible. Elle repose sur des bases durables : la
« dignité, la liberté et la volonté de tous.

« Je vous devais, monsieur, cette profession de foi
« pour ne pas vous laisser dans l'erreur sur mes sen-
« timents et mes principes. Vous voyez qu'ils diffèrent
« beaucoup des vôtres. Je n'en lirai pas moins avec
« un vif intérêt l'ouvrage que vous avez bien voulu
« m'envoyer, et je fais pour votre conversion politique
« tous les vœux que vous m'adressez pour la mienne.

« Recevez, monsieur, etc., etc.

« CASIMIR DELAVIGNE. »

La santé de Casimir, qui s'était raffermie pendant son voyage en Italie, commençait à s'altérer de nouveau d'une manière très-grave. Il éprouvait fréquemment des douleurs de foie extrêmement violentes. Les médecins ne regardaient pas ce mal comme pouvant attaquer les sources de la vie ; mais le malade n'en éprouvait pas moins des crises tellement vives qu'il se sentait tout à fait hors d'état d'écrire un ouvrage en vers.

Il s'était rendu à La Madeleine, retraite charmante en Normandie, où il passait presque tous les étés, qu'il aimait beaucoup, et que plus tard il vendit avec tant de regret. Là il espérait trouver un peu de soulagement, et j'avais été passer quelques jours auprès de lui pour tâcher de le distraire. Il ne s'alarmait point sur sa santé ; mais, le travail étant un besoin pour lui, il avait beaucoup de chagrin de se voir inoccupé. Un matin, nous étions assis tous deux dans notre bibliothèque, il me répétait combien il était affligé de ne pouvoir pas composer un ouvrage en vers. — « Eh bien, lui dis-je, si tu ne peux pas
« faire de vers en ce moment, essaie une comédie en
« prose. Tu éprouveras beaucoup moins de fatigues ; ce
« travail aura d'ailleurs pour toi l'intérêt d'une étude
« nouvelle. » — « Sans doute, me répondit-il ; mais où
« trouver un sujet ? » Je lui répliquai que cela n'était peut-être pas aussi difficile qu'il le pensait, qu'il y avait partout des sujets de comédie, et j'ajoutai en riant que j'étais sûr d'en trouver un dans le premier volume qui me tomberait sous la main. Je tournais le dos aux rayons de la bibliothèque. J'y pris un livre au hasard : c'était un volume de l'*Histoire d'Espagne* de Ferreras. Je l'ouvris sur-le-champ, et je lus tout haut le paragraphe suivant, le premier qui frappa mes yeux :

« Le roi don Philippe, voulant réformer les grands
« abus qui s'étaient introduits dans le royaume pendant
« sa longue absence, convoqua à cet effet les Etats à
« Tolède. L'empereur son père lui avait extrêmement
« recommandé don Juan d'Autriche, qu'il avait eu,
« comme je l'ai dit, d'une dame allemande, et qui était
« élevé, à Villa-Garcia-de-Campos, sous l'habit de
« paysan, sans qu'on lui eût fait connaître qui il était.
« Résolu de s'acquitter de cette obligation, le roi partit

« pour le monastère de La Espina, et manda à Louis
« Quixada de lui amener en ce lieu don Juan d'Autri-
« che afin de le reconnaître. Quixada obéit, et quelques-
« uns assurent que le roi s'attendrit à la vue de don
« Juan, en se rappelant la mémoire de son père, et lui
« apprit à qui il devait le jour. »

A l'instant même Casimir m'interrompit en me disant : « Tu avais raison, il y a là une grande comédie,
« et une comédie qui doit être amusante. » Il se mit
alors à combiner son plan, et deux jours après il était
terminé.

Ce fut au milieu des douleurs presque continuelles
qu'il écrivit cette comédie pleine de verve, de saillies et
de gaieté, et qui lui valut un succès éclatant dans une
route qu'il tentait pour la première fois.

La composition d'une pièce en prose avait été pour
lui une sorte de repos. Il voulut profiter d'un intervalle
dans ses douleurs pour revenir à la poésie, qu'il chérissait par-dessus tout ; mais, n'osant s'attaquer encore
à un ouvrage de longue haleine, il composa une tragédie
en un acte : *une Famille au temps de Luther*, qui ne
lui fit pas moins d'honneur que les grandes compositions
qu'il avait déjà données au théâtre.

Au moment où cette pièce fut représentée, il avait
déjà commencé une œuvre bien plus importante, à laquelle il donna tous ses soins, et que peut-être il estimait
le plus de tous ses ouvrages, *la Popularité*, comédie en
cinq actes et en vers. « Je voudrais, me disait-il, non-
« seulement faire une comédie remarquable, mais en-
« core une action utile, en mettant sous les yeux du
« spectateur le danger de l'exagération, même dans les
« hommes de bonne foi ; et, au milieu d'une intrigue
« simple, mais intéressante, offrir en quelque sorte la
« théorie du devoir. » Aucun ouvrage ne lui a coûté
plus de travail et de méditations ; mais il sut triompher
de la gravité du sujet, et le charme du style, l'élévation
des pensées, la vérité des caractères, placèrent, dès son
apparition, cette comédie au rang de celles qui ne peuvent jamais être oubliées.

Une heureuse circonstance se rattache à la première

représentation de cette pièce. Mademoiselle Corneille, petite-fille du grand Corneille, que le défaut de fortune plaçait dans une position extrêmement pénible, avait sollicité et venait d'obtenir un bureau de papier timbré ; mais, pour entrer en possession de ce petit emploi, qui devait la mettre au-dessus du besoin, il était indispensable de verser dans le plus bref délai une somme de cinq cents francs de cautionnement. Elle n'avait point cette somme ; et comme Casimir lui avait toujours témoigné le plus grand intérêt et avait secondé ses démarches avec ardeur, elle vint le trouver, le matin même de la première représentation de *la Popularité,* pour lui faire connaître l'embarras où elle se trouvait. Casimir s'empressa de la rassurer, et il adressa sur-le-champ à M. le duc d'Orléans, ce prince si universellement aimé, dont la perte fut une calamité publique, une lettre commençant par ces mots : « C'est un soldat qui, le jour d'une bataille, « vient réclamer vos bontés en faveur de la petite-fille « de son général. » Il expliquait ensuite la position et les espérances de mademoiselle Corneille. Le noble prince ne fit pas attendre sa réponse : le jour même, la somme demandée était accordée avec un empressement et une grâce qui doublaient le prix du bienfait. Casimir, en apprenant cette nouvelle, me serra la main et me dit : « J'étais bien sûr de la réponse, et si je ne réussis « pas ce soir, j'aurai fait du moins une bonne journée. » La soirée fut glorieuse, et Casimir put ajouter un triomphe de plus à tous ceux qui avaient déjà marqué sa brillante carrière.

Il revint alors à la muse tragique. Il aimait beaucoup à relire une ancienne traduction du *Romancero;* c'est là qu'il puisa l'idée de *la Fille du Cid.* Cette tragédie était destinée au Théâtre-Français, et mademoiselle Rachel, pour le talent de laquelle l'auteur avait une vive sympathie, devait remplir le rôle principal. Des obstacles indépendants de sa volonté empêchèrent l'exécution de ce projet, et la pièce fut représentée sur le théâtre de la Renaissance. Elle ne fut pas moins heureuse que les autres productions de Casimir. Mais c'était le chant du cygne, car sa dernière tragédie est restée inachevée. Ne semblait-il pas pressentir sa mort et faire un retour sur lui-même lorsqu'il écrivait ces vers du Cid :

> « Mes jours sont pleins, Elvire, et bons à moissonner.
> « Dieu, qui me les compta pouvait moins m'en donner.
> « Les reprendre eût son droit ; mais si sa faux les touche,
> « Que leur dernier soleil dans la gloire se couche,
> « Tu devras comme moi bénir le moissonneur,
> « La récolte en tombant sera riche d'honneur. »

A partir de ce moment sa santé, déjà si altérée, continuait à décliner de la manière la plus alarmante, malgré les soins empressés du docteur Horteloup, son ami autant que son médecin, secondé par le docteur Belmas, qui partageait toute son affection et toute sa sollicitude pour le poëte souffrant. Déjà il ne pouvait plus sortir de chez lui ; ses distractions se bornaient à des lectures qu'il se faisait faire par sa femme et sa sœur, et à la société de quelques amis intimes, qui se réunissaient le soir autour de lui. Je citerai entre autres MM. Liadières, qui par ses ouvrages avait concouru avec Casimir aux succès du second Théâtre-Français ; Boutron, chimiste distingué, qui lui avait donné quelque teinture des sciences physiques ; Emile Seurre, sculpteur, pour qui il avait conçu à Rome une véritable amitié dont les liens s'étaient encore resserrés à Paris.

Dans cet état, déjà si triste, il conservait toute la vigueur de son esprit, toute la fraîcheur de son imagination ; si ses forces physiques diminuaient visiblement, ses forces intellectuelles semblaient augmenter encore. Plusieurs ouvrages l'occupaient à la fois : le premier était *le Conseiller rapporteur*, comédie en trois actes et en prose. Casimir avait toujours beaucoup admiré le dialogue en prose de nos anciens auteurs comiques, Molière, Regnard et Lesage. Il écrivit *le Conseiller rapporteur* pour reproduire, autant qu'il serait en lui, les formes de ce style, dont il aimait l'allure vive et hardie et la piquante originalité. Seulement, pour faire accepter au public ce nouvel essai, il supposa dans un prologue ingénieux que *le Conseiller rapporteur* était une ancienne comédie dont le manuscrit avait été retrouvé par hasard. Il espérait, en se cachant sous ce voile transparent, se faire plus facilement pardonner sa hardiesse. Son attente ne fut pas trompée, et la pièce fut accueillie par un rire et des applaudissements non interrompus. Le second ouvrage dont il s'occupait encore était *Charles VI,* opéra en cinq actes, qu'il écrivait avec moi, pour se délasser de travaux plus graves. Casimir avait toujours été très-sensible au charme de la musique, et lui-même a composé les deux airs qui sont chantés dans la tragédie de *Louis XI :* aussi trouvait-il une heureuse distraction dans la composition de notre œuvre lyrique. Mais celle qui absorbait presque entièrement ses pensées, et à laquelle il donnait tous ses soins quand ses forces le lui permettaient, c'était *Mélusine,* tragédie en cinq actes dans un genre tout à fait nouveau, et dont le sujet pouvait admettre toutes les richesses de la poésie. Lorsque Casimir fut surpris par la mort, quatre actes de cette tragédie étaient terminés, mais malheureusement un acte et demi seulement était écrit.

Ce précieux fragment a été réuni aux poëmes qu'il a composés sur l'Italie. Pendant son voyage, il aimait à recueillir les traditions et les anecdotes qui lui paraissaient peindre le mieux les mœurs et les habitudes du pays qu'il parcourait, et il se plaisait ensuite à écrire sur ces divers sujets des poëmes et des ballades, où la description des lieux venait se mêler heureusement à une action légère et indépendante. Je crois que peu d'ouvrages donnent une idée plus juste de l'Italie que ce recueil si vrai et si varié, et je ne pense pas que Casimir ait jamais déployé un talent plus suave, plus gracieux et quelquefois plus élevé.

Cependant, au milieu de ces occupations qui lui étaient si chères, son mal continuait à faire des progrès rapides. Depuis qu'il avait vendu La Madeleine pour surveiller de plus près l'éducation de son fils, il passait tous les ans la belle saison à Paris. Scribe, qui connaissait son goût pour la campagne et qui espérait qu'il pourrait y trouver quelque soulagement, vint lui offrir sa charmante maison de Montalais. Casimir accepta, alla s'y établir avec sa famille, et trouva encore quelque douceur à y passer trois mois au milieu de nous. Au mois de septembre, un ami, M. de Lopès, l'engagea à venir se fixer chez lui, à Saint-Just, pendant le reste de la belle saison ; et là, malgré ses souffrances, il jouit encore de quelques beaux jours. Mais tous les secours de la médecine, tous les soins de la tendresse la plus empressée ne pouvaient raffermir sa santé détruite ; lui-même commençait à ne plus s'abuser sur sa position, qu'il envisageait avec un grand courage. Lors de son retour à Paris, il sentit qu'il ne pourrait résister à la rigueur de la saison, et il déclara à son médecin qu'il ne voyait plus de chance de salut pour lui qu'en allant chercher un climat plus doux dans le midi de la France. Malgré les conseils du médecin, qui craignait pour lui les suites d'un si long voyage dans l'état de faiblesse où il se trouvait, il se détermina à partir, et, comme il ne voulait être accompagné que de sa femme et de son fils, il ne me permit de le conduire que jusqu'à Orléans.

Il quitta Paris le 2 décembre 1843, et soutint assez heureusement la fatigue des premiers jours ; mais il avait plus de courage que de force, et, en arrivant à Lyon, il fut obligé de s'arrêter. C'est en vain qu'il lutta avec énergie contre le mal, il fallut céder. Conservant dans sa faiblesse toute sa présence d'esprit, il ne pouvait plus s'abuser lui-même ; mais il cherchait à rassurer sa femme, en lui répétant qu'il serait en état de partir le lendemain. Une heure avant de succomber, il se faisait lire encore *Guy Mannering* de Walter Scott, et sa femme, par une préoccupation trop naturelle dans ces tristes moments, ayant passé une ou deux lignes, il la pria de recommencer en lui faisant remarquer doucement qu'elle s'était trompée. Cependant quelques minutes après, c'était le 11 décembre, à neuf heures du soir, il parut cesser d'écouter la lecture, et, posant sa tête sur sa main, murmura quelques vers à demi-voix ; puis, se laissant doucement retomber sur son oreiller, il sembla s'endormir ; mais il ne devait plus se réveiller. C'est ainsi que s'éteignit, dans toute la force de l'âge et du talent, cet homme aussi rare par les nobles qualités de son cœur que par l'élévation de son génie.

Je ne parlerai point de la douleur de sa femme et de sa famille, mais je dirai que cette douleur trouva un écho dans tous les cœurs. La perte de Casimir excita des regrets universels. On vit se presser aux funérailles du poëte tout ce que Paris renfermait de plus distingué dans tous les genres et dans tous les rangs. M. le comte de Montalivet, M. Victor Hugo, M. Frédéric Soulié, M. Tissot, M. Samson, de la Comédie-Française, enfin M. Ostrowski au nom de la Pologne, prononcèrent d'éloquents discours sur sa tombe. Le roi ordonna que son portrait et son buste seraient placés dans les galeries de Versailles; le Havre, son pays natal, décida que son nom serait donné à l'un des quais, et qu'une statue lui serait élevée sur une des places de la ville, et MM. les sociétaires de la Comédie-Française arrêtèrent en assemblée générale que son buste serait placé dans leur foyer, au milieu des images de tous les grands hommes qui ont illustré le théâtre. Tels sont les honneurs dont fut entourée la tombe de Casimir Delavigne, qui laisse pour héritage à son fils un nom glorieux et sans tache, ses ouvrages comme monuments de son génie, et, comme exemple, sa vie si pure et si bien remplie.

G. DELAVIGNE.

DERNIERS CHANTS

LA BRIGANTINE.

BALLADE.

A bord de la Madone.

La brigantine
Qui va tourner
Roule et s'incline
Pour m'entraîner.

O Vierge Marie,
Pour moi priez Dieu !
Adieu, patrie !
Provence, adieu !

Mon pauvre père
Verra souvent
Pâlir ma mère
Au bruit du vent.

O Vierge Marie,
Pour moi priez Dieu !
Adieu, patrie !
Mon père, adieu !

La vieille Hélène
Se confira
Dans sa neuvaine
Et dormira.

O Vierge Marie,
Pour moi priez Dieu !
Adieu, patrie!
Hélène, adieu !

Ma sœur se lève,
Et dit déjà :
« J'ai fait un rêve :
« Il reviendra. »

O Vierge Marie,
Pour moi priez Dieu !
Adieu, patrie'
Ma sœur, adieu !

De mon Isaure
Le mouchoir blanc
S'agite encore
En m'appelant

O Vierge Marie,
Pour moi priez Dieu !
Adieu, patrie!
Isaure, adieu!

Brise ennemie.
Pourquoi souffler,
Quand mon amie
Veut me parler?

O Vierge Marie,

Pour moi priez Dieu!
Adieu, patrie,
Bonheur, adieu!

PIÉTRO.

BALLADE.

Naples.

« Le flot grossit, le ciel est noir :
Piétro, pourquoi partir ce soir ?
   Lui dit sa mère :
L'an dernier, j'eus beau l'avertir,
Ton frère aussi voulut partir,
   Ton pauvre frère ! »

   Piétro, montant
   Sur la nacelle
   Qui fuit loin d'elle,
   Dit en partant :
   « Nanna m'appelle :
   Elle est si belle !
   Je l'aime tant ! »

La mauve blanche, au cri plaintif,
Disait, en volant sur l'esquif :
   « Pêcheur, arrête !
Le nid qui m'avait tant coûté
De ce roc vient d'être emporté
   Par la tempête ! »

   Piétro luttant
   Avec courage
   Contre l'orage,

Allait chantant :
« Nanna m'appelle :
Elle est si belle !
Je l'aime tant ! »

Un sourd murmure au bruit des flots
De temps en temps mêlait ces mots :
« Piétro, mon frère,
Avant que ton heure ait sonné,
Pour l'âme de ton frère aîné,
Une prière ! »

Piétro pourtant
Croit se m'éprendre,
Et, sans l'entendre,
Il va chantant :
« Nanna m'appelle :
Elle est si belle !
Je l'aime tant ! »

Il approchait, quand sur les bords
L'airain funèbre, qui des morts
Sonnait l'antienne,
Murmura : « Chrétien sans pitié
Pour l'âme qui t'a supplié,
Songe à la tienne ! »

Piétro, sautant
Sur le rivage,
Rit du présage,
Et va chantant :
« Nanna m'appelle :
Elle est si belle !
Je l'aime tant ! »

Il courait près d'elle à Méta ;

Un cortége en deuil l'arrêta
　　Sous la tourelle.
— « Pour qui donc priez-vous, pêcheurs ? »
Un d'eux, en essuyant ses pleurs,
　　Dit : — « C'est pour elle ! »

　　Piétro l'entend,
　　Pâlit, soupire,
　　Et puis expire
　　En répétant :
　　« Nanna m'appelle :
　　Elle est si belle !
　　Je l'aime tant ! »

LA BALLERINE

POEME [1].

CHANT PREMIER

NICE.

Naples.

Engagez qui vous plaira
Pour danser la tarentelle !
Je suis un enfant, dit-elle ;
Mais cet enfant grandira.

Quand ma sœur court sur la plage,
Les pêcheurs suivent ses pas.
Moi je cours toute seule, et l'on ne me suit pas ;
Mais bientôt j'aurai son âge,
Et pour d'autres baisers que pour ceux du soleil,
Bientôt le hâle vermeil
Fleurira sur mon visage.

Engagez qui vous plaira

---

[1] Ce poëme devait se composer de six chants ; mais, au moment de la mort de l'auteur, les deux premiers seuls étaient terminés.

Pour danser la tarentelle !
Je suis un enfant, dit-elle ;
Mais cet enfant grandira.

Je ne me plains de personne ;
Jamais dans notre verger
Je ne vois les essaims sur la fleur voltiger,
Si le bouton l'emprisonne ;
Mais, au soleil d'avril, lorsque des myrtes verts
Les boutons blancs sont ouverts
Autour d'eux l'essaim bourdonne.

Engagez qui vous plaira
Pour danser la tarentelle !
Je suis un enfant, dit-elle ;
Mais cet enfant grandira.

Quand, sous son écorce tendre,
La grenade jeune encor
Ne tente pas les mains par sa couronne d'or,
A l'arbre on la laisse attendre ;
Mais sur ses grains vermeils appelant le larcin,
Quand l'été gonfle son sein,
C'est à qui voudra la prendre.

Engagez qui vous plaira
Pour danser la tarentelle !
Je suis un enfant, dit-elle ;
Mais cet enfant grandira.

J'ai rompu sur les rocailles
Un filet ces jours derniers,
Et Beppo, le pêcheur, n'a de ses prisonniers
Retrouvé que les écailles.
« Patience ! a-t-il dit, quand l'automne viendra,
« Nice en baisers me paîra

« Ce qu'elle a rompu de mailles. »

  Engagez qui vous plaira
  Pour danser la tarentelle !
  Je suis un enfant, dit-elle ;
  Mais cet enfant grandira.

  Seule, hier, j'étais venue
  Me baigner à Nisita ;
D'une herbe qu'à mes pieds le flot des mers jeta,
  J'entourai ma jambe nue.
L'an passé, sans effort l'herbe eût suffi, je crois,
  Pour se joindre sous mes doigts ;
  Hier, elle s'est rompue.

  Engagez qui vous plaira
  Pour danser la tarentelle !
  Je suis un enfant, dit-elle ;
  Mais cet enfant grandira.

  J'ai, de ma coupe d'ébène,
  Couvert mon sein l'autre jour :
Il n'a pu, je l'avoue, en remplir le contour ;
  Mais il s'en fallait à peine.
Laissez au Vomero les orangers grandir,
  Leurs fruits dorés s'arrondir,
  Et la coupe sera pleine.

  Engagez qui vous plaira
  Pour danser la tarentelle !
  Je suis un enfant, dit-elle ;
  Mais cet enfant grandira.

  Je sais que j'ai les dents blanches,
  Les pieds mignons et l'œil noir ;
J'ai les bras si jolis que ma sœur, pour les voir,

Relève souvent mes manches.
Vienne la Saint-Janvier, et j'aurai, si je veux,
　Sur mes pas plus d'amoureux
　Que les ans n'ont de dimanches.

　Engagez qui vous plaira
　Pour danser la tarentelle !
　Je suis un enfant, dit-elle ;
　Mais cet enfant grandira.

CHANT DEUXIÈME

LA BALLERINE.

Nice, qui poursuivait l'hirondelle marine,
　En folâtrant au bord de l'eau,
Danse, règne au théâtre, et c'est la ballerine
　Qui fait fureur à San-Carlo.

Nice, qui dans les flots se mirait sur la plage
　Avec des fleurs pour ornements,
Voit le cristal poli réfléchir son image
　Rayonnante de diamants.

Nice, qui n'était pas même la fantaisie
　Du dernier pêcheur d'alentour,
Nice traîne à son char noblesse et bourgeoisie,
　Et n'a souci de leur amour.

Ses pieds, qui s'enfuyant devant la blanche écume
　Couraient tout nus soir et matin,

Souples comme le jonc, légers comme la plume,
    Sont prisonniers dans du satin.

Elle, dont les baisers se perdaient dans la brise,
    Offerts à tous sans intérêt,
N'en donnerait pas un pour tout l'or de l'église,
    Quand un cardinal l'en prîrait.

Pour un écrin, naguère, elle a cédé sans peine
    Aux vœux de plus d'un baronnet;
Elle a cédé pour moins, oui, pour voir sur la scène
    Son nom voler dans un sonnet;

Pour voir les andalous de l'envoyé d'Espagne
    Piaffer devant son palais;
Pour sentir sous ses doigts pétiller le champagne,
    A bord de l'amiral anglais.

La folle a ruiné jusqu'à ce juif lui-même,
    Pour venger le monde chrétien;
Elle en riait alors, mais maintenant elle aime,
    Elle donne et ne vend plus rien.

Que donne-t-elle encor? de l'espoir, des promesses;
    Car l'amant qui sut la charmer
N'en peut pas obtenir une de ces caresses
    Qu'elle prodiguait sans aimer.

Duc de San-Severo, ton fils qu'elle idolâtre,
    Languit enchaîné sous sa loi;
Il se dit chaque soir, penché sur le théâtre :
    « Elle ne danse que pour moi. »

Prends garde, noble duc : aux yeux de Naple entière,
    Qui blâme un amour scandaleux,
Il marche tête nue, auprès de sa litière,

Dont elle ouvre les rideaux bleus.

Quand il veut de ses dons combler celle qu'il aime,
    Elle répond à son vainqueur :
«Ne m'avez-vous pas fait, en vous donnant vous-même,
    « Le seul présent selon mon cœur? »

Ton fils, qui croit encor dans sa reconnaissance
    Ne s'être pas assez donné,
Lui proposait hier un anneau d'alliance
    Dans l'église del Carminé.

Pourtant elle résiste ; est-ce calcul en elle?
    Non, pourquoi la calomnier?
Est-ce crainte? encor moins. C'est donc ce qu'on appelle
    Un miracle de saint Janvier.

Saint Janvier, tous les ans, peut, selon sa coutume,
    Du fond d'un caveau sépulcral,
Ordonner à son sang, qui se couvre d'écume,
    De bouillonner dans le cristal.

Sur sa base ébranlée il peut rasseoir la terre,
    Du golfe apaiser l'ouragan,
Dire aux torrents de feu vomis par le cratère :
    « Glacez-vous au pied du volcan ! »

Mais qu'une des beautés dont la robe légère
    Flotte le soir à l'Opéra,
Sans devenir dévote, à vingt ans soit sévère,
    Pape ni saint ne le fera.

Je vous l'ai dit, elle aime ; elle aime, et cette flamme
    A la pureté d'un beau jour :
Le véritable amour est entré dans son âme,
    Et la pudeur avec l'amour.

Public, battez des mains, dites que Nice est belle,
  Criez que rien n'est si charmant :
Elle est plus que charmante, elle est plus que fidèle;
  Elle est chaste avec son amant.

Noble Laurintina, vous qui de votre loge
  Regardez Nice avec pitié,
Pourrais-je en dire autant, duchesse, à votre éloge,
  En ne mentant que de moitié?

LA GROTTE DU CHIEN.

BALLADE.

Naples.

Et le chien tantôt se dresse,
Tantôt se couche à demi ;
Puis doucement le caresse,
Car un maître est un ami.

L'œil morne, le teint blême et la tête abattue,
Le maître de ce chien, le vieux Nicolino,
Nous guidait sur les bords du lac noir d'Agnano
Vers la grotte où s'exhale une vapeur qui tue.
Stello, vieux comme lui, mais jeune de gaîté,
Foulait d'un pied joyeux ce bord inhabité.
Courant en étourdi, sautant, jappant sans cause,
Il vient heurter le guide et c'est pour son malheur ;
Le bâton, sans pitié, de ce vieillard morose
Change son cri de joie en un cri de douleur ;

Et sous la main qui le blesse,
Le chien se couche à demi ;
Puis pour la lécher se dresse,
Car un maître est un ami.

« C'est ici, mes seigneurs ! » et dans l'antre qui fume,
Il a plongé Stello, qui ne résiste pas.
Le chien sous la vapeur chancelle au premier pas ;
Son poil se dresse, il tombe, il frissonne, il écume.
« Oh ! l'horrible torture ! assez, vieillard !... » mais lui
N'obéit qu'à la longue et comme avec ennui,

Et voyant vers la terre, où renaît le malade,
Nos regards attendris tristement s'abaisser :
« Que je l'aime, dit-il, ce bon vieux camarade !
Avant qu'il soit une heure il va recommencer. »

    Et le chien, qui de faiblesse
    N'ouvre les yeux qu'à demi,
    Des yeux pourtant le caresse,
    Car un maître est un ami.

Chacun jette un carlin dans le chapeau du pâtre,
Dont le front incliné pour nous s'est découvert ;
Et nous suivons la rive où le châtaignier vert
Autour des flots dormants monte en amphithéâtre.
Soudain Nicolino nous arrête en chemin ;
Humble, la voix dolente, et nous tendant la main :
« Une piastre ! dit-il, le voilà plein de vie,
Assez fort pour lutter et pour longtemps souffrir ;
Voulez-vous, mes seigneurs, vous en passer l'envie ?
Une piastre de plus, je le ferai mourir. »

    Et le vieux chien qu'il caresse,
    D'un doux transport a frémi ;
    Puis pour le lécher se dresse,
    Car un maître est un ami.

MEMMO

POEME.

CHANT PREMIER

LE CHEVRIER.

Terracine.

Chaque jour sur ce roc mon amour me ramène ;
Chaque jour, les pieds nus et le front découvert,
J'arrive, haletant, jusqu'au sommet désert,
D'où je vois l'olivier qui borne ton domaine.
J'y reste sous l'azur d'un ciel étincelant ;
Sous l'ardeur du midi j'y tombe, et mon envie
    Est d'y tomber en exhalant
    Le dernier souffle de ma vie.

    Je t'aime, Adda, je meurs pour toi ;
    N'auras-tu pas pitié de moi ?

Je t'aime avec terreur, ô belle entre les belles !
Accouru pour te voir, je fuis à ton abord ;
Te parler, c'est ma vie ; et le froid de la mort
Vient me glacer la voix si de loin tu m'appelles.
Quand, muet devant toi, je me sens défaillir,

Tu fais de ma pâleur un jeu pour tes compagnes.
Pourtant j'étouffai sans pâlir
Une louve dans les montagnes.

Je t'aime, Adda, je meurs pour toi ;
N'auras-tu pas pitié de moi ?

Jaloux, je porte envie à ta sœur qui sommeille
Sur ta couche, où son bras t'enlace avec amour,
Qui respire ton souffle, et qui baise à son tour
Le rosaire pressé par ta bouche vermeille.
Jaloux, lorsqu'un enfant que tu veux embrasser,
En détournant son front, contre toi se dépite,
L'air me brûle, et j'y sens passer
Tes baisers perdus qu'il évite.

Je t'aime, Adda, je meurs pour toi ;
N'auras-tu pas pitié de moi ?

Si je rêve de toi, le feu court dans mes veines ;
Je m'éveille, et mon œil t'admire où tu n'es pas ;
Je couvre de mes pleurs, je serre dans mes bras
Ta vaine image en proie à mes caresses vaines.
Ma bouche, qui te cherche et tremble de désir,
Irrite en s'abusant l'ardeur qui me dévore,
Et s'entr'ouvre pour ressaisir
Un bonheur qu'elle rêve encore.

Je t'aime, Adda, je meurs pour toi ;
N'auras-tu pas pitié de moi ?

Je suis pauvre, il est vrai ; mais aucun sacrifice
Ne pourrait de mon cœur lasser le dévoûment.
Pour toi je plongerais dans un gouffre écumant,
Et j'oserais pour toi franchir ce précipice.
Si tu voulais mon sang, moi, qui te fuis partout,

J'irais, pour te l'offrir, tomber sur ton passage :
>   Le plus riche, en te donnant tout,
>   Peut-il te donner davantage ?

>   Je t'aime, Adda, je meurs pour toi ;
>   N'auras-tu pas pitié de moi ?

Parle, je n'ai qu'un bien, c'est cette croix d'ébène.
A ta porte, ce soir, je cours la déposer.
J'ai ma guitare encor ; parle, et je vais briser
Ces cordes dont les sons répondaient à ma peine.
Mon chien, c'est mon ami : je serai son bourreau ;
Ah ! parle, et je tûrai, malgré notre misère,
>   La seule chèvre du troupeau
>   Qui de son lait nourrit ma mère.

>   Je t'aime, Adda, je meurs pour toi ;
>   N'auras-tu pas pitié de moi ?

Mais de tes cruautés à plaisir tu m'accables.
Eh bien ! j'irai dans l'ombre épier ton retour ;
Tu deviendras ma proie, ingrate, et mon amour,
Mes caresses pour toi seront impitoyables ;
Et je veux le goûter, ce bonheur inhumain,
Et t'en désespérer, et m'en lasser moi-même,
>   Et te dire le lendemain :
>   Adda, ce n'est plus vous que j'aime !

>   Non, mon Adda, je meurs pour toi ;
>   N'auras-tu pas pitié de moi ?

Je meurs, tu l'as voulu : la force m'abandonne,
Mes yeux, las de s'ouvrir, sont brûlés par mes pleurs,
Je respire la mort dans le parfum des fleurs ;
Sous les feux de l'été mon corps tremblant frissonne.
Du moins, quand devant toi passera mon cercueil,

Pour cacher ton mépris détournant le visage,
Ne ris pas de ma mère en deuil,
Qui te dira : C'est votre ouvrage!

Adda, je serai mort pour toi ;
N'auras-tu pas pitié de moi?

CHANT DEUXIÈME

ADDA.

Va, chevrier, dans les campagnes
Chanter de buissons en buissons ;
Jamais fille de nos montagnes
Ne se donna pour des chansons.

Tu sais si ma mère était belle!
Quand elle passe, chacun dit :
« Voyez, c'est Térésa, c'est celle
Qui fut la femme d'un bandit! »
Mais ce bandit, c'était un homme :
Son nom faisait pâlir d'effroi
Tout les carabiniers de Rome ;
Et ton chien seul a peur de toi.

Va, chevrier, dans les campagnes
Chanter de buissons en buissons ;
Jamais fille de nos montagnes
Ne se donna pour des chansons.

Bon Memmo, tu ne hais personne,
Et tu n'en veux qu'aux fleurs des bois.

Tu crains pour l'oiseau qui frissonne
En se débattant sous tes doigts.
Un brave, à l'affût sur ces grèves,
Tire, et dort quand il s'est vengé;
Mais toi, tu fais de mauvais rêves
Si tes chevreaux n'ont pas mangé.

Va, chevrier, dans les campagnes
Chanter de buissons en buissons ;
Jamais fille de nos montagnes
Ne se donna pour des chansons.

La guitare napolitaine,
Memmo, te sied bien en dansant;
Mais qui t'a vu dans la fontaine
Laver tes bras couverts de sang?
Tes jours sont doux, tes nuits sont sages;
Et si tu t'es rougi la main,
C'est aux fruits des mûriers sauvages
Que tu pillais sur ton chemin.

Va, chevrier, dans les campagnes
Chanter de buissons en buissons;
Jamais fille de nos montagnes
Ne se donna pour des chansons.

Dans les gorges de Terracine,
Où mon père fut mis en croix,
De ton genou sur sa poitrine
Quel mourant a senti le poids?
Mes lèvres tremblaient de colère
Quand je te contai, l'autre jour,
Comment ils ont tué mon père,
Et toi tu m'as parlé d'amour !...

Va, chevrier, dans les campagnes

Chanter de buissons en buissons;
Jamais fille de nos montagnes
Ne se donna pour des chansons.

Pourtant te me plais, quand la brise
Joue avec tes cheveux châtains;
De ta force je fus surprise,
Quand dans tes bras tu me retins;
Empreint d'un désespoir qui touche,
Ton regard faillit m'émouvoir;
Mais le dédain manque à ta bouche,
Et la colère à ton œil noir.

Va, chevrier, dans les campagnes
Chanter de buissons en buissons;
Jamais fille de nos montagnes
Ne se donna pour des chansons.

A minuit, près de la cascade
Où j'ai vu mon père aux aguets,
Qu'ils sont doux dans une embuscade
D'un bandit les baisers muets!
Sur ses genoux, sous son haleine,
Dans ses bras... Memmo, quelle nuit!
Mais ta vieille mère et en peine
Quand tu reviens après minuit.

Va, chevrier, dans les campagnes
Chanter de buissons en buissons;
Jamais fille de nos montagnes
Ne se donna pour des chansons.

Le ciel est noir, la nuit profonde;
Écoute, et comprends si tu veux :
Les trois soldats, qui font la ronde,
Vont passer dans le chemin creux.

Adieu, si la terreur te glace!
A revoir, si tu suis leurs pas!
Qu'un des trois reste sur la place,
Demain je ne te dirai pas :

Va, chevrier, dans les campagnes
Chanter de buissons en buissons;
Jamais fille de nos montagnes
Ne se donna pour des chansons.

CHANT TROISIÈME

LES PRÉSAGES.

Adda berçait son enfant dans ses bras,
Et Memmo ne revenait pas.

« — Mère, entre Rome et Terracine
Que fait mon père, chaque nuit?
L'air des marais tue à minuit,
Et sur la route on assassine.
Mon Dieu! quand donc viendra le jour?
Mère, prions : j'ai peur, ma mère!
— Dors, cher petit; dors, mon amour,
Et sois brave comme ton père!

« — Dans les grands pins le vent murmure
Comme la nuit de Saint-Médard.
Quelle nuit! il revint si tard!
Elle saignait tant sa blessure!
Mon Dieu! quand donc viendra le jour?

Mère, prions : j'ai peur, ma mère!
— Dors, cher petit; dors, mon amour,
Et sois brave comme ton père!

« — On a frappé! c'est lui peut-être...
Non; des morts c'est l'oiseau hideux
Qui nous a regardés tous deux,
En volant contre la fenêtre.
Mon Dieu! quand donc viendra le jour?
Mère, prions : j'ai peur, ma mère!
— Dors, cher petit; dors, mon amour,
Et sois brave comme ton père!

« — J'entends hurler dans les ténèbres
Les deux chiens noirs du vieux berger :
Quelqu'un, dit-il, est en danger
Lorsqu'ils poussent ces cris funèbres.
Mon Dieu! quand donc viendra le jour?
Mère, prions : j'ai peur, ma mère!
— Dors, cher petit; dors, mon amour,
Et sois brave comme ton père!

« — Malheur! malheur!... Vois-tu le cierge
Que mon père avait allumé?
Avant de s'être consumé,
Il s'éteint aux pieds de la Vierge!
Mon Dieu! quand donc viendra le jour?
Mère, prions : j'ai peur, ma mère!
— Dors, cher petit; dors, mon amour,
Et sois brave comme ton père!

« — On a tiré sur la colline :
Trois coups dans l'ombre ont retenti.
D'où vient qu'au second j'ai senti
Passer du froid dans ma poitrine?
Mon Dieu! quand donc viendra le jour?

Mère, prions : j'ai peur, ma mère !
— Dors, cher petit ; dors, mon amour,
Et sois brave comme ton père !

« — C'est le cri d'un homme en détresse !...
Écoute, écoute !... Ils le tûront.
J'ai peur : écarte de mon front
Ce bras glacé qui me caresse !
Mon Dieu ! quand donc viendra le jour ?
Mère, prions : j'ai peur, ma mère !
— Dors, cher petit ; dors, mon amour,
Et sois brave comme ton père ! — »

Le pauvre enfant s'endormit dans ses bras ;
Pourtant Memmo ne revint pas.

CHANT QUATRIÈME

LA MORT DU BANDIT.

Trente écus d'or aux brigadiers romains !
Il est tombé près des marais Pontins,
Ce fier Memmo : le voilà sans haleine,
Défaillant, pâle, adossé contre un chêne
  Des Apennins.
La mort attend ; mais si la proie est belle,
Pour la saisir il lui faut des efforts,
Et l'âme est sourde à sa voix qui l'appelle ;
Il faut du temps pour chasser d'un tel corps
  L'âme rebelle.

Près d'un vieux mur, tombeau de Cicéron,

Ils ont porté leur vaillant compagnon ;
Car du Vésuve à la route Appienne,
Il n'est tombeau, villa qui n'appartienne
    A Cicéron.
Douze bandits dans ta demeure sombre,
La torche en main, implorant le Seigneur
Pour ce bandit couché sur un décombre ;
O Tullius ! ces hôtes font honneur
    A ta grande ombre !

Penché sur lui, du front inanimé
L'un approchait le sapin enflammé ;
Creusant la fosse et dévorant ses larmes,
L'autre disait : « De ses compagnons d'armes
    Il fut aimé.
Un cardinal ne l'est pas davantage
Par les neveux dont il meurt assisté.
Qu'il était beau dans l'ardeur du pillage,
L'homme de bien ! et que de probité
    Dans un partage !

« D'un buis sacré, chaque printemps nouveau,
Pâque fleurie ombrageait son chapeau ;
Au coin d'un bois, jamais durant l'octave,
Jamais à l'œuvre on n'aurait vu ce brave
    Sans son rameau.
Prêtres, laïcs, voyageaient à leur guise,
Hors les Anglais, tous obtenaient merci ;
Mais l'hérétique était de bonne prise.
Fêtez donc Pâque, et pour mourir ainsi,
    Servez l'Église ! »

Memmo s'agite ; il vous parle : écoutez !...
Sa voix s'éteint, ses bras ensanglantés,
Ses larges mains cherchent sous la bruyère
Un vieux mousquet couché dans la poussière

A ses côtés.
C'est son ami, son défenseur fidèle ;
Il le regarde, et, prêt à défaillir,
Sur la détente à ses efforts rebelle,
Son doigt glacé se courbe, et fait jaillir
Une étincelle.

« Bien ! bien ! dit-il, tu reconnais celui
Qui fut ton maître !... adieu, c'est fait de lui !
Humide encor du sang de ma blessure,
Pour me venger, dans une main plus sûre
Passe aujourd'hui.
Ce Gaëtan qui m'est venu surprendre,
Tu me le dois : feu sur mon meurtrier !
Dans cette fosse, où mon corps va descendre,
Avant trois jours il faut me l'envoyer,
Je vais l'attendre. »

Un moine alors, l'air doux et l'œil fervent,
Suivait sa route et marchait en rêvant
Au saint emploi des dons que les fidèles
Avaient remis dans ses mains paternelles
Pour son couvent.
Avec respect on s'incline ; on l'arrête.
Il s'approcha, guidé par un bandit,
Sans résister, sans relever la tête,
Et pas à pas, de peur qu'on n'entendît
Sonner sa quête.

Il fit tout bas plus d'un acte de foi :
On pense à Dieu quand on tremble pour soi.
Memmo lui dit : « Votre heure est arrivée,
Si par vos soins mon âme n'est sauvée :
Confessez-moi.
Là-haut, mon père, il faut que je réponde
De bien du sang répandu sans remords. »

Humble et saisi d'une terreur profonde,
Le prêtre dit : « Mon fils, qui n'a ses torts
　　　Dans ce bas monde? »

A chaque meurtre, avec recueillement,
Tous les bandits se signaient tristement.
Memmo reprit : « Au nom de la Madone
Et du Sauveur, voici ce que je donne
　　　Par testament :
A mon Adda, qui pour moi fut si tendre,
Tous mes joyaux; ma croix d'or au saint lieu;
Cette arme à toi pour réjouir ma cendre;
Ma bourse au prêtre; enfin mon âme à Dieu,
　　　S'il veut la prendre. »

Force fut bien au prêtre épouvanté
De le bénir quand il eut accepté.
Adda survient, et son fils avec elle.
Dans ses yeux noirs, où l'éclair étincelle,
　　　Que de fierté !
« Mort! mort! dit-elle : amis, du moins j'espère
Que l'ennemi ne l'a pas vu fuyant? »
« Non! » cria-t-il, se dressant de colère...
Et, pour l'enfant, il pleurait en voyant
　　　Pleurer sa mère.

Memmo touchait à son dernier moment,
Et son Adda lui parlait doucement,
Puis l'embrassait, puis de ses tresses blondes
Elle essuyait les blessures profondes
　　　De son amant.
Lui, sur un bras se relève et soupire.
Ses dents déjà, malgré lui se heurtant,
Par un bruit sourd trahissaient son martyre.
Penché sur elle, il lui sourit pourtant :
　　　Mais quel sourire !...

« Adieu, dit-il, adieu ! Séparons-nous
Comme le soir d'un jour de rendez-vous.
Te souvient-il, ô ma belle compagne,
De ce baiser donné sur la montagne
  Par ton époux ?
Baiser d'amour, baiser de fiançailles !
Il fut plus doux, plus ardent qu'aujourd'hui,
Quand j'étouffai tes cris dans les broussailles.
Un seul encor !... mais glacé... c'est celui
  Des funérailles.

« Adda, ma veuve, il te faut un soutien :
Choisis un brave ; et, tous deux, aimez bien
Ce pauvre enfant qui me regarde et pleure.
Ainsi que moi, prends soin qu'il vive et meure
  En bon chrétien.
Treize ans venus, qu'au maître-autel du temple
Il communie ; et, dès le lendemain,
Tu lui diras : « Ton père te contemple ;
Ici sa tombe, et là le grand chemin :
  Suis son exemple !... »

Lors commença le bandit pâlissant
A se rouler dans les flots de son sang.
C'était pitié que de voir sa souffrance !
« *Ave !* » dit-il. « *Amen !* » dit l'assistance
  En gémissant.
Sa tête enfin retombe appesantie.
Salves d'adieu, retentissez dans l'air,
Couvrez la voix de son enfant qui crie ;
Tonnez, mousquets !... pour le ciel ou l'enfer
  L'âme est partie.

LA TOILETTE DE CONSTANCE.

BALLADE.

Rome.

« Vite, Anna ! vite, au miroir !
Plus vite, Anna ! l'heure avance :
Et je vais au bal, ce soir,
Chez l'ambassadeur de France.

« Y pensez-vous ? ils sont fanés, ces nœuds ;
Ils sont d'hier ; mon Dieu ! comme tout passe !
Que du réseau qui retient mes cheveux
Les glands d'azur retombent avec grâce.
Plus haut !... plus bas... Vous ne comprenez rien.
Que sur mon front ce saphir étincelle.
Vous me piquez, maladroite !... Ah ! c'est bien ;
Bien, chère Anna ! je t'aime ; je suis belle.

« Vite, j'en crois mon miroir,
Et mon cœur bat d'espérance.
Vite, Anna, je vais ce soir
Chez l'ambassadeur de France.

« Celui qu'en vain je voudrais oublier...
Anna, ma robe !... il y sera, j'espère.
Ah ! fi, profane ! est-ce là mon collier ?
Quoi ! ces grains d'or bénits par le Saint-Père !..
Il y sera ; Dieu ! s'il pressait ma main !
En y pensant, à peine je respire.
Frère Anselmo doit m'entendre demain :
Comment ferai-je, Anna, pour tout lui dire ?

« Vite ! s'il venait me voir,
Il me gronderait d'avance.
Vite, Anna ! je vais ce soir
Chez l'ambassadeur de France.

« Quoi de plus doux que ce bruit enivrant,
Que ces clartés dont les feux vous inondent,
Et ces transports qu'on excite en entrant,
Et ces regards qui sur vous se confondent !
Plaisirs trop courts ! Anna, pour les sentir,
Suffira-t-il d'une nuit tout entière ?
Pressez-vous donc : si je tarde à partir,
Laure avec lui peut danser la première.

« Vite ! il brûle de me voir ;
Prends pitié de sa souffrance.
Vite, Anna, je vais ce soir
Chez l'ambassadeur de France.

« Si tu voyais ces groupes se fuyant,
Se rapprochant pour s'éviter encore,
Lorsque la valse emporte en tournoyant
Un couple heureux, qui s'unit, qui s'adore !
C'est comme un rêve où vos sens éperdus,
Vos yeux mourants confondent les images :
La terre fuit sous vos pieds suspendus ;
On croit glisser, voler sur les nuages.

« Vite ! il m'entoure en espoir
De ses bras où je m'élance.
Vite, Anna ! je vais ce soir
Chez l'ambassadeur de France.

« Je suis à vous, mon bon oncle, un instant !
Le cardinal va monter en voiture.
Et mon bouquet que j'oublie en partant !

Viens l'attacher : prends garde à ma ceinture.
Un bal! un bal! ce soir je vais au bal...
Anna, pardon si j'ai quitté ma place;
Mais je croyais entendre le signal
Et je dansais : je l'ai vu dans la glace.

   « Vite! un coup d'œil au miroir;
   Le dernier!... j'ai l'assurance
   Qu'on va m'adorer ce soir
   Chez l'ambassadeur de France. »

Près du foyer, Constance s'admirait :
Dieu! sur sa robe il vole une étincelle.
Au feu! courez... Quand l'espoir l'enivrait,
Tout perdre ainsi! Quoi, mourir! et si belle!
L'horrible feu ronge avec volupté
Ses bras, son sein, et l'entoure, et s'élève,
Et, sans pitié, dévore sa beauté,
Ses dix-huit ans, hélas! et son doux rêve.

   Adieu bal, plaisir, amour!
   On se dit : Pauvre Constance!
   Et l'on dansa jusqu'au jour
   Chez l'ambassadeur de France.

UN CONCLAVE.

BALLADE.

Rome.

Taisez-vous, taisez-vous, cloches des quarante heures!
Couvert de l'huile sainte, il retombe, il s'endort,
Et son âme a quitté les terrestres demeures :
   De profundis!... le pape est mort.

A Monte-Cavallo le conclave s'assemble.
Pour repasser le seuil tout effort serait vain :
Le mur sacré s'élève; il emprisonne ensemble
Les prélats dont le choix va faire un souverain.
Leurs fronts se sont courbés devant l'Eucharistie :
Le cardinal-doyen vient de briser l'hostie ;
L'esprit de Dieu descend invoqué par ses vœux.
Attentif à la voix qui lit la bulle sainte,
Chacun, en s'inclinant, prend place dans l'enceinte.
D'où vient qu'un siége encore est vide au milieu d'eux?

Taisez-vous, taisez-vous ! le conclave commence.
Tout est muet dans Rome, au Vatican tout dort.
Cessez, pieux concerts ; cloches, faites silence !
    De profundis !... le pape est mort.

Captifs dans ce tombeau, voyez-vous ces fantômes
Sous la robe écarlate et le chapeau romain?
De la terre et du ciel ils portent les royaumes
Dans ce billet plié que renferme leur main.
Sans doute l'Éternel inspire leur justice,
Quand le nom préféré tombe au fond du calice.
Parjure à son serment, qui d'entre eux aujourd'hui,
En élevant vers Dieu son suffrage coupable,
Viendrait le déposer dans l'urne vénérable
Où fume encor le sang que Dieu versa pour lui?

Taisez-vous, taisez-vous ! le conclave balance.
Tout est muet dans Rome, au Vatican tout dort.
Cessez, pieux concerts ; cloches, faites silence !
    De profundis !... le pape est mort.

Du Christ transfiguré majestueux symbole,
Quel pontife nouveau, planant du haut des airs,
Doit, sous le lin sans tache et la triple auréole,
Couvrir de ses pardons et Rome et l'univers !

C'est celui dont les mains s'ouvraient à l'indigence,
Dont le cœur n'a connu ni haine ni vengeance;
Celui qui, chaque soir, au pied du Roi des cieux
Apportait pour offrande un jour irréprochable;
Le plus pur, le plus digne, enfin le plus semblable
Au Rédempteur divin, qu'il doit rendre à nos yeux.

Taisez-vous, taisez-vous! le conclave balance.
Tout est muet dans Rome; au Vatican tout dort.
Cessez, pieux concerts; cloches, faites silence!
 De profundis!... le pape est mort.

Mais, quoi! n'ont-ils jamais choisi que le plus digne?
Consultons, sous ces nefs, ces monuments de deuil:
Près des pontifes saints, dont la cendre s'indigne,
L'indolence et l'envie ont aussi leur cercueil.
A l'inceste, en pleurant, ce marbre rend hommage;
L'orgueil ultramontain dort sous cette humble image:
Là, le prêtre vendu qui bénit pour de l'or;
Plus loin, l'ami perfide ou l'ennemi barbare...
Les sept péchés mortels ont porté la tiare:
Lequel choisira-t-on pour la porter encor?

Taisez-vous, taisez-vous! le conclave balance.
Tout est muet dans Rome; au Vatican tout dort.
Cessez, pieux concerts; cloches, faites silence!
 De profundis!... le pape est mort.

L'intrigue au milieu d'eux par cent chemins se glisse:
Ce fruit cache un billet dans son sein parfumé;
D'un message interdit l'Évangile est complice;
Dans cette croix d'ébène un autre est renfermé.
En se quittant le soir, sous ce portique sombre
On passe, on fait un signe, on se parle dans l'ombre:
« La France est pour Farnèse.—Oui, mais Vienne?—Plus bas...
—Vienne est pour Doria.—Rome a ses droits, sans doute;

Rome est pour Corsini... » Mais Dieu, qui vous écoute,
Il est pour la vertu, dont vous ne parlez pas !

Taisez-vous, taisez-vous ! le conclave balance.
Tout est muet dans Rome ; au Vatican tout dort.
Cessez, pieux concerts ; cloches, faites silence !
   De profundis !... le pape est mort.

Il ne faut qu'un suffrage au cardinal Colonne :
Dans l'urne, où la main plonge, il en reste un dernier ;
Ce nom, qui doit donner ou ravir la couronne,
Sous le sceau du conclave est encor prisonnier.
La cire s'est brisée ; on va lire : l'attente
Soulève sur leur sein la pourpre haletante.
Est-ce lui ?... vain espoir ! ils ne l'ont pas voulu ;
Et des billets sacrés, que la flamme dévore,
La fumée, en fuyant, vient révéler encore
Qu'après quarante jours aucun d'eux n'est élu.

Taisez-vous, taisez-vous ! le conclave balance.
Tout est muet dans Rome ; au Vatican tout dort.
Cessez, pieux concerts ; cloches, faites silence !
   De profundis !.. le pape est mort.

Mais sous la mitre d'or vient un spectre livide,
Dont un lambeau de pourpre atteste aussi les droits.
Il approche, il se signe, il prend la place vide.
Quel est-il ? c'est la Mort qui vient donner sa voix.
Sur un d'eux, tour à tour, en inclinant la tête,
Elle attache un œil fixe, et les compte, et s'arrête.
Alors son doigt hideux s'allonge vers celui
Qui, palpitant d'espoir, au poids des ans succombe.
La Mort le touche au front, et leur dit : « Dans la tombe,
Le premier de vous tous qui descendra, c'est lui ! »

Sonnez, cloches, sonnez sur la sainte coupole !

Que le choix des prélats soit par vous proclamé :
Sonnez au Panthéon ! sonnez au Capitole !
Te Deum !... le pape est nommé.

LE PRÊTRE

POEME.

CHANT PREMIER

L'ENFANT DE CHŒUR.

Rome.

Quel saint amour de Dieu l'embrase !
Frère, en passant, ne dites rien ;
De l'enfant de chœur Adrien,
Frère, ne troublez pas l'extase !
Sous ces nefs, toujours le dernier,
A sa muette rêverie
Il s'abandonne tout entier,
Sans penser que la confrérie
Le trouve plus beau quand il prie,
Et rentre pour le voir prier.

Au cœur du jeune cénobite
L'orgueil n'est pas encore éclos ;
Ses yeux ne passent point l'enclos
Du tombeau sacré qu'il habite.
Ici des plaisirs incertains,

Des fausses gloires de la terre
Viennent mourir les bruits lointains,
Et nul souffle mondain n'altère
Ce lis qui fleurit solitaire
Dans le cloître des Célestins.

Du siècle et de ses pompes vaines
Jamais l'appât ne l'a tenté ;
Est-il une autre volupté
Que de murmurer des neuvaines,
D'entonner *laudes* au réveil,
D'aller d'une huile parfumée
Remplir la lampe de vermeil,
Qui brille toujours allumée
Sous la madone bien-aimée
Dont il rêve dans son sommeil ?

D'un soin pieux sa main apprête
Les vases brillants de rubis,
L'étole dont le blanc tabis
N'est déployé qu'aux jours de fête.
Il va disputer aux essaims
L'œillet, les jasmins et la rose,
Pour embaumer de ses larcins
Le lin sans tache qu'il dispose
Sous le tabernacle où repose
La majesté du Saint des saints.

Comment peindre pendant l'office
Son innocente gravité,
Quand le vin par lui présenté.
Vient rougir l'or pur du calice ?
Et quand Dieu descend sur l'autel
Au bruit de la cloche argentine,
Quel recueillement solennel !
Les mains jointes sur sa poitrine,

C'est l'enfant Jésus qui s'incline;
C'est un ange de Raphaël.

Du tribunal de pénitence
Si la grille s'ouvre pour lui,
On dirait que la foudre a lui,
Tant il redoute sa sentence!
Il y confesse à demi-voix
Qu'au sermon du prieur Césaire
Il se fût endormi deux fois,
N'était le bruit de son rosaire,
Que, par pitié pour sa misère,
Dieu fit glisser entre ses doigts.

La rougeur couvre encor sa joue :
Quel crime va-t-il confesser?
Il a... mais par où commencer?
Doux Jésus, faut-il qu'il l'avoue!...
Il a, sous l'or et le satin
D'une chasuble étincelante,
Scandalisé le sacristain,
En imitant la marche lente,
L'air contrit et la voix dolente
Du révérend frère Augustin.

Souffre-t-il de quelqu'autre peine,
C'est lorsqu'il voit sur le vélin
Les tortures de saint Paulin,
Le repentir de Madeleine.
Son front retombe sans couleurs;
Et quelle grâce enchanteresse
Dans ses longs cils mouillés de pleurs,
Dans ses yeux bleus que de tristesse,
Quand son cœur se fond de tendresse
Pour la Vierge des Sept-Douleurs!

Parfois quelques bons solitaires,
Chauffant leur vieillesse au soleil,
Inclinent sur son teint vermeil
Leurs barbes presque séculaires ;
Et l'on voit son rire enfantin
Dérider la grave assemblée,
Comme le retour du matin
Égaie une sombre vallée
Où luit sur la blanche gelée
Un rayon de la Saint-Martin.

Il dit au frère abbé, qu'il aime :
« Priez pour ce peuple ingénu
Qui, dans les limbes retenu,
N'a pas reçu l'eau du baptême.
Ils sont tristes dans leur bonheur
Comme l'hirondelle exilée ;
Priez, mon père, avec ferveur ;
Et leur foule, au ciel rappelée,
En riant prendra sa volée
Pour s'abattre aux pieds du Seigneur.

S'il désire, une fois l'année,
Sortir de ce paisible lieu,
C'est le jour où la Fête-Dieu
Revient de roses couronnée ;
Où son bras, qu'il penche humblement,
Vers la victime triomphante
Élève l'encensoir fumant,
Et des fleurs que la terre enfante
Fait voler la pluie odorante
Sur la croix du saint sacrement.

Ainsi coule dans la retraite
Sa douce vie, et, chaque soir,
Son ange gardien vient s'asseoir

Sous les rideaux de sa couchette.
Il entend l'hymne matinal
Des chérubins, qui sont ses frères,
Au chœur lui donner le signal,
Et croit sentir dans ses prières
Le vent de leurs robes légères
Passer sur son front virginal.

Chérubins, venez en silence,
Venez baiser ses blonds cheveux.
Au Seigneur reportez les vœux
De ce cœur qui vers lui s'élance,
Pur comme l'air délicieux
Où l'essaim des anges fidèles
Balance son vol gracieux,
Comme les sources éternelles
De l'onde où vous baignez vos ailes
Dans la Jérusalem des cieux.

CHANT DEUXIÈME

LE JEUNE PRÊTRE.

Si frais que soit l'abri qui cache leurs trésors,
Le soleil est fatal aux lis de la vallée,
Et sèche promptement leur coupe immaculée
Que l'eau pure du ciel remplissait jusqu'aux bords.
Belle, la fleur n'a plus la beauté reposée,
Le charme virginal qu'elle eut sous la rosée ;
Elle brûle, elle souffre, et pourtant on dirait,
Ému par l'abandon de sa tête abattue,

Qu'elle trouve en souffrant un douloureux attrait
A se laisser mourir de l'ardeur qui la tue.

Beaux rêves, paix du cœur, calme divin des sens,
Ainsi vous nous fuyez! ainsi nous est ravie
La candide fraîcheur du matin de la vie,
Quand s'allument les feux de nos désirs naissants.
Mais que ce trouble ardent qui charme et qui dévore
Est, dans sa volupté, plus dévorant encore,
Lorsque le chaste cœur, de sa fièvre agité,
Soulève en palpitant la bure qui l'oppresse,
Et, sans pouvoir le fuir, repousse épouvanté
Le bonheur interdit dont il rêve l'ivresse!

Où sont, frère Adrien, ces jours si doux pour toi,
Ces purs ravissements, ces extases de flamme,
Ces visions du ciel qui noyaient ta jeune âme
Dans des torrents d'amour, d'espérance et de foi?
L'oisiveté te pèse, et le travail t'accable;
Tu te sens des remords, et tu n'es pas coupable!
Tu te laisses surprendre à de vagues douleurs,
Et dans ton regard morne attaché sur la pierre,
Un sombre éclair parfois brille à travers les pleurs
Qui se sèchent de honte au bord de ta paupière.

Tu ne vois plus frémir l'aile du séraphin
Sur ces fleurs, comme toi, dans le cloître captives.
Ces fêtes, qui jadis passaient si fugitives,
Traînent leur pompe sainte en des longueurs sans fin.
Ces chants dont l'harmonie a charmé ton oreille,
Ils reviendront demain les mêmes que la veille,
Puis demain, puis sans cesse, et chaque instant nouveau
De chaque jour, que suit un jour plus monotone,
Goutte à goutte, pour toi, coulera comme l'eau
Qui tombe et tombe encor d'un pâle ciel d'automne.

LE PRÊTRE.

Que te manque-t-il donc? Sur tes cheveux bouclés
Les ciseaux ont du prêtre arrondi l'auréole;
Pour le monde à ta voix l'Agneau divin s'immole;
Des portes du salut tes mains tiennent les clés.
Courons : c'est lui qui prêche à la Trinité sainte!
Et l'on court, et du temple on assiége l'enceinte,
Et, pour ces flots d'élus pressés dans le saint lieu,
Ta parole est du ciel la promesse vivante,
Ou l'écho foudroyant des colères de Dieu,
Qui fait passer sur eux un frisson d'épouvante.

Dans l'asile qui s'ouvre à nos remords secrets,
Il n'est Romain si fier ni si noble Romaine,
Que sous tes doigts sacrés le repentir n'amène,
Qui ne courbe à genoux son front sous tes arrêts;
Du Vatican, dit-on, l'auguste confidence
A déjà par deux fois consulté ta prudence.
Quel triomphe! pourquoi n'a-t-elle plus d'appas,
La coupe où, jeune encor, tu t'enivrais en songe?
Pourquoi? mais il médite et ne vous répond pas;
C'est dans l'éternité que muet il se plonge.

Non, non, ce temps n'est plus; non, c'est la liberté
Qu'il dévore en espoir, qu'avec l'air il aspire;
C'est l'air vaste, où se meut tout être qui respire,
Qu'il fend d'un vol de feu dans son immensité.
Plaisir et peine, espace, et chaleur et lumière,
Tout est à lui : sa proie est la nature entière.
Comme un phénix nouveau, qui, du trépas vainqueur,
S'élève en secouant la poudre de sa tombe,
Libre, il monte, il est libre!... il s'éveille, et son cœur
Du haut du firmament sous sa chaîne retombe.

Par sa chute meurtri, ce cœur est sans pitié:
Son âcre désespoir, sa chasteté jalouse,
Fait d'un bonheur permis un reproche à l'épouse,

D'un idolâtre excès accuse l'amitié.
Il sent qu'il est injuste : il rougit; il se blâme :
Mais à qui confesser les troubles de son âme?
Au plus inexorable il veut les dévoiler ;
Il choisit le vieillard que le moins il redoute,
Et, prêtre, le seul tort qu'il venait révéler,
C'est le seul qu'il dérobe au prêtre qui l'écoute.

Sacrilége, il s'effraie : « A Dieu seul j'appartiens ;
Arrière, tentateur ! se dit-il à voix basse ;
Va-t'en, femme, va-t'en ; ton faux respect me lasse ;
Va-t'en, mes yeux baissés ne cherchent pas les tiens.
Pourquoi, dans la ferveur d'une humilité feinte,
De mes pieds sur le marbre avoir baissé l'empreinte?
Et ce marbre, où depuis je n'ose m'arrêter,
D'où vient que pour le fuir vainement je recule,
Que défaillant j'y tombe, et le sens palpiter
Sous mes genoux tremblants qu'il attire et qu'il brûle.

« Femme, que t'ai-je fait, et que veut ton orgueil?
D'un serviteur de Dieu troubler la paix profonde?
Ces fragiles attraits, où tant d'orgueil se fonde,
Tu crois les relever par tes voiles de deuil.
Tes yeux sont plus ardents sous ces noires dentelles,
Tes mains, et tu le sais, tes blanches mains plus belles.
Je les brave, démon !... Non, tout est pur en toi ;
La foudre sur ton front n'a pas laissé de trace :
Le ciel est dans tes yeux ; détourne-les de moi ;
Grâce, ange de beauté, je te demande grâce ! »

Au fond de sa cellule il fuit ce front, ces yeux,
Ces lèvres de corail qui troublent sa prière ;
Il veut s'y consumer de sa ferveur première,
Revoir les chérubins quitter pour lui les cieux.
O bonheur ! les voilà ces formes enfantines !
Ils viennent, mais privés de leurs ailes divines.

Ils n'ont rien de céleste ; ils sont sa chair, son sang ;
Ces enfants sont les siens ; ils le nomment leur père,
Et le prêtre égaré crie en les repoussant :
« Je la retrouve en eux, c'est elle, c'est leur mère ! »

Le long des cloîtres saints, comme un spectre, à minuit,
Toujours suivi par elle, il traîne ses tortures,
Va fouler l'herbe humide, entre les sépultures,
Offrir sa tête nue aux vents froids de la nuit.
Elle est là, toujours là, belle et demi-voilée :
Il laisse choir son corps au pied d'un mausolée ;
Il s'y couche éperdu pour y finir ses maux,
Pour y figer son sang dont l'ardeur est un crime,
Pour y glacer son cœur, sa vie, et des tombeaux
La pierre qu'il réchauffe entre ses bras s'anime.

Au prêtre qui t'implore accorde ton appui,
Toi qui voulus, grand Dieu, que toute créature
Obéît, hors lui seul, au cri de sa nature !
Dieu, prends pitié du prêtre : étouffe l'homme en lui !
Tombe, fraîcheur de l'aube, et qu'à la voix divine
Tes pleurs vivifiants humectent sa poitrine ;
Rends-lui cette candeur qu'au lis fané tu rends ;
Ou plutôt de la grâce, ineffable rosée,
Descends, lave son âme, et viens sous tes torrents,
Viens éteindre les feux dont elle est embrasée !

CHANT TROISIÈME

LE VENDREDI SAINT.

C'est l'heure où la nature, à son Sauveur unie,
Et qui sembla du Christ partager l'agonie,

Dans un saisissement d'horreur et de respect
    Suspendit ses lois à l'aspect
      De cette douleur infinie;
Où, déchiré d'un coup, le rideau du saint lieu,
    Que d'invisibles mains tirèrent,
Des combles au pavé s'ouvrit par le milieu,
Où du mont Golgotha les rocs, qui s'ébranlèrent,
    Jusqu'en leurs fondements tremblèrent
    Sous le dernier soupir d'un Dieu.

C'est l'heure où la lumière aux ténèbres fit place,
Où des formes sans nom traversèrent l'espace;
C'est l'heure où le soleil, du crime épouvanté,
    Se roula dans l'obscurité
    Un voile sanglant sur la face;
Où je ne sais quel froid glaça l'air et les vents
    Quand les sépulcres se fendirent,
En laissant s'échapper de leurs débris mouvants
Le peuple enseveli qu'à ce monde ils rendirent,
    Et dont les morts se confondirent
    Avec le peuple des vivants.

Heure où se consomma le sacrifice immense!
Heure de dévoûment, de fureur, de clémence,
Où d'un autre chaos l'univers fut tiré,
    Comme un vieillard régénéré
    Dont la jeunesse recommence!
L'homme-Dieu, sans se plaindre, à la mort se livra,
    Et, laissant sur la croix immonde
Le corps inanimé dont il se sépara,
Après le long travail de cette mort féconde,
    D'où sortit le salut du monde,
    Penchant la tête, il expira.

Ce triomphe et ce deuil, Rome, tu les célèbres
En cachant tes autels sous des crêpes funèbres.

Ta chapelle Sixtine est un tombeau sacré,
    Et les chants du *Miserere*
    S'y prolongent dans les ténèbres.
Ces prophètes divins, ces damnés en lambeaux,
    Tout ce vain peuple de fantômes,
Qu'une main de géant peignit en traits si beaux,
Semblent, mêlant leurs cris aux cris mourants des psaumes,
    Pour le roi de tous les royaumes
    Entonner l'hymne des tombeaux.

Le pape est descendu sous la sainte coupole;
Il y vient adorer la croix où Dieu s'immole,
Et dont la nuit qui tombe a, dans ses profondeurs,
    Suspendu les mornes splendeurs,
    Du salut douloureux symbole.
C'est là qu'après la mort, sur sa tombe incliné,
    Chaque pontife est en prière;
Du pontife vivant le néant couronné,
Comme un marbre de plus, prend place dans Saint-Pierre,
    Et devant la croix de lumière
    Reste immobile et prosterné.

Adrien, qui succombe à son saint ministère,
Juge en son tribunal les fautes de la terre.
Incliné vers la grille, il la rouvre; ô terreur!
    De ses sens, que trompe une erreur,
    Est-ce le crime involontaire?
Non, c'est elle, à genoux, qui vient lui demander
    La paix qu'en vain lui-même appelle.
L'œil humide, à parler n'osant se hasarder,
Elle a le front couvert d'une pâleur mortelle,
    Et son juge, aussi pâle qu'elle,
    L'écoute sans la regarder.

De sa raison qui fuit reprendra-t-il l'usage?
Une sueur glacée inonde son visage;

Tremblant, il ne voit plus ; mais son cœur, il l'entend
    Battre dans son sein haletant,
    Comme pour s'ouvrir un passage.
Il flotte entre l'horreur, la joie et le courroux ;
    Penché sur des cheveux d'ébène,
Enivré, malgré lui, par le poison si doux
D'une haleine de feu mêlée à son haleine,
    Il recule, et murmure à peine :
    « O ma fille, confessez-vous ! »

    « Pitié, mon père !
C'est ma faute, ma faute ! Ah ! pardonne, ou de moi
    Je désespère !
J'aime, et celui que j'aime est prêtre comme toi.

    « J'ai choisi l'heure où sans murmures
    Le Christ a quitté ce séjour,
    Pour que le sang de ses blessures
    Se répandît sur les souillures
    Que ma douleur expose au jour.
    En vain je prie, en vain je pleure ;
    Je veux fuir et cherche à toute heure
    L'objet de mon fatal amour.

    « Sur le siècle quand sa voix tonne,
    A l'effroi qui glace mon sang
    Se mêle un charme qui m'étonne ;
    Et quand, plus tendre, il s'abandonne
    Aux pieux transports qu'il ressent,
    Ivre du plaisir de l'entendre,
    Mon cœur vole pour se suspendre
    A ses lèvres d'où Dieu descend.

    « Pitié, mon père !
C'est ma faute, ma faute ! Ah ! pardonne, ou de moi
    Je désespère !

J'aime, et celui que j'aime est prêtre comme toi.

 « Pour ma passion adultère
La suprême félicité
N'est pas, quand j'aurai fui la terre,
Dans sa beauté que rien n'altère
L'aspect de la divinité ;
C'est le sien, c'est son œil de flamme
Dans mes yeux répandant son âme
Pendant toute l'éternité

« Mais entre nous s'ouvre un abîme :
En ce monde, son saint devoir,
Plus tard, les maux dus à mon crime
Le séparent de sa victime ;
Maux sans fin, et mon désespoir
N'est pas d'en souffrir la torture,
Sans fin, sans repos, sans mesure,
Mais de la souffrir sans le voir.

« Pitié, mon père !
C'est ma faute, ma faute ! Ah ! pardonne, ou de moi
Je désespère !
J'aime, et celui que j'aime est prêtre comme toi.

« Juge à quel excès je l'adore :
Sa robe un jour vint effleurer
Ce voile qui me couvre encore ;
Depuis, je sens qu'il me dévore,
Et je ne peux m'en séparer ;
Sous ce doux et cruel cilice
Je meurs, et c'est avec délice
Que je m'en laisse dévorer.

« De quel crime, ô ciel, suis-je avide ?
Et, dans ma honte, où me cacher ?

Quand je vois cette coupe vide
Du vin céleste encore humide,
Dont son souffle vient d'approcher,
Dût mon corps mortel se dissoudre
En tombant frappé par la foudre,
Mes lèvres la voudraient toucher.

« Pitié, mon père !
C'est ma faute, ma faute ! Ah ! pardonne, ou de moi
Je désespère !
J'aime, et celui que j'aime est prêtre comme toi.

« De ce cœur foule aux pieds la cendre,
Que brûle un exécrable feu ;
Mais suspends encor pour m'entendre
Le juste arrêt que tu vas rendre ;
Je n'ai pas tout dit, et mon vœu,
C'est que mon âme criminelle
Cède à ton souffle qui l'appelle
Et s'exhale avec cet aveu :

« Il a ta voix, celui que j'aime ;
Il a ta ferveur en priant ;
S'il sourit, sa grâce est la même ;
Dans les yeux de celui que j'aime
Brille ton regard foudroyant ;
En lui c'est toi que je redoute ;
C'est toi qu'en l'écoutant j'écoute,
Toi que je vois en le voyant.

« Frappe, mon père !
J'aime... prête à parler, Dieu m'arrête, et de moi
Je désespère !
J'aime, et celui que j'aime, ô mon père... c'est toi ! »

Quel silence ! il ressemble au calme de l'orage,

Quand la foudre en éclats va sortir du nuage.
D'un muet tremblement l'homme de Dieu frémit;
 La pénitente qui gémit
 Dans ses mains cache son visage.
Comme un condamné meurt sous le coup qui descend,
 Avant d'être atteint par le glaive,
Elle meurt de l'arrêt que sa terreur pressent;
Son châtiment enfin du ciel tombe, et l'achève :
 Adrien pousse un cri, se lève,
 Et s'enfuit en la maudissant.

CHANT QUATRIÈME

LA VEILLÉE.

« Qui frappe, et quelle voix m'appelle?
— Ouvrez : vous n'avez qu'un instant;
C'est l'huile sainte qu'elle attend ;
Frère Adrien, courez près d'elle :
Bénissez-la! — Qui donc? — Celle qu'à vos genoux
Un repentir fervent a naguère amenée,
Et qu'en pleurs sur le marbre on trouva prosternée,
Quand dans la nef déserte il ne restait que nous.
Voulez-vous refuser au vœu d'une mourante
Le Dieu que sur sa bouche attend son âme errante?
 Frère, le voulez-vous? »

 Son front l'aurait trahi peut-être;
 La bure en couvre la pâleur :
 Quand il doit cacher sa douleur,
 Quel prêtre oublîrait qu'il est prêtre?
Il part, mais sur ce lit la doit-il retrouver?

Que de lui pardonner pieusement avide,
Il se reproche alors sa sentence homicide!
Il entend dans son âme une voix s'élever
Pour le glacer d'effroi, le presser, et lui dire :
« Plus vite ! elle se meurt ; toi, qui l'as pu maudire,
  « Pourras-tu la sauver ? »

    Oh ! qu'à cette heure solennelle
    Rome est sublime dans la nuit !
    Qui ne l'a pas vue à minuit
    N'a pas vu la ville éternelle.
Que de grandeur ce calme ajoute à sa beauté !
Dans quel recueillement jusqu'au jour on prolonge
L'inexprimable extase où son aspect vous plonge !
Tout est silence, à moins que l'airain agité
Pour lui parler du temps ne résonne dans l'ombre,
Où que le vent des nuits ne détache un décombre
    De son éternité.

    Passe, éternité misérable !
    Tes siècles sont-ils un instant
    De celle qu'Adrien craint tant
    Dans sa pitié pour la coupable?
La gloire en vain sur lui plane de toute part :
Que lui font ce Forum, ces temples, ces portiques,
L'indestructible orgueil de ces arceaux antiques?
Rome, pour ton fantôme il n'a point de regard.
A chaque battement de son cœur qui palpite,
« Plus vite ! dit la voix ; elle se meurt : plus vite !
    Ou tu viendras trop tard. »

    Il arrive, et sur la fenêtre
    Son œil ardent s'est arrêté.
    O lugubre immobilité !
    C'est celle du sommeil peut-être.
A travers les rideaux que rougit de ses feux

Une lampe aux abois dont la clarté décline,
Pas une ombre qui passe, ou se lève, ou s'incline,
Comme en proie aux terreurs d'un espoir douloureux;
Ses yeux sont pour toujours fermés à la lumière,
Et, si c'est le sommeil qui presse leur paupière,
<blockquote>C'est le dernier pour eux.</blockquote>

<blockquote>A-t-il perdu toute espérance?
Non; mais l'angoisse de douter,
Il ne peut plus la supporter;
Sa main frappe; on ouvre, il s'élance;</blockquote>
Il franchit les degrés, et le bruit de ses pas
Est le seul que l'écho dans ce tombeau répète.
Le voilà sur le seuil, et la chambre est muette :
« Écoute, dit la voix; on y gémit tout bas :
C'en est fait, Adrien! elle expira maudite :
Ne t'ai-je pas crié que la mort allait vite,
<blockquote>Et ne t'attendrait pas? »</blockquote>

<blockquote>Il entre, et son espoir se glace :
Hier la vie était ici
Encor dans sa fleur, et voici
Que la froide mort la remplace.</blockquote>
Si grand que soit le crime, il est trop châtié;
Et sur qui! dans ses traits quelle douceur céleste!
Quoi! sa vie est éteinte et sa beauté lui reste!
Ah! le bras qui frappait laissa l'œuvre à moitié,
Tant il fut prompt sans doute à se retirer d'elle!
Tant l'ange des tombeaux, en la voyant si belle,
<blockquote>Fut ému de pitié!</blockquote>

<blockquote>« Qu'elle a souffert! dit à voix basse
La vieille assise à son chevet;
Les tourments dont Dieu l'éprouvait
Devant vous auraient trouvé grâce.</blockquote>
Ce voile si léger, qu'il lui semblait pesant!

Il l'écrasait, mon père ; à s'y noyer de larmes
Julia, qu'il brûlait, pourtant trouvait des charmes.
J'en voulus délivrer son front agonisant ;
Mais à le retenir sa main s'est obstinée,
Et, morte dans l'effort, la pauvre infortunée
  Est morte en le baisant. »

  « — Sortez ; je veillerai près d'elle. »
  Il dit ; on s'éloigne ; il est seul,
  Entre sa couche et le linceul
  Sur un siége étendu pour elle.
Triomphe ! le linceul va couvrir, Adrien,
Son front charmant, ses mains dont la dernière étreinte
Pressa ce voile humide où leur trace est empreinte,
Ses yeux dont le regard osa chercher le tien,
Ses lèvres qui t'ont dit... Mais Dieu prit ta défense :
Ses lèvres ni ses yeux d'un amour qui t'offense
  Ne te diront plus rien.

  Quoi, plus rien ! sa force succombe,
  Et, dans sa douleur abîmé,
  Devant ce corps inanimé
  Sur ses genoux Adrien tombe.
Vaincu, le prêtre pleure ; il ose enfin pleurer.
Vainement ses deux mains où sa tête s'incline
Étouffent les sanglots qui brisent sa poitrine ;
Son secret s'en échappe, et pour le déclarer
A ce muet témoin qui ne peut plus l'entendre,
Son cœur, las d'étouffer un sentiment si tendre.
  Vient de se déchirer.

  « Paix à ton âme ! après la vie,
  Adieu ! douce victime, adieu !
  Va chercher sur le sein de Dieu
  Cette paix que je t'ai ravie.
Adieu ! va dans le ciel refleurir loin de moi,

Rose du ciel tombée et qu'un jour a flétrie.
C'est ma faute, ma faute! à mon tour je le crie
Du plus profond d'un cœur qui parjura sa foi ;
La faute qu'à tes pleurs je n'ai point pardonnée,
C'est la mienne ; et j'étais, quand je t'ai condamnée,
  Plus coupable que toi.

 « Dieu, dans tout un peuple fidèle
  Je ne voyais qu'elle à genoux ;
  Je devais ta parole à tous,
  Et je ne parlais que pour elle.
Son sacrilége amour dut s'allumer au mien ;
Mes regards, mes accents dans un réseau de flamme
Malgré sa résistance enveloppaient son âme ;
Et, quand je l'enlaçais de ce brûlant lien,
Je te criais : Pitié ! du fond de ma poussière,
Et, croyant prononcer ton nom dans ma prière,
  Je murmurais le sien.

 « O jour qui décida ma perte !
  O transports sitôt expiés,
  Quand son aveu vint à mes pieds
  Mourir dans sa bouche entr'ouverte !
O joie ! ô désespoir ! ô douloureux combats !
Je sentais ma raison de terreur se confondre,
Et mon cœur de délice en frissonnant se fondre.
Eh bien ! à l'en punir je trouvai des appas ;
Moi, qui me le reproche, et pleure, et m'en indigne,
De pardon, devant toi, je me jugeais indigne,
  Et n'en accordai pas.

 « C'est ma faute ! ô mon Dieu, fais grâce
  A l'âme qui monte vers toi ;
  Punis ma faute, et que sur moi
  Tombe l'arrêt qui la menace.
De ta miséricorde ouvre-lui le trésor ;

Prends, pour la racheter, mes veilles, mes tortures,
Prends mes pleurs, prends le sang qui sort de mes blessures;
Prends ce cœur qui voudrait s'unir à son essor;
Mes jours, mon avenir, mon éternité même;
Prends tout : vivante, ô Dieu, je l'aimais, et je l'aime!
        Morte, je l'aime encor! »

    « — Tu m'aimais!... » quel pouvoir magique
    Ranime la voix qu'il entend?
      Sa victime ressuscitant
    Secoue un sommeil léthargique.
L'étonnement de vivre ajoute à ses attraits;
Sa voix manque à l'excès du bonheur qui l'oppresse;
Mais sous ses noirs cheveux son front qui se redresse,
Mais ce faible incarnat revenu sur ses traits,
Ces yeux ouverts, ces yeux où la joie étincelle,
Mais tout, mais son sourire et ses pleurs, tout en elle
      Dit encor : « Tu m'aimais!... »

    Qu'elle est belle, et qu'ils ont de charmes
    Ses traits émus d'un doux transport,
      Où luttent la vie et la mort
    Comme le sourire et les larmes!
Fatale vision! rêve délicieux!
Ces bras tendus vers lui, ce voile qui palpite,
Ces humides regards où sa perte est écrite,
C'est l'enfer promettant la volupté des cieux.
Fuis, malheureux; ah! fuis ce spectacle funeste!
Il veut fuir; il s'élance, il se retourne et reste...
      Anges, fermez les yeux!

CHANT CINQUIÈME

LE DERNIER JOUR DU CARNAVAL.

Vingt ans se sont passés : jusqu'au ciel Rome envoie
De tout un peuple ému les confuses rumeurs,
Regardez ce concours ! Écoutez ces clameurs !
Jamais soleil plus beau n'éclaira plus de joie.
Un jeune homme, lui seul, morne au milieu du bruit,
Sous le soleil frissonne et regrette la nuit.
Entraîné par le flux de la mer qui le presse,
Il l'entend, sans la voir, rouler ses flots épais
Du forum Flaminie au temple de la Paix,
Et reste indifférent à la publique ivresse.

    Sur toi, Rome, un grand jour a lui !
    As-tu pris Sagonte ou Numance ?
    Quel grand homme traîne après lui
    De tes enfants la foule immense ?
    Après quarante ans de vertus,
    Est-ce le vieux Cincinnatus
    Qu'aux dieux le triomphe assimile ?
    Vas-tu recevoir l'Africain,
    Ou du chêne républicain
    Ceindre le front de Paul-Émile ?

    O cité veuve de tes droits,
    Est-ce un des successeurs d'Octave
    Qui de la dépouille des rois
    Vient couronner la reine esclave ?
    Aux jeux cours-tu de toute part
    Pour applaudir un léopard
    Que le sang chrétien désaltère ?

Vas-tu placer au rang des dieux
Quelque monstre humain dont les cieux
Ont enfin délivré la terre?

Infidèle à ton Panthéon,
Du Christ épouse catholique,
Rome, est-ce Jule, est-ce Léon,
Qui t'attend dans la basilique?
Non, ceinte du rameau pascal,
Sous son pardon pontifical
Ce n'est pas Jule qui t'appelle;
Non; ton héros, ton dictateur,
Ton pontife triomphateur,
Ton seul dieu, c'est Polichinelle!

Polichinelle en souverain
Rend ses décrets au Capitole;
Rome a pour sceptre un tambourin;
Rome, la sainte Rome, est folle.
Tous les âges et tous les rangs,
Sous leurs mille habits différents,
En char, à pied, masqués, sans masque,
Au vol se hâtent de saisir
L'égalité qui du plaisir
Vient signaler la mort fantasque.

Plus d'opprimés, plus d'oppresseurs!
Plus de distances mensongères!
Toutes les royautés sont sœurs,
Comme tous les cultes sont frères.
Une hérétique en char doré
Ose toucher le gant sacré
D'un cardinal à sa fenêtre;
L'ambassadeur d'un roi récent
Veut bien saluer en passant
Le roi déchu qui fut son maître.

LE PRÊTRE.

Ne cite pas, bruyant Paris,
Ton froid carnaval au front blême,
Qui, frissonnant sous un ciel gris,
N'est qu'un frère aîné du carême.
Il s'enveloppe jusqu'au cou
Dans les fourrures de Moscou ;
La fange a souillé son cortége ;
Colombine tremble, et je vois
Pantalon souffler dans ses doigts
Près d'Arlequin couvert de neige.

Adieu ton mardi si vanté,
Venise, adieu ses saturnales,
Ses mystères, sa volupté
Et ses mascarades navales !
C'est à peine si tu souris,
Quand il renaît sur les débris
De ta puissance foudroyée :
Ton carnaval et ses grelots
Se sont engloutis dans les flots
Où ta liberté s'est noyée.

Mais du Rialto l'âge d'or
Luit sur la cité d'Égérie,
Exil heureux, patrie encor
Pour ceux qui n'ont plus de patrie,
Salon de fête, qu'un ciel pur
Couvre de ce plafond d'azur
Qui rayonne sur Parthénope,
Grand bal ouvert aux promeneurs,
Dont un peuple fait les honneurs
A tous les peuples de l'Europe.

Il faut ta joie au carnaval,
Rome, il faut ta magnificence ;
Il faut ton soleil sans rival

Et ta liberté sans licence ;
Il faut tous tes rangs confondus,
Tes rois dans la foule perdus,
Ton égalité fraternelle ;
Il faut le contraste charmant
De ton délire d'un moment
Avec ta tristesse éternelle.

Courez, marquise en domino ;
Prélats, cachez-vous sous le masque ;
Dans les airs, filles d'Albano,
Agitez vos tambours de basque !
Du plaisir gais dilettanti,
A la grêle des confetti.
Que la grêle en sifflant réponde ;
Vive le jour sans lendemain !
Vive le carnaval romain !
C'est le seul carnaval du monde.

Pourtant, sous le balcon du palais Rospoli,
Ce jeune homme, en lambeaux, médite, enseveli
Dans quelque noir projet ou quelque horrible rêve.
Tantôt avec fierté sur la foule il relève
Son front, qu'avant le temps la débauche a pâli ;
Tantôt, pour se cacher, ramenant sur sa bouche
Les plis du vieux manteau qu'il froisse dans ses mains,
Il insulte en riant de son dédain farouche
Au spectacle nouveau qui ravit les Romains.

Contenez encore
L'ardeur qui dévore.
Ces chevaux rétifs !
La barrière à peine
Peut fermer l'arène
A leurs bonds captifs.

L'aigrette éclatante
Que dans leur attente
Ils livrent aux vents
Voltige, et sans cesse
S'élève ou s'abaisse
Sur leurs fronts mouvants.

Leur regard s'allume ;
Leur poitrail qui fume
Se cabre dans l'air.
Leurs pieds qui s'abattent
Du pavé qu'ils battent
Font jaillir l'éclair.

Vainement leur guide,
D'un bras intrépide,
Veut les enchaîner :
Tombant dans la lutte,
Il fait par sa chute
Rire et frissonner.

Soudain l'airain tonne ;
La trompette sonne ;
Rome pousse un cri ;
C'est l'éclair qui passe ;
Dévorez l'espace,
Fougueux barberi !

En vrai fils du Tibre,
Chacun d'eux est libre,
Et, sans cavalier,
Ces rivaux de gloire
Ont de leur victoire
L'honneur tout entier.

Leurs muscles se tendent ;

Des métaux qui pendent
Aux crins ondoyants
Le bruit les étonne,
La pointe aiguillonne
Leurs jarrets fuyants.

Heurté dans la lice,
L'un chancelle et glisse;
L'autre en furibond
Par-dessus l'athlète
Qu'à ses pieds il jette
A passé d'un bond.

Le vaincu se roule
Aux cris de la foule,
Et, demi-boiteux,
Poursuit sa carrière,
Blanc d'une poussière
Dont il est honteux.

Autre catastrophe!
Mais, en philosophe,
Ce prudent jouteur
S'assied sur la route,
Et veut de la joute
Rester spectateur.

Un pari s'engage,
Et lord Falkland gage
Contre un vieux manoir
Sa villa d'Albane,
Avec lord Atlane,
Pour le coureur noir.

Près d'eux la duchesse,
Dont le front se dresse,

Pâlit, et ce cœur,
Qu'à sa suite emporte
L'ardente cohorte,
Est tout au vainqueur.

Son mouchoir s'agite ;
Sa main blanche excite
L'alezan doré ;
Elle tremble, et même
Au peintre qu'elle aime
Il est préféré.

Le peuple au passage
Leur jette l'outrage,
Ou par ses bravos
Les exalte et nomme
Des vieux noms de Rome
Ces nobles rivaux :

« Un effort, Clélie !
« Brutus, l'Italie
« Suit tes pas des yeux !... »
Mais Brutus se lasse ;
Et César, qui passe,
A pour lui les dieux.

Au but César touche ;
Et de bouche en bouche
Il est répété,
Ce nom, qui, du reste,
Fut toujours funeste
A l'égalité.

Viens, juge suprême,
Décorer toi-même
Ce front sans rival ;

Sénateur unique
De la république,
Couronne un cheval!

Monte au Capitole,
Triomphante idole!
A lui, citoyens,
Cette palme verte
Autrefois offerte
A vos Fabiens!

Mais la foule à grand bruit comme un torrent s'écoule,
Et ce jeune Romain, que seul elle a laissé,
Semble ignorer encor que le bruit ait cessé.
Il regarde avec rage; entre ses doigts il roule
Un écrit que bientôt il cache dans son sein.
Lui, si pâle, d'où vient qu'il pâlit d'épouvante,
Comme s'il eût touché le fer d'un assassin?
Des plis de son manteau sa main sort frémissante.
Il demeure pourtant; un immense concours
Revient, au jour tombant, se heurter sur le cours.
D'un premier moccolo la cire est allumée;
Un second brille, un autre et cent autres encor;
La folie à leur vue a repris son essor :
Un cri part, et du soir la fête est proclamée.

Guerre au moccolo!
Courez, sautez pour l'atteindre
D'en haut, d'en bas, pour l'éteindre,
Lancez l'air et l'eau.
A mort, dès qu'il étincelle!
Guerre, guerre universelle,
Mort au moccolo!

La nuit sur Rome a déployé ses voiles;
Le jour en sort : mille errantes clartés,

Courant, roulant, volant de tous côtés,
Peuplent le cours de terrestres étoiles.
Marais lombards où, dans les eaux nageant,
Le riz balance une moisson d'argent,
Tel, sur vos bords par nos exploits célèbres,
Vole et se joue et luit l'insecte ailé,
Quand ses essaims dont l'air est étoilé,
Quand ses amours embrasent les ténèbres

  Guerre au moccolo !
 Sur lui, dès qu'il étincelle,
  Lancez l'air et l'eau.
 Guerre, guerre universelle,
  Mort au moccolo !

L'astre modeste à pied s'enfuit en vain ;
Du haut d'un char cette fière pléiade
En vain domine et croit tromper la main
Des assaillants qui tentent l'escalade.
Au bruit croissant du rire et des grelots
Voyez mourir ces feux à peine éclos !
Dernier avis d'une sagesse austère,
Que pour adieu nous laisse la gaîté :
Ainsi grandeur, gloire, talents, beauté,
Tout ce qui brille ainsi meurt sur la terre.

  Guerre au moccolo !
 Sur lui, dès qu'il étincelle,
  Lancez l'air et l'eau.
 Guerre, guerre universelle,
  Mort au moccolo !

Des combattants le fol honneur s'irrite ;
Le cours rayonne ; il éblouit les yeux :
Mêlée ardente, embrasement joyeux
Qui de sa cendre en riant ressuscite !

Le carnaval, ivre de volupté,
Y tombe enfin dans des flots de clarté,
Et ces transports, ces cris, cette fumée,
Ces mille feux se croisant dans les airs,
Sont du mardi qui meurt brillant d'éclairs,
Sont du plaisir l'agonie enflammée.

  Descends au tombeau,
 Brillant mardi, l'airain sonne;
 Éteins au signal qu'il donne
  Ton dernier flambeau!
 Plus de cris, plus d'étincelles!
 Paix et nuit universelles!
  Rome est un tombeau.

Le jeune homme s'éloigne, et, si l'on pouvait lire
Sur ces beaux traits voilés des ténèbres du soir,
On verrait qu'il poursuit d'un regret sans espoir
Ces plaisirs dont lui seul dédaigna le délire.
A travers les détours de la vaste cité,
Toujours morne, il arrive au pied d'un monastère,
Et semble, en s'arrêtant près du seuil solitaire,
S'indigner de la honte où descend sa fierté.
Le marteau sous sa main a retenti dans l'ombre;
La porte s'ouvre; il jette une lettre au gardien,
Et, sans courber le front, l'œil irrité, l'air sombre,
Se retire en disant : « Pour le frère Adrien! »

CHANT SIXIÈME

LA LETTRE.

« Encor moi ! mais lisez, c'est ma lettre dernière.
Du cri de votre sang je vous fatigue en vain,
Et je n'en puis troubler votre calme divin :
L'homme de Dieu qui prie est sourd à ma prière.
De peur qu'un tel secret ne vienne à transpirer,
Cachez-vous pour la lire et pour la déchirer ;
Brûlez-la, cette lettre, à quelque lampe sainte,
Comme un écrit profane, aux regards interdit ;
Mais si vous la brûlez sans répondre à ma plainte,
  O mon père, soyez maudit !

« Oui, mon père ! ce mot vous fait rougir de honte.
Ce fils dont le silence endormait vos remords,
Vous l'avez cru couché dans la poudre des morts :
Pour réclamer ses droits du sépulcre il remonte.
Pâle, il a dit : Je souffre. Il a soif, il a faim ;
Mais d'implorer du marbre on se lasse à la fin.
Puisque de vous toucher votre fils désespère,
En vous disant encor ce qu'il vous a tant dit ;
Puisque vous restez moine et n'osez être père :
  O mon père, soyez maudit !

« Au temps où vous m'aimiez, enfant, sans les comprendre
Que de fois de ce front j'écartai les chagrins,
Quand mes doigts innocents se jouaient dans les grains
Du rosaire sacré que vous me laissiez prendre !
« Le profane ! » disait ma mère doucement ;
Et de veiller sur moi vous faisiez le serment.

O vous qui chaque jour, en baisant ce rosaire,
Parjurez le serment qu'alors il entendit,
Et du pied, loin de vous, repoussez ma misère,
   O mon père, soyez maudit!

« Quelle était envers vous la faute involontaire
De celle qu'a puni votre dur abandon?
Elle a, dans un transport bien digne de pardon,
Révélé le secret qu'elle devait me taire.
Vos pieds, depuis ce jour, n'ont plus passé le seuil
Que je devais franchir en suivant son cercueil.
L'amour dans votre sein brûlait encor peut-être ;
De son souffle glacé la peur le refroidit ;
Vous fûtes criminel pour ne le point paraître :
   O mon père, soyez maudit!

« La première à l'église, hélas ! et la dernière,
Elle espéra longtemps fléchir votre courroux,
Là, dans l'ombre tous deux, nous restions à genoux,
Et tous deux nous pleurions ; c'était notre prière.
Un seul mot, une lettre eût ranimé ces jours
Que vous aviez au deuil condamnés pour toujours.
Mais non ; l'humble victime était par vous proscrite :
Ce mot, jamais, jamais vos lèvres ne l'ont dit :
Cette lettre, jamais vous ne l'avez écrite :
   O mon père, soyez maudit!

« Par votre robe, un soir, en baisant vos sandales,
De mes petites mains j'osai vous arrêter ;
Je ne sais quel effroi sembla vous transporter ;
Mais, repoussé par vous, je tombai sur les dalles.
Ce coup tua ma mère, et plus tard j'étais là,
Lorsqu'à son lit de mort elle vous appela.
Votre cœur, cette fois, resta sourd à sa plainte ;
C'est un autre que vous dont le bras s'étendit
Vers ce front qui de vous attendait l'huile sainte :

LE PRÊTRE.

O mon père, soyez maudit!

« Un autre, en l'exhortant, soutint de sa prière
L'âme à qui votre voix refusa cet adieu;
Penché vers le cercueil, dans la maison de Dieu,
Un autre de ses mains y jeta la poussière.
Sur la tombe déserte où je portais des fleurs,
Jamais je ne trouvai la trace de vos pleurs.
Une rose effeuillée, un débris d'immortelle,
A mon vœu le plus cher jamais ne répondit,
En me disant : Ton père y vint prier pour elle.
O mon père, soyez maudit!

« Je voyais, orphelin, naître et mourir l'année
Sans qu'aucun être aimé sourît à mon réveil,
Sans qu'une voix me dît au coucher du soleil :
Quel bien avez-vous fait, enfant, dans la journée?
Guidé par vous, par vous dans mon vol soutenu,
Qu'aurais-je été?... Sans vous que suis-je devenu?
Déchu, comme Satan, de ma splendeur première,
Moi, qu'avec les démons le vice confondit,
J'aurais été peut-être un ange de lumière.
O mon père, soyez maudit!

«—Qu'avez-vous fait des biens laissés par votre mère?
—Je les ai dévorés; j'en conviens; mais pourquoi?
Qui détourna mes mains d'en faire un fol emploi?
Qui m'apprit que le vice enfantait la misère?
C'était votre devoir ; l'avez-vous rempli? Non.
Avais-je à respecter ou mon père ou mon nom?
Pour m'éloigner du mal je n'eus ni l'un ni l'autre;
Nul ne me le montra; rien ne m'en défendit.
Vous m'en faites un crime, et ce crime est le vôtre :
O mon père, soyez maudit!

« Je veux de l'or; quêtez chez vos nobles Romaines!

Vous dites que le pauvre a des droits sur cet or ;
Si j'ai plus de besoins, je suis plus pauvre encor,
Abandonné par vous aux passions humaines.
Celle qui dans mes bras mourut en vous aimant,
De ne vous pas trahir m'imposa le serment ;
Je l'ai fait ; vous savez que j'y serai fidèle,
Et dans son froid dédain votre cœur s'enhardit ;
Il m'écrase à plaisir sous mon respect pour elle :
  O mon père, soyez maudit !

« Mais je l'aurais, cet or, demain, cette nuit même.
Toi qu'en vain j'ai prié, toi qui ne m'entends pas,
Dieu sourd comme mon père, il n'était donc qu'un pas
De la débauche au meurtre, et du meurtre au blasphème.
A minuit, d'Albano les abords sont déserts,
Et les cris d'un mourant s'y perdront dans les airs ;
Mon stylet, je le tiens ; cette nuit sera sombre ;
D'Ascagne le tombeau peut cacher un bandit ;
Là j'attendrai qu'on passe, en murmurant dans l'ombre :
  O mon père, soyez maudit !

« D'où vient que je frissonne, et quel effroi m'arrête ?
C'est à vous de trembler : le meurtrier, c'est vous.
Quand l'airain cette nuit frappera douze coups,
Vous sentirez d'horreur se dresser votre tête.
Minuit fera sur vous passer tous mes frissons :
Vous verrez devant moi s'écarter les buissons ;
Vous me verrez courir de ma retraite obscure
Comme un tigre caché qui vers le sang bondit ;
Vous entendrez ce cri sortir de la blessure :
  O mon père, soyez maudit !

« Si ma tête ici-bas doit rester impunie,
Vous n'en aurez pas moins le remords du forfait ;
Si je meurs pour le mal que vous-même aurez fait,
De mon supplice encor vous aurez l'agonie.

Dans ces murs où, vivant, je n'ai pu pénétrer,
Mort, de mon souvenir je veux vous torturer,
Agiter devant vous ce fer encore humide,
Tacher vos vêtements du sang qu'il répandit,
Et tracer sur l'autel, de sa pointe homicide :
    O mon père, soyez maudit !

« Je veux que de vos yeux la rebelle paupière
Se rouvre malgré vous, quand du pas lourd des morts
Vous m'entendrez venir dans vos noirs corridors ;
Je veux vous apparaître à votre heure dernière ;
Je veux que sous vos mains le divin crucifix
Prenne en vous menaçant les traits de votre fils,
Et que dans une angoisse impossible à décrire,
Sur les portes du ciel, à votre âme interdit,
Vous lisiez en mourant ce que je vais écrire :
    O mon père, soyez maudit ! »

CHANT SEPTIÈME

LE CRIME.

« Dieu, que ton esprit m'accompagne ;
De ta force viens m'assister :
Que j'arrive au tombeau d'Ascagne
Encore à temps pour l'arrêter !

« Marchons et prions ; si je prie,
    Dieu peut-être m'assistera.
Marchons ; le meurtre veille ; il attend ; il me crie :
« Je porterai le coup quand minuit sonnera. »
Mais, déjà chancelant, je me soutiens à peine :
Arrêtons-nous !... Le temps ne reprend pas haleine ;

Il court, lui; marchons donc sous le poids de cet or;
Marchons sans essuyer la sueur qui m'inonde;
  Marchons, fût-ce aux bornes du monde;
 Fût-ce à genoux, marchons encor!

  « Dieu, que ton esprit m'accompagne;
  De ta force viens m'assister :
  Que j'arrive au tombeau d'Ascagne
  Encore à temps pour l'arrêter!

  « Dans quel trouble tu me ramènes
   Aux lieux où, si calme autrefois
Devant la majesté des campagnes romaines,
Je tombais à genoux en m'écriant : Je crois!
Comme, sans me lasser de leur sainte tristesse,
Dans ta divinité j'abîmais ma faiblesse!
Pur, j'y sentais, au feu de ton souffle éternel,
S'épanouir vers toi ma piété fervente,
  Et, si j'y frémis d'épouvante,
  C'est que j'y reviens criminel.

  « Dieu, que ton esprit m'accompagne;
  De ta force viens m'assister :
  Que j'arrive au tombeau d'Ascagne
  Encore à temps pour l'arrêter!

  « Oui, je fus inhumain pour elle;
  Pour lui je fus dénaturé..
Ce cœur qui s'obstinait à leur rester fidèle,
En impuissants combats que je le déchirai!
Et pourquoi? J'ai voulu, dans mon orgueil impie,
Cacher aux yeux de tous la faute que j'expie;
Mais, en croyant le fuir, si tu ne nous soutiens,
Nous roulons dans l'abîme, aveugles que nous sommes!
  On peut tromper les yeux des hommes;
  Quel homme peut tromper les tiens?

« Dieu, que ton esprit m'accompagne;
De ta force viens m'assister :
Que j'arrive au tombeau d'Ascagne
Encore à temps pour l'arrêter!

« De l'oubli voilà qu'il s'élance,
Ce souvenir que j'ai cru mort.
Il respire, il est homme, et de ma ressemblance
Terrible il me poursuit comme un vivant remord.
Il est mon sang; il a, pour me glacer de crainte,
Des traits accusateurs où ma honte est empreinte,
Des yeux dont le regard semble la proclamer,
Une voix pour crier : Je suis votre victime!
Un cœur pour méditer le crime,
Et des bras pour le consommer.

« Dieu, que ton esprit m'accompagne;
De ta force viens m'assister :
Que j'arrive au tombeau d'Ascagne
Encore à temps pour l'arrêter!

« Où va s'égarer ma pensée?
Le chemin, mes pieds l'ont perdu.
Si je tardais pourtant, si l'heure était passée,
Si... Marchons au hasard! prions! Qu'ai-je entendu?
Les sanglots d'un mourant?... Non, rien. Mais je succombe.
Mon Dieu, tends-moi la main, ou sous mes maux je tombe;
Rappelle-toi le Christ au Jardin des douleurs,
Quand il disait : Mon père, éloignez ce calice!
Et prends pitié de mon supplice :
Je ne suis qu'un homme, et je meurs.

« Dieu, que ton esprit m'accompagne;
De ta force viens m'assister :
Que j'arrive au tombeau d'Ascagne
Encore à temps pour l'arrêter!

« Marchons!... Mais quelle forme blanche
  Glisse à mes côtés sur les vents?
Est-ce toi, Julia? ton front vers moi se penche;
Sur moi de ton linceul flottent les plis mouvants.
Dans l'abîme où l'on souffre es-tu captive encore?
Ton haleine me glace et ton œil me dévore.
Pèlerinage affreux! mais je dois l'achever :
C'est la vie et la mort qu'un même acte rassemble;
  Marchons donc, et prions ensemble :
  C'est notre fils qu'il faut sauver!

  « Dieu, que ton esprit m'accompagne;
  De ta force viens m'assister :
  Que j'arrive au tombeau d'Ascagne
  Encore à temps pour l'arrêter!

  « Tu pleures, Julia, tu pleures,
  Et tu me fuis en gémissant.
Que me voulais-tu donc? des funèbres demeures
Venais-tu m'apporter un message de sang?
Non; le vent seul murmure à travers la vallée;
J'approche, et tout est calme autour du mausolée;
A ce remords, mon Dieu, j'aurai donc échappé!
J'approche; un pas encore, et j'ai franchi l'espace;
  Il est sauvé; je te rends grâce :
  Mon Dieu, son bras n'a pas frappé!

  « C'est ton esprit qui m'accompagne;
  Ta force a daigné m'assister,
  Et j'arrive au tombeau d'Ascagne
  Encore à temps pour. . . . . . »

CHANT HUITIÈME

LA PLACE DU PEUPLE.

« Miséricorde !
Frères, laissez-vous attendrir ;
Priez pour que le ciel accorde
Au condamné qui va mourir
    Miséricorde. »

Sur la place le peuple attend
Que le fer abatte une tête,
Et lui donne, en la lui jetant,
Moins une leçon qu'une fête.
Le pénitent, qui doit prier
Pour que l'âme du meurtrier
Monte vers le Dieu qui pardonne,
Passe, et, comme un fantôme errant,
Mêle au cliquetis monotone
De la quête qui tombe et sonne
Sa voix lugubre, en murmurant :

« Miséricorde !
Frères, laissez-vous attendrir ;
Priez pour que le ciel accorde
Au condamné qui va mourir
    Miséricorde. »

« — Quoi ! ma sœur, le fer dans le sein,
Ce bon prêtre, à l'heure suprême,
Voulut démentir l'assassin
Qui vint se dénoncer lui-même !

— Oui, ma sœur, oui, frère Adrien
Pour le sauver n'épargna rien.
Que sa charité fut sublime,
Quand le ciel l'eut ressuscité !
Mais, plus il excusait le crime,
Plus l'autre devant sa victime
En confessait l'iniquité. »

« Miséricorde !
Frères, laissez-vous attendrir ;
Priez pour que le ciel accorde
Au condamné qui va mourir
Miséricorde. »

Autour du char noir, pas à pas,
Des Trépassés l'ordre s'avance ;
La croix d'airain, qu'on ne voit pas,
Sous un crêpe noir les devance.
Chacun d'eux a le front couvert
Du voile pour ses yeux ouvert ;
Au *De profundis* qu'il murmure
La foule en s'inclinant répond,
Et sous un noir linceul de bure
On croit voir à la sépulture
Des morts conduire un moribond.

« Miséricorde !
Frères, laissez-vous attendrir ;
Priez pour que le ciel accorde
Au condamné qui va mourir
Miséricorde. »

« — Le voilà, ma sœur, le voilà !
Que de beauté ! que de courage !
Et si jeune !... Quoi ! tout cela
Va périr à la fleur de l'âge.

— Femmes, ne plaignez pas sa fin :
Moins féroce est dans l'Apennin
Le loup qui sort de son repaire.
— Beppo, vous êtes rigoureux;
Pensez aux siens qu'il désespère :
S'il vit encor, son pauvre père,
Ah! que son père est malheureux! »

« Miséricorde!
Frères, laissez-vous attendrir;
Priez pour que le ciel accorde
Au condamné qui va mourir
Miséricorde. »

« — Est-ce un rêve? voyez, ma sœur!
Non, par l'eau sainte du baptême!
Regardez bien le confesseur :
C'est le frère Adrien lui-même.
La mort est peinte sur ses traits;
A l'angoisse que tu souffrais,—
Jésus, la sienne est comparable :
A peine il peut se soutenir;
Plus pâle que ce misérable,
On dirait qu'il est le coupable
Et que c'est lui qu'on va punir. »

« Miséricorde!
Frères, laissez-vous attendrir;
Priez pour que le ciel accorde
Au condamné qui va mourir
Miséricorde. »

« — Il veut boire avec lui le fiel
Répandu sur sa dernière heure;
Sans que son cœur revienne au ciel,
Il ne souffrira pas qu'il meure.

Mais en vain tu lui parles bas,
Bon ange, en vain tu te débats
Contre Satan qui veut sa proie ;
Cet ingrat, que n'a pas contrit
L'amertume où ton cœur se noie,
Dans son abominable joie
Insulte à tes pleurs et sourit. »

« Miséricorde !
Frères, laissez-vous attendrir ;
Priez pour que le ciel accorde
Au condamné qui va mourir
Miséricorde. »

« — Le monstre ! il vient de repousser
Du Sauveur la divine image.
Frère Adrien veut l'embrasser ;
Mais il détourne le visage.
Voyez-vous briller dans son œil
Des damnés l'infernal orgueil,
Tandis que près de nous il passe?
Au prêtre, grand Dieu, qu'a-t-il dit ?
— Quoi, ma sœur, quoi ? Parlez, de grâce.
Il vient de lui dire à voix basse :
O mon père, soyez maudit ! »

« Miséricorde !
Frères, laissez-vous attendrir ;
Priez pour que le ciel accorde
Au condamné qui va mourir
Miséricorde. »

« — A la chapelle on l'a conduit.
Tout un jour perdu dans l'attente !
Restons encor ; voici la nuit !
Il mourra sans qu'il se repente.

Il sort; qu'il est fier en montant!
Nous touchons à l'horrible instant :
Dans mes mains ma tête se cache;
Mais, Beppo, regardez pour nous;
Eh bien? — Le prêtre à lui s'attache.
— Après? — De ses bras on l'arrache.
— Enfin? — Rien : j'ai fait comme vous. »

« Miséricorde!
Frères, laissez-vous attendrir;
Priez pour que le ciel accorde
Au pécheur qui vient de mourir
Miséricorde. »

La foule recule en s'ouvrant
Pour deux corps qui traversent Rome,
Pour un mort et pour un mourant :
Le criminel et le saint homme.
Elle murmure, à leur aspect,
Avec horreur, avec respect,
Deux noms diversement célèbres.
L'*Ave* sonne; la nuit descend,
Et l'écho de ces mots funèbres,
Qui s'éteignent dans les ténèbres,
Par degrés va s'affaiblissant :

« Miséricorde!
Frères, laissez-vous attendrir;
Priez pour que le ciel accorde
Au pécheur qui vient de mourir
Miséricorde. »

LA VILLA ADRIENNE.

Rome.

En paix sous les ombrages
Du palais d'Adrien,
Errez, buffles sauvages;
César n'en saura rien.

Plus de gardes fidèles
Au seuil de ses vergers!
Ils n'ont pour sentinelles
Que les chiens des bergers.

Mais ce palais superbe,
Quel bois peut le cacher.
— Passant, plus loin, sous l'herbe,
C'est là qu'il faut chercher.

— Merci, merci, vieux pâtre!
Et ces marbres épars,
Quels sont-ils? — Au théâtre,
La loge des Césars.

— Mais de leurs bains antiques
Où trouver les débris?
— Parmi ces mosaïques,
Où boivent mes brebis.

— En quel lieu sur l'arène
Luttaient les chars rivaux?
— Où tu vois dans la plaine
Courir ces deux chevreaux.

— De Tempé quels bocages
Ont porté le doux nom?
— Tempé n'a plus d'ombrages;
Mais c'était là, dit-on.

— L'Alphée au moins serpente
Entre ces deux coteaux?
— Non ; je m'assieds et chante
Où serpentaient ses eaux.

— Grèce qu'un frais bocage
Ici vit refleurir,
Même dans ton image
Tu devais donc mourir.

Non, tu n'as plus d'asile :
Le lierre en ces vallons
A tes dieux qu'on exile
Offre seul des festons.

De ta noble poussière
Ses rameaux sont amis ;
Mais il n'est que le lierre
De fidèle aux débris.

Prends ce faible salaire,
Berger, c'est moins que rien ;
Prends, et bois pour me plaire
A César Adrien.

LA FLEUR DU COLISÉE.

Rome.

Ah! que le jour lui tardait!
Pour éclore, elle attendait,
Cette fleur du Colisée,
Que le soleil, à travers
Un des arceaux entr'ouverts,
En s'éveillant l'eût baisée.

Comme un gage de sa foi,
Nisita cueillit pour moi
Cette fleur du Colisée;
Quand sa main vint me l'offrir,
Je vis la fleur s'entr'ouvrir :
Ses lèvres l'avaient baisée.

Un parfum plus doux encor
S'exhalait des feuilles d'or
De la fleur du Colisée;
« Je crois, dis-je à Nisita,
Que votre souffle y resta
Quand vos lèvres l'ont baisée.

« Je la tiens de votre amour ;
Elle vivra plus d'un jour,
Cette fleur du Colisée. »
Je le crus, mais dans ma main
La fleur s'effeuilla soudain,
Tant mes lèvres l'ont baisée!

Et j'ai dit, quand mon amour
A joint ses débris d'un jour
Aux débris du Colisée :

« Tout passe, et tant de grandeur
Passera comme la fleur
Que nos lèvres ont baisée. »

UN MIRACLE

POEME.

CHANT PREMIER

LE RETOUR DU BAL.

Florence.

« O Vanina, je plains votre veuvage ;
Vous l'aimiez tant, cet époux qui n'est plus !
Partez, fuyez : faut-il sur ce rivage
Vous consumer de regrets superflus ! »
Pour la Toscane aux campagnes fleuries
Elle a quitté les lagunes chéries,
Où ses beaux yeux pleuraient soir et matin ;
Et de l'Arno les bords ont tant de charmes
Que le sourire est éclos sous ses larmes
Aux doux rayons du soleil florentin.

Qui n'a pas vu l'ange de la Toscane,
L'ange aux yeux bleus, l'enfant de Vanina,
Le cher objet de son culte profane,
L'unique enfant que l'hymen lui donna ?
Sans cette fleur que son cœur divinise,

Sans cette fille, eût-elle fui Venise?
Comment jamais en former le dessein,
De l'accomplir où trouver le courage,
Si Vanina n'eût senti ce doux gage
D'un chaste amour s'agiter dans son sein?

Dieu, quelle enfant! elle est belle, mais belle...
Rien je n'ai vu de pareil en beauté.
Rêvez donc mieux; opposez un modèle,
Même en peinture, à la réalité.
Courez Pitti; cherchez dans la Rotonde
Chef-d'œuvre égal à cette tête blonde.
Voici l'Albane et Raphaël d'Urbin :
Cherchez... Mais non; de leur main renommée
Onc ne vola sur la toile animée
Amour si beau ni si beau chérubin.

Le croiriez-vous? j'en douterais moi-même
Si Vanina ne m'eût fait ses aveux :
Le croiriez-vous? jamais l'eau du baptême
De cet enfant n'a mouillé les cheveux.
Je vous surprends; mais c'est ainsi. Sa mère
A fait un vœu dans sa douleur amère :
Serment de veuve! et ce n'est pas chez vous,
Bons habitants de la chaude Italie,
Ailleurs ne sais, que jamais veuve oublie
Le serment fait à l'ombre d'un époux.

Elle a promis à cette ombre adorée,
Le bras tendu vers son froid monument,
Que de Saint-Marc la coupole dorée
Serait témoin du pieux sacrement.
C'était lui dire : « A revoir, toi que j'aime!
Si je te fuis pour un autre toi-même,
Je reviendrai de la cité des fleurs,
Et, sur le marbre où glacé tu reposes,

Nous serons deux pour effeuiller les roses ;
Deux nous serons pour répandre des pleurs.. »

« — Eh ! pourquoi donc n'être pas revenue ?
A-t-elle eu peur des brigands sur nos monts ?
De miss Nelfort l'aventure est connue,
Et les a faits plus noirs que des démons.
— Bon ! toujours vain, le voyageur vulgaire
Parle beaucoup de ceux qu'il ne voit guère.
Comme romans, tous ces faits sont niés
Par Vanina, disant quand on les conte :
A beau mentir qui sur l'Apennin monte !
Et nos brigands sont bien calomniés.

« — A-t-elle eu peur du feu qui sur la crête
D'un volcan mort brille à Pietra-Mala ?
— Non : de l'enfer la flamme l'inquiète ;
Mais elle rit de cette flamme-là.
— Lors elle a craint en fendant les lagunes
De l'Océan les grandes infortunes.
— Non ; elle sait qu'en dépit des autans,
L'eau si bien dort aux sables de Fusine,
Que du rameur la voiture marine
Peut sur l'azur y glisser en tous temps.

« — Elle aurait donc, cette mélancolique,
Qui tant pleurait, oublié son époux,
Comme le sien la mer Adriatique ?
— Ah ! fi, l'horreur ! marquis que dites-vous ?
— Que dans ses fers, loin de l'ombre plaintive,
Ici, comtesse, Amour la tient captive :
Des cœurs de veuve Amour est grand larron.
— De le redire avez-vous bien l'audace !
Tenez, marquis, vous lisez trop Boccace,
Et ce mot-là sent le Décameron.

UN MIRACLE.

« — Alors pourquoi? — Par la raison qu'elle aime
Ce que j'aimais quand j'avais mes vingt ans :
Théâtre, bal, course, et douceur suprême
Du *far niente*, ce roi des passe-temps.
Elle aime tout, mais encor plus sa fille ;
Quand de Léa l'œil animé pétille,
Sous ses regards, de joie et de santé,
Son cœur se pâme, un doux émoi l'inonde,
Et, j'en conviens, elle oublîrait le monde
Pour un souris de cet enfant gâté. »

Sur ses cheveux poser une rosette,
Puis la baiser ; y joindre un bijou d'or,
Puis la baiser ; ouvrir sa collerette,
Puis la baiser, et la baiser encor ;
Puis dans son char faire à la ville entière
Voir cet amour qui rit à sa portière ;
Puis, quand David chante à la Pergola,
L'y faire voir ; la conduire à l'église,
Pour Dieu d'abord, mais aussi pour qu'on dise :
« Quel bel enfant ! » son bonheur, le voilà.

Avec douceur l'archevêque la blâme :
« Si tout à coup Dieu rappelait à lui
Votre Léa... Calmez-vous ! mais son âme,
Où sa chère âme irait-elle aujourd'hui ?
Non dans les flots de cette mer ardente,
Si bien décrite aux noirs tercets du Dante,
Mais dans des lieux où le Seigneur défend
Que jamais fille habite avec sa mère,
Et loin du ciel, où vous irez, ma chère...
Comprenez-vous le ciel sans votre enfant ?

« — Pour réparer ma coupable imprudence,
Je pars, je pars, bon cardinal Bembo ;
Mais ce soir, non : chez le grand-duc je danse,

Et pour Léa ce bal sera si beau !
Mais pas demain : je vais à Vallombreuse,
Et cet espoir rend Léa trop heureuse.
Le jour d'après, comment y consentir ?
Dans l'Otello votre grand ténor chante,
Et pour Léa, que la musique enchante.
Mais, cardinal, je promets de partir ! »

Elle remet de semaine en semaine ;
Pourtant sa fille a cinq ans révolus.
Mais honneur soit à la pourpre romaine !
Au cardinal on ne résiste plus
Passé demain, où la fille accompagne
Sa mère au bal chez l'envoyé d'Espagne.
Léa le veut : on l'habille en Amour.
Quoi ! sur ses yeux une gaze légère !
On l'ôtera, j'en jure par sa mère ;
Ce bal vaut bien qu'on retarde d'un jour.

Il vient, ce jour ; l'enfant ouvre avec peine
Ses yeux battus ; oui, Léa n'est pas bien.
Quatre docteurs sont venus, hors d'haleine,
Et, tous les quatre ils ont dit : « Ce n'est rien. »
Un tel accord m'eût donné des alarmes ;
Mais de la mère il a séché les larmes.
Vous comprenez qu'elle renonce au bal ;
Puis elle cède à la voix d'une amie :
« Oui, quand Léa sera bien endormie,
Tout à fait bien, j'irai donc ; mais c'est mal. »

L'épi d'argent, jeté vaille que vaille,
Se mêle aux fleurs qu'on pose en la coiffant ;
Que voulez-vous ? Sans cesse il faut qu'elle aille
De sa toilette au berceau de l'enfant.
Son corps qui fuit par trois fois se dérobe
Aux bras levés qui lui tendaient sa robe :

Tout en dormant son bel ange parlait.
Le landau part, il est parti... Mais, folle,
Elle revient, et vers son enfant vole :
Elle a rêvé que Léa l'appelait.

Bal enchanteur!... quels accords! quelle ivresse!
Feux suspendus, reflets des diamants,
Tout l'éblouit, et d'un peu de tristesse
Ses yeux voilés n'en sont que plus charmants.
Elle ne peut entendre le mot belle,
Sans regarder si sa fille est près d'elle.
« Vous vous trompez, pour être plus à nous
De votre effroi devenez donc maîtresse :
Car c'est à vous, Vanina, qu'on s'adresse,
Et ce mot belle, il était dit pour vous. »

L'archet vainqueur l'entraîne enfin, l'emporte
Entre les bras ouverts pour l'enlacer,
Quand ce murmure : « Elle expire, elle est morte! »
En l'arrêtant soudain vient la glacer.
« Morte! qui donc? mon enfant!... » Elle tombe,
Puis, rappelant sa force qui succombe,
Elle renaît, semble vivre à moitié,
Et par l'effort d'une vertu plus mâle
Sur ses genoux se relève, mais pâle,
Pâle à navrer tous les cœurs de pitié.

Comme elle eût fui vers sa fille élancée,
Si la stupeur n'eût enchaîné ses pas ;
Elle est muette, immobile, insensée,
N'entend plus rien, ne voit plus, ne sent pas.
Mais sur son front ses cheveux se hérissent ;
Mais regardez ses bras qui se roidissent,
Sans rendre un son, ses lèvres se mouvant:
Beauté, douleur, épouvante et silence,
C'est la statue, idole de Florence ;

De Niobé c'est le marbre vivant.

Un cri perçant sort du fond de son âme.
Loin du palais, pour l'atteindre, volez !
Car sa terreur a des ailes de flamme.
Brillants et fleurs au vent s'en sont allés ;
Contre la pierre en fuyant elle frappe
Son pied sanglant, qui du satin s'échappe ;
Mais elle arrive ; elle court au berceau,
Désespérée, et pourtant elle espère.
Hélas ! en vain, ce berceau, pauvre mère,
N'en est plus un : ce n'est plus qu'un tombeau.

D'un mal soudain l'atteinte convulsive
T'a ravi tout ; oui, tout en un moment.
« Et j'étais loin, lorsque sa voix plaintive
A son secours m'appelait vainement !
Léa, Léa ! pourquoi l'ai-je quittée ?
Comme à la mort je l'aurais disputée !
Ah ! d'une mère un baiser peut guérir ;
Mais je riais, mais l'enfant que j'adore,
Léa mourait et je dansais encore :
Morte est Léa, je n'ai plus qu'à mourir.

« Quand je mourrais, me serais-tu rendue,
Moitié de moi, cher plaisir de mes yeux ?
Comme ici-bas, aux cieux je t'ai perdue ;
Sans mon enfant quel désert que les cieux !
Et de mes bras pour toujours envolée,
Des bras de Dieu ma fille est exilée,
Et c'est par moi ! Mon sort est mérité ;
Mais quel tourment qu'une absence éternelle !
Loin d'elle un jour me durait tant ! Loin d'elle
Que me sera toute l'éternité ? »

Elle est en proie à cette idée horrible,

UN MIRACLE.

Sans que sa voix puisse rien murmurer,
Et ce sommeil si tristement paisible,
Ses yeux hagards s'y fixent sans pleurer.
Lorsque Léa répandait quelques larmes,
Elle accourait palpitante d'alarmes,
Ne rêvant pas de plus affreux malheur ;
Et maintenant que lui demande-t-elle ?
Ce qui glaçait son âme maternelle,
L'infortunée, un soupir de douleur.

Mais c'en est fait ! tes lèvres qui sont closes,
Aimable enfant, jamais ne s'ouvriront,
Et tes beaux yeux qui disaient tant de choses,
Fermés aussi, plus ne lui parleront.
De Vanina les deux genoux fléchissent,
Et de ses mains les doigts tremblants s'unissent ;
Devant le Dieu qui vient de l'accabler,
Sans l'accuser, son respect s'humilie,
Et sa douleur paraît s'être affaiblie,
Puisque ses pleurs commencent à couler.

Elle choisit les roses les plus belles
Que le matin Léa lui vint offrir ;
Pauvre Léa, qui, prenant pitié d'elles,
Disait : « Demain, je les verrai mourir. »
Las ! elle est morte, et sa mère environne
Son front glacé de leur fraîche couronne.
Ah ! laissez-la, les yeux sur son trésor,
Parer ce front plus pâle que l'albâtre :
Plaisir dernier d'un amour idolâtre
Qui veut que morte elle soit belle encor.

Sous les ciseaux sa chevelure crie ;
Non pas la tienne ; eût-elle, cette main,
Sur tes cheveux, créature chérie,
Porté du fer le tranchant inhumain ?

Morne, elle part, prenant avec ses tresses,
Qu'ont tant de fois dénoué tes caresses,
Tous les bijoux dont elle eût fait les tiens;
Puis, comme au temps où dans ton exigence
Tu te fâchais pour un moment d'absence,
Vers toi se penche, en disant : « Je reviens! »

Sur le chemin qu'elle suit en silence,
Chacun la plaint et n'ose lui parler.
Eh! que lui dire? est-il cœur à Florence,
Cœur assez froid pour l'oser consoler?
Mais, défaillante, elle ne put se taire
Quand elle vit les murs du baptistère :
« Hier encor, j'aurais pu la sauver ;
Et si mes bras, un jour avant sa perte,
A l'eau céleste ici l'avaient offerte,
Mon âme au moins saurait où la trouver. »

Elle entre enfin dans l'église prochaine,
Et, contemplant la Mère des douleurs,
Non loin du seuil où le remords l'enchaîne,
Offre à genoux ses dons mouillés de pleurs.
Humble, elle dit : « Prenez, Vierge adorée,
Ces diamants dont je l'aurais parée,
Et qui pour moi sont des biens superflus;
Prenez aussi la chevelure blonde,
Qu'elle aimait tant : rien ne m'est plus au monde,
Plus rien jamais, puisque Léa n'est plus! »

Lors elle prie; et qu'il était sincère
Ce repentir si longtemps contenu!
Ah! cette mère, aux genoux d'une mère,
Eut un langage à la terre inconnu.
Que lui dictait ce repentir si tendre?
Nul ne l'a su; mais, ému de l'entendre,
Le marbre saint sembla gémir tout bas,

Et de la Vierge une larme divine
Alla tomber sur la joue enfantine
Du Fils de Dieu, qui dormait dans ses bras.

CHANT DEUXIÈME

LES LIMBES.

Comme un vain rêve du matin,
Un parfum vague, un bruit lointain,
C'est je ne sais quoi d'incertain
    Que cet empire ;
Lieux qu'à peine vient éclairer
Un jour qui, sans rien colorer,
A chaque instant près d'expirer,
    Jamais n'expire.

Partout cette demi-clarté
Dont la morne tranquillité
Suit un crépuscule d'été,
    Ou de l'aurore
Fait pressentir que le retour
Va poindre au céleste séjour,
Quand la nuit n'est plus, quand le jour
    N'est pas encore !

Ce ciel terne, où manque un soleil,
N'est jamais bleu, jamais vermeil ;
Jamais brise, dans ce sommeil
    De la nature,
N'agita d'un frémissement
La torpeur de ce lac dormant,

Dont l'eau n'a point de mouvement,
 Point de murmure.

L'air n'entr'ouvre sous sa tiédeur
Que fleurs qui, presque sans odeur,
Comme les lis ont la candeur
 De l'innocence;
Sur leur sein pâle et sans reflets
Languissent des oiseaux muets :
Dans le ciel, l'onde et les forêts,
 Tout est silence.

Loin de Dieu, là, sont renfermés
Les milliers d'êtres tant aimés,
Qu'en ces bosquets inanimés
 La tombe envoie.
Le calme d'un vague loisir,
Sans regret comme sans désir,
Sans peine comme sans plaisir,
 C'est là leur joie.

Là, ni veille ni lendemain !
Ils n'ont sur un bonheur prochain,
Sur celui qu'on rappelle en vain,
 Rien à se dire.
Leurs sanglots ne troublent jamais
De l'air l'inaltérable paix ;
Mais aussi leur rire jamais
 N'est qu'un sourire.

Sur leurs doux traits que de pâleur !
Adieu cette fraîche couleur
Qui de baiser leur joue en fleur
 Donnait l'envie !
De leurs yeux, qui charment d'abord,
Mais dont aucun éclair ne sort,

Le morne éclat n'est pas la mort,
  N'est pas la vie.

Rien de bruyant, rien d'agité
Dans leur triste félicité !
Ils se couronnent sans gaité
  De fleurs nouvelles.
Ils se parlent, mais c'est tout bas ;
Ils marchent, mais c'est pas à pas ;
Ils volent, mais on n'entend pas
  Battre leurs ailes.

Parmi tout ce peuple charmant,
Qui se meut si nonchalamment,
Qui fait sous son balancement
  Plier les branches,
Quelle est cette ombre aux blonds cheveux,
Au regard timide, aux yeux bleus,
Qui ne mêle pas à leurs jeux
  Ses ailes blanches ?

Elle arrive, et, fantôme ailé,
Elle n'a pas encor volé ;
L'effroi dont son cœur est troublé,
  J'en vois la cause :
N'est-ce pas celui que ressent
La colombe qui, s'avançant
Pour essayer son vol naissant,
  Voudrait et n'ose ?

Non ; dans ses yeux roulent des pleurs.
Belle enfant, calme tes douleurs ;
Là sont des fruits, là sont des fleurs
  Dont tu disposes.
Laisse-toi tenter, et, crois-moi,
Cueille ces roses sans effroi ;

Car, bien que pâles comme toi,
 Ce sont des roses.

Triomphe en tenant à deux mains
Ta robe pleine de jasmins;
Et puis, courant par les chemins,
 Va les répandre.
Viens, tu prendras en le guettant
L'oiseau qui, sans but voletant,
N'aime ni ne chante, et partant
 Se laisse prendre.

Avec ces enfants tu joûras;
Viens, ils tendent vers toi les bras;
On danse tristement là-bas,
 Mais on y danse.
Pourquoi penser, pleurer ainsi?
Aucun enfant ne pleure ici,
Ombre rêveuse; mais aussi
 Aucun ne pense.

Dieu permet-il qu'un souvenir
Laisse ton cœur entretenir
D'un bien qui ne peut revenir
 L'idée amère?
« — Oui, je me souviens du passé,
Du berceau vide où j'ai laissé
Mon rêve à peine commencé,
 Et de ma mère. »

CHANT TROISIÈME

JÉSUS-CHRIST DANS LES LIMBES.

Bruit qui viens d'éclore,
Frappe les échos !
Frémis, bois sonore !
Soulevez-vous, flots
Qui dormez encore !

Sors, en les chassant,
De ces brumes sombres,
Jour éblouissant !
Déchirez-vous, ombres !
Jésus-Christ descend.

C'est l'astre sans déclin, c'est le soleil du juste ;
    Devant sa face auguste,
Bruits, parfums et couleurs, tout a ressuscité ;
Reprenant sa parure avec sa mélodie,
    La nature engourdie
Se ranime aux rayons de la Divinité ;
Et des bois murmurants à qui les bois répondent,
Des champs, des airs, des eaux dont les voix se confondent,
S'élève un cri sublime, un concert enchanteur,
Un hymne d'allégresse et de reconnaissance,
Adressé par la vie à la toute-puissance
    De son éternel Créateur.

La foule exilée
Qui peuple ces bords
Suspend sa volée
Aux premiers accords
Que rend la vallée.

Frappés dans leurs jeux
Par l'éclat rapide
Qui jaillit des cieux,
De leur main timide
Ils couvrent leurs yeux.

Mais Jésus-Christ paraît, sourit, et son sourire,
Dont ne se peut décrire,
Sans un pinceau divin, l'ineffable bonté,
Semble s'épanouir sur leurs traits qu'il colore
Comme une fraîche aurore
Sur les fleurs dont l'éclat réfléchit sa beauté.
Pourtant, n'osant céder au charme qui l'attire,
Chacun d'eux en tremblant s'avance et se retire,
Lorsque Jésus leur dit, pour calmer cet effroi,
D'un son de voix plus doux, plus caressant encore
Que l'appel d'une mère à son fils qu'elle adore :
« Petits enfants, venez à moi ! »

Tout l'essaim se mêle,
S'envole, et, pareil
A la blanche grêle
Qui brille au soleil,
Tombe pêle-mêle.

L'un en s'abattant
A la main s'attache,
D'orgueil palpitant ;
L'autre, au lin sans tache
Du manteau flottant.

Celui-ci, qui s'agite autour de l'auréole,
 À travers ses feux vole,
Comme le papillon par la flamme attiré;
Le plus hardi de tous plane un moment et pose
 Ses deux lèvres de rose
Sur les cheveux du Christ et sur son front sacré.
Il les traîne après soi comme des tourterelles,
Becquetant ses habits, sautant, battant des ailes,
Luttant et se heurtant dans leurs débats jaloux;
Puis il lève sur eux ses deux mains bénissantes,
Et tous, courbant soudain leurs têtes innocentes,
 Ils sont tombés à ses genoux.

 La charmante image
 Que ces chérubins
 Courbant leur visage
 Et joignant leurs mains
 Pour lui rendre hommage!

 L'air silencieux,
 L'eau sous la bruyère,
 L'oiseau dans les cieux,
 Comme eux en prière,
 Sont muets comme eux.

L'onde, qu'aux bords voisins le Sauveur a puisée,
 Brille, tombe en rosée,
Et leur front virginal est à peine humecté,
Qu'une flamme divine à l'entour étincelle,
 Que leur beauté nouvelle
Rayonne d'existence et d'immortalité.
« Allez, leur dit Jésus, allez trouver Marie;
Aux pleurs du repentir elle s'est attendrie,
Et mon Père, à sa voix, vous a délivrés tous.
Allez, petits élus de la grâce éternelle,
Jouer aux pieds du Dieu qui d'exil vous rappelle;

Pour la patrie envolez-vous ! »

   Un cri sous l'ombrage
   S'élève, et montant,
   Comme un blanc nuage,
   Ce peuple en chantant
   Part pour son voyage.

   Suivant d'un vol sûr
   Sa route inconnue
   A travers l'air pur,
   La joyeuse nue
   Se perd dans l'azur.

Restait une ombre encore, au rivage attachée,
   Qui, la tête penchée,
Ouvrait ses grands yeux bleus de surprise interdits.
Muette sous ses pleurs, pensive et solitaire,
   En rêvant à la terre
Elle oubliait les cieux et leur doux paradis.
Tout émue à l'aspect de Jésus qui s'avance,
De peur d'être surprise en désobéissance,
Elle aussi, mais sans joie, avait pris son essor,
Quand le Dieu la retient par le bout de son aile,
Puis l'entoure d'un bras, puis s'envole avec elle
   En lui disant : « Toi, pas encor ! »

   L'enfant, dans l'étreinte
   Sur lui se serrant,
   A la barbe sainte
   Des deux mains se prend,
   Et dit avec crainte :

   « Ange aux yeux si doux,
   Vers quelle demeure
   Tous deux volons-nous ?

A celle qui pleure
Me rapportez-vous ? »

CHANT QUATRIÈME

LE RETOUR DE L'ÉGLISE.

Sur les flèches de marbre et les dômes pieux
Les palais crénelés de la cité ducale,
Jamais ciel embaumé des parfums qu'elle exhale
N'a versé les splendeurs d'un jour plus radieux.
Jamais zéphyr plus doux n'a rafraîchi pour elle
Des jardins Boboli la verdure éternelle.
L'abondance et la vie assiégent ses abords ;
    Son peuple en souriant s'éveille ;
Tout est bruit, mouvement, lumière sur ses bords,
    Tout est bonheur comme la veille.

Ainsi le deuil sur nous jette son crêpe affreux,
Et l'aube, qui revêt le même habit de fête,
Les roses dans les mains, les roses sur la tête,
Se lève comme aux jours où nous étions heureux.
Le soleil suit encor sa route accoutumée ;
La brise qui soufflait passe encor parfumée ;
Il rend, ce même fleuve, un murmure aussi doux ;
    Des mêmes feux son cours s'enflamme :
Ainsi le même espoir vit sur le front de tous,
    Quand l'espoir est mort dans notre âme.

Un être a disparu, tout manque à Vanina ;
Et, cet être adorable, il ne manque à personne.

On le nomme pourtant; on le plaint; on frissonne
En demandant quel mal sitôt le moissonna.
Mais de qui sera-t-il le cher et triste rêve?
Que le tour du soleil ou commence ou s'achève,
Qui rêvera toujours son sourire ingénu,
    Hors l'inconsolable victime?
Il laisse à peine un vide aux cœurs qui l'ont connu;
    Dans le sien il laisse un abîme.

Seule, elle vient remplir un douloureux devoir,
Et, seule, elle revient pour être seule encore.
Elle reverra seule un nouveau jour éclore;
Seule, elle reverra tomber l'ombre du soir.
Que lui font et les fleurs et leur fraîche peinture,
Et les flots, et la brise, et toute la nature?
L'azur du ciel que seul on regarde toujours
    Pour nos tristes yeux perd ses charmes :
Sombre comme la nuit est le plus beau des jours
    Qu'on ne voit qu'à travers ses larmes.

Hélas! c'était hier, et qu'il est loin, ce temps,
Où, d'un pied matinal, elle allait en cachette
Chercher dans ces joyaux qu'à prix d'or on achète,
Pour contenter Léa, quelques riens éclatants.
Ravie, elle rentrait d'ivresse palpitante;
Mais de qui désormais combler la douce attente?
Reverra-t-elle encor l'objet d'un fol amour
    Venir d'une course légère,
En regardant ses mains, lui dire à son retour:
    Que me rapportez-vous, ma mère?

Qu'il est grand, ce salon que Léa remplissait!
Qu'il est morne et désert! sur cette mosaïque,
Où vient mourir du jour l'éclat mélancolique,
Sont épars les débris d'un jeu qui commençait:
Le château dont son souffle a causé la ruine,

Près du frêle appareil de sa table enfantine.
Triste et comme orphelin, son jouet préféré,
    Plus loin, penche un front morne où brille
Le nœud dont pour un bal ses mains l'avaient paré,
    Car, elle aussi, parait sa fille.

Ces témoins d'un bonheur envolé sans espoir,
Ton siége vide, enfant, la soie encor froissée
Par l'empreinte qu'hier ton sommeil a laissée,
Vanina les regarde et les fuit pour te voir.
La voilà dans la chambre où de ta voix si chère
Le premier cri si doux lui dit qu'elle était mère,
Et la chambre voisine est celle... Quelques pas
    Lui rendront les traits qu'elle adore ;
Elle approche, s'arrête, et ne respire pas :
    Insensée, elle écoute encore.

Son front découragé s'abaisse tristement.
Vers la porte trois fois sa main s'est avancée ;
Mais en vain, et trois fois sa main sans mouvement
Retombe de terreur impuissante et glacée.
Ce plaisir déchirant, elle veut le goûter,
En navrer ses regards, et ne l'ose affronter.
Le cœur lui manque enfin ; ses pensers se confondent,
    Elle succombe à ses combats,
Se couche sur le seuil que ses larmes inondent,
    Et le baise en disant tout bas :

    « Hier l'espoir me rendait forte,
    Mais mon cœur s'est brisé depuis :
    Te voir pâle, immobile et morte,
    Je ne puis, Léa, je ne puis !

    « Des morts je sentirais la pierre
    Oppresser ta blanche paupière ;
    Car il est passé, cher amour,

Le temps où mon regard avide
Se noyait dans l'azur humide
De tes yeux qui s'ouvraient au jour.

« Je dirais, regardant ta tête :
A la couvrir la nuit s'apprête,
Hélas ! et ses cheveux bouclés
Seront là sur sa froide couche,
Sans que jamais l'ivoire y touche
Quand leurs anneaux seront mêlés.

« Jamais plus je ne dois l'entendre,
Au jour, de son berceau descendre ;
Sur mon oreiller jamais plus
Je ne te dois, ma bien-aimée,
Faire ta place accoutumée,
Au bruit de tes petits pieds nus.

Je ne puis ! hier j'étais forte,
Mais mon cœur s'est brisé depuis :
Te voir pâle, immobile et morte,
Je ne puis, Léa, je ne puis.

« Pardon, ma fille, si ta mère
Dans son amour te fut sévère !
Hélas ! aurais-je pu prévoir
Qu'un jour, à ta porte étendue,
Je dirais sans être entendue,
Es-tu morte sans m'en vouloir ?

« Quand on le perd, l'être qu'on aime,
Le cœur retombe sur lui-même
Pour se reprocher tous ses torts ;
Et l'heure où rien n'est réparable
Est pour nous l'heure inexorable
De la mémoire et des remords.

« Ah! je veux que tu me pardonnes,
Que de tes bras tu m'environnes;
Je le veux, ma fille, et je cours...
Mais si, pour que leur nœud m'enlace,
Autour de mon cou je les passe,
Tes bras retomberont toujours.

« Je ne puis! hier j'étais forte;
Mais mon cœur s'est brisé depuis :
Te voir pâle, immobile et morte,
Je ne puis, Léa, je ne puis!... »

Elle dit, et, l'œil sec, tout à coup se redresse;
Elle ouvre, elle entre; ô ciel!... mères, qui les sentez,
Ne me demandez pas de peindre son ivresse,
L'excès presque divin de ses félicités.
Léa, qu'elle pleurait, Léa, morte la veille,
Jouait dans son linceul souriante et vermeille;
Léa, plus belle encor de ses fraîches couleurs
    Sous les plis de ce blanc suaire,
Ouvrit ses petits bras et lui tendit les fleurs
    De sa couronne mortuaire.

UNE ÉTOILE SUR LES LAGUNES.

Venise.

Luis sur nous, étoile charmante,
Muet témoin de nos douleurs!
A minuit, mon amie absente
Te regarde en versant des pleurs.

Dans les cieux, où ton cours t'emporte,
Tu sembles rêver et souffrir,
Comme moi sur cette onde morte,
Où ton pâle éclat vient mourir.

Mornes soleils, clartés paisibles
Qui nous versez des feux si doux,
A nos maux êtes-vous sensibles?
Aimez-vous aussi comme nous?

En maudissant son esclavage,
Peut-être un astre, tes amours,
Roule son éternel veuvage
Loin du cercle que tu parcours:

Ou peut-être, si tu vois poindre
Son globe amoureux dans les airs;
Si vos rayons pour se rejoindre
Des cieux traversent les déserts;

C'est à des siècles d'intervalle,
Quand sur nous il vient en passant,
De sa chevelure fatale

Déployer l'éclat menaçant.

Avec tes feux sa flamme errante
Se confond dans l'immensité :
La terre tremble d'épouvante,
Et tu frémis de volupté.

Mais vainement tu le rappelles ;
Il fuit, il fuit, et, pour adieux,
Lance vers toi les étincelles
Qu'il secoue au penchant des cieux.

Comme un phare à travers l'orage,
Il voit pâlir ton éclat pur
Sur cet océan sans rivage
Dont il fend les vagues d'azur.

Puis un an, puis un siècle passe,
Puis encore un siècle, et ton cours
T'entraîne toujours dans l'espace,
Loin de lui qui te fuit toujours.

Soumise à des lois si funestes,
Que tu dois errer tristement
Dans les solitudes célestes,
Dans les déserts du firmament!

Pleure, pleure, étoile charmante,
Et luis sur nous dans tes douleurs ;
Comme moi, mon amie absente
Te regarde en versant des pleurs.

LE GONDOLIER.

Venise.

« Conduis-moi, beau gondolier,
Jusqu'à Rialto, dit-elle :
Je te donne mon collier,
Et la pierre en est si belle ! »
Pourtant elle eut un refus :
« C'est trop peu, sur ma parole,
Pour entrer dans ma gondole.
Non ; Gianetta, je veux plus. »

« Tiens, je sais un lamento ;
Je le chanterai, dit-elle,
En allant à Rialto ;
La musique en est si belle ! »
Pourtant elle eut un refus :
« Quoi ! pour une barcarole,
Vous, entrer dans ma gondole !
Non ; Gianetta, je veux plus. »

Son chapelet dans les mains,
« Tiens, le veux-tu ? lui dit-elle :
L'évêque en bénit les grains,
Et la croix en est si belle ! »
Pourtant elle eut un refus :
« Quoi, pour ce pieux symbole,
Vous, entrer dans ma gondole !
Non ; Gianetta, je veux plus. »

Sur le canal cependant
Je le vis ramer près d'elle,
Et rire en la regardant.
Qu'avait donné cette belle ?

Elle aborda, l'air confus.
Lui, fidèle à sa parole,
Remonta dans sa gondole
Sans rien demander de plus.

L'AME DU PURGATOIRE.

Venise.

Mon bien-aimé, dans mes douleurs,
Je viens de la cité des pleurs,
Pour vous demander des prières.
Vous me disiez, penché vers moi :
« Si je vis, je prîrai pour toi. »
Voilà vos paroles dernières.
    Hélas! hélas!
Depuis que j'ai quitté vos bras,
Jamais je n'entends vos prières.
    Hélas! hélas!
J'écoute, et vous ne priez pas.

« Puisse au Lido ton âme errer, »
Disiez-vous, « pour me voir pleurer! »
Elle s'envola sans alarme.
Ami, sur mon froid monument
L'eau du ciel tomba tristement,
Mais de vos yeux, pas une larme.
    Hélas! hélas!
Ce Dieu qui me vit dans vos bras,
Que votre douleur le désarme!
    Moi seule, hélas!
Je pleure, et vous ne priez pas.

Combien nos doux ravissements,

Ami, me coûtent de tourments,
Au fond de ces tristes demeures!
Les jours n'ont ni soir ni matin;
Et l'aiguille y tourne sans fin,
Sans fin, sur un cadran sans heures:
  Hélas! hélas!
Vers vous, ami, levant les bras,
J'attends en vain dans ces demeures
  Hélas! hélas!
J'attends, et vous ne priez pas.

Quand mon crime fut consommé,
Un seul regret eût désarmé
Ce Dieu qui me fut si terrible.
Deux fois, prête à me repentir,
De la mort qui vint m'avertir
Je sentis l'haleine invisible.
  Hélas! hélas!
Vous étiez heureux dans mes bras,
Me repentir fut impossible.
  Hélas! hélas!
Je souffre, et vous ne priez pas.

Souvenez-vous de la Brenta,
Où la gondole s'arrêta,
Pour ne repartir qu'à l'aurore;
De l'arbre qui nous a cachés,
Des gazons... qui se sont penchés,
Quand vous m'avez dit : « Je t'adore. »
  Hélas! hélas!
La mort m'y surprit dans vos bras,
Sous vos baisers tremblante encore.
  Hélas! hélas!
Je brûle, et vous ne priez pas.

Rendez-les-moi, ces frais jasmins,

L'AME DU PURGATOIRE.

Où, sur un lit fait par vos mains,
Ma tête en feu s'est reposée.
Rendez-moi ce lilas en fleurs,
Qui, sur nous secouant ses pleurs,
Rafraîchit ma bouche embrasée.
  Hélas! hélas!
Venez m'y porter dans vos bras,
Pour que j'y boive la rosée.
  Hélas! hélas!
J'ai soif, et vous ne priez pas.

Dans votre gondole, à son tour,
Une autre vous parle d'amour;
Mon portrait devait lui déplaire.
Dans les flots son dépit jaloux
A jeté ce doux gage, et vous,
Ami, vous l'avez laissé faire.
  Hélas! hélas!
Pourquoi vers vous tendre les bras?
Non, je dois souffrir et me taire.
  Hélas! hélas!
C'en est fait, vous ne prîrez pas.

Adieu, je ne reviendrai plus
Vous lasser de cris superflus,
Puisqu'à vos yeux une autre est belle.
Ah! que ses baisers vous soient doux!
Je suis morte, et souffre pour vous.
Heureux d'aimer, vivez pour elle.
  Hélas! hélas!
Pensez quelquefois, dans ses bras,
A l'abîme où Dieu me rappelle.
  Hélas! hélas!
J'y descends, ne m'y suivez pas!

LA VACHE PERDUE.

Dans le Simplon.

Ah! ah! de la montagne
Reviens, Néra, revien!
Réponds-moi, ma compagne,
Ma vache, mon seul bien.
La voix d'un si bon maître,
  Néra,
Peux-tu la méconnaître?
  Ah! ah!
  Néra!

Reviens, reviens, c'est l'heure
Où le loup sort des bois;
Ma chienne, qui te pleure,
Répond seule à ma voix:
Hors l'ami qui t'appelle,
  Néra,
Qui t'aimera comme elle?
  Ah! ah!
  Néra!

Dis-moi si dans la crèche,
Où tu léchais ma main,
Tu manquas d'herbe fraîche
Quand je manquais de pain.
Nous n'en avions qu'à peine,
  Néra,
Et ta crèche était pleine,
  Ah! ah!
  Néra!

Hélas! c'est bien sans cause

Que tu m'as délaissé.
T'ai-je dit quelque chose
Hors un mot, l'an passé?
Oui, quand mourut ma femme,
  Néra,
J'avais la mort dans l'âme.
   Ah! ah!
   Néra!

De ta mamelle avide,
Mon pauvre enfant crîra;
S'il voit l'étable vide,
Qui le consolera?
Toi, sa seule nourrice,
  Néra,
Veux-tu donc qu'il périsse?
   Ah! ah!
   Néra!

Lorsqu'avec la pervenche
Pâque refleurira,
Des rameaux du dimanche
Qui te couronnera?
Toi, si bonne chrétienne,
  Néra,
Deviendras-tu païenne?
   Ah! ah!
   Néra!

Quand les miens en famille
Fêtaient les rois entre eux,
Je te disais : Ma fille,
Ma part est à nous deux.
A la féve prochaine,
  Néra,
Tu ne seras pas reine,

Ah! ah!
Néra!

Ingrate! quand la fièvre
Glaçait mes doigts roidis,
Otant mon poil de chèvre,
Sur vous je l'étendis.
Faut-il que le froid vienne,
Néra,
Pour qu'il vous en souvienne?
Ah! ah!
Néra!

Adieu! sous mon vieux hêtre
Je m'en reviens sans vous.
Allez chercher pour maître
Un plus riche que nous.
Allez, mon cœur se brise,
Néra!...
Pourtant, Dieu te conduise!
Ah! ah!
Néra!

Je n'ai pas le courage
De te vouloir du mal:
Sur nos monts crains l'orage;
Crains l'ombre dans le val.
Pais longtemps l'herbe verte,
Néra;
Nous mourrons de ta perte.
Ah! ah!
Néra!

Un soir, à ma fenêtre,
Néra, pour t'abriter,
De ta corne peut-être

Tu reviendras heurter.
Si la famille est morte,
Néra,
Qui t'ouvrira la porte?
Ah! ah!
Néra!

LE PASSAGE
DU MONT SAINT-BERNARD.

Dans les Alpes.

En avant, garde consulaire!
Vois-tu briller sur l'étendard
Ce beau jour dont l'azur éclaire
Les blancs sommets du Saint-Bernard?
Ce jour, levé sur notre gloire,
Sera sans déclin dans l'histoire.

En avant! marchons;
Par delà ces monts,
A travers leurs pics, leurs rocs et leurs glaçons,
Courons
A la victoire!

Honneur au drapeau tricolore!
Fier d'un passage si hardi,
De ses plis il ombrage encore
Le chapeau vainqueur à Lodi.
Par leur fraternité de gloire
Tous deux ils vivront dans l'histoire.

En avant! marchons;
Par delà ces monts,

A travers leurs pics, leurs rocs et leurs glaçons,
Courons
A la victoire!

Soldats, point de bras inutiles!
Que l'airain traîné sur ces mers
Sillonne leurs flots immobiles
Durcis par d'éternels hivers :
D'échos en échos dans l'histoire
Ses coups publîront notre gloire.

En avant! marchons;
Par delà ces monts,
A travers leurs pics, leurs rocs et leurs glaçons,
Courons
A la victoire!

Chantons au milieu des nuages,
Et que l'aigle des vieux Romains
Vienne mêler ses cris sauvages
A nos concerts républicains.
L'aigle, en proclamant notre gloire,
Devance l'Europe et l'histoire.

En avant! marchons;
Par delà ces monts,
A travers leurs pics, leurs rocs et leurs glaçons,
Courons
A la victoire!

Halte à l'hospice, buvons, frères,
Au succès du premier combat!
Chiens fidèles de ces bons pères,
Partagez le pain du soldat!
Qu'un de vous nous suive à la gloire,
Il aura son nom dans l'histoire.

En avant!.marchons ;
Par delà ces monts,
A travers leurs pics, leurs rocs et leurs glaçons,
Courons
A la victoire !

Les trois couleurs sont parvenues
Au sommet du pic indompté,
Et font luire à travers les nues
L'arc-en-ciel de la liberté.
Puisse-t-il, fidèle à sa gloire,
Ne jamais pâlir dans l'histoire !

En avant! marchons ;
Par delà ces monts,
A travers leurs pics, leurs rocs et leurs glaçons,
Courons
A la victoire !

La plaine au combat nous invite ;
La voilà, nous la voyons tous :
Ce torrent qui s'y précipite
N'y doit arriver qu'après nous.
L'Italie! à nous l'Italie !
Battez, tambours ! qu'on se rallie !...

En avant! plus prompts
Que les flots des monts,
Qui de roc en roc s'en vont tombant par bonds,
Tombons
Sur l'Italie !...

ÉPILOGUE.

Paris.

Rome, que me veux-tu ? quel charme attendrissant
Tourne vers tes déserts ma triste rêverie ?
D'où vient que loin de toi mon cœur ému ressent
Ce doux mal que, loin d'elle, on sent pour sa patrie ?
Et toi, Venise aussi, d'où vient que malgré moi
J'ai des pensers d'exil lorsque je pense à toi ?

J'aimais à contempler votre ciel sans nuage :
Est-ce lui qui vers vous reporte mes soupirs ;
Et, pour mieux m'attirer par sa brillante image,
De toutes ses splendeurs luit dans mes souvenirs ?
Mais Naple a de beaux jours, des jours plus beaux encore
Un ciel plus transparent, plus pur, plus radieux ;
Regarder c'est jouir, quand Naples se colore
De la teinte du soir qui rafraîchit vos yeux,
Ou sort avec ses monts des vapeurs de l'aurore.
Le soleil à lui seul remplit le firmament,
Quand ses ardents rayons la couvrent tout entière,
Brûlent les flancs bronzés du Vésuve fumant,
Et qu'aux feux du midi le golfe s'enflammant
Roule à vos pieds l'azur, l'écume et la lumière.
Et ce soleil pourtant, ces jours dont Naple est fière,
Ces belles nuits, ces monts, ces flots éblouissants,
Cet océan de feu ne parlent qu'à mes sens.

Est-ce vous que j'aimais, brillantes cascatelles ?
Est-ce votre fraîcheur que je cherche au réveil,
Votre murmure absent qui berce mon sommeil ?...
Mais j'ai vu se briser des cascades plus belles ;
A travers leur cristal j'ai vu du haut des airs
L'iris, de ses couleurs plus prodigue pour elles,

Se jouer dans leurs flots qui lançaient plus d'éclairs.
Et pourtant quand je pense aux cimes éternelles,
Aux torrents écumeux des rochers de Terni,
C'est comme un voyageur et non comme un banni.

Des pontifes romains fastueuse demeure,
Travaux de Raphaël, monuments des Césars,
Tombeaux, peuple de marbre enfanté par les arts,
Chênes verts d'Albano, c'est donc vous que je pleure?
Jardins de la Brenta qui parfumez les vents,
Ce sont vos orangers, votre magnificence,
Et du palais ducal les souvenirs vivants...
Mais de grands souvenirs revivent à Florence.
O vous, pour qui mon choix pencha de préférence,
N'en convenez-vous pas? Florence, votre sœur,
A des marbres divins comme de frais ombrages;
Elle emprunta son nom aux fleurs de ses bocages;
Et Florence pourtant ne dit rien à mon cœur.

Ah! quels que soient les feux dont le ciel se décore,
La splendeur des cités, leurs monuments pompeux;
Il n'est point de beaux lieux que n'embellisse encore
Le sentiment profond qu'on éprouva près d'eux.
Les bords où, voyageur, il s'exila lui-même,
N'ont pour l'indifférent qu'un charme passager;
Alors qu'il les admire, il se sent étranger;
Mais le ciel du pays est aux lieux où l'on aime.
Du jour qu'elle parut à mes yeux attendris,
Un intérêt plus cher, une beauté nouvelle,
Je ne sais quel attrait qui fait qu'on se rappelle,
Prêta de l'éloquence à la tombe, aux débris,
Et je n'oubliai plus quand j'admirai près d'elle.
L'air natal m'agita d'un doux frémissement;
Je crus voir refleurir une gloire flétrie;
Tout me sembla grandeur, chef-d'œuvre, enchantement;
Tout me fut souvenir, tout me devint patrie,

Et lorsque malgré moi je me laissai charmer
A l'amour dont pour vous mon âme s'est éprise,
Rome, ce n'est pas toi; ce n'est pas toi, Venise,
C'est elle que j'aimais en croyant vous aimer!

Ne verrai-je donc plus se dérouler ces plaines,
Ces coteaux onduleux comme les flots des mers!
Ne les verrai-je plus, ces campagnes romaines,
Dont mes pas auprès d'elle ont foulé les déserts,
Et ce noir Colysée, et dans sa vaste enceinte
Ces clartés qui tombaient des arceaux entr'ouverts,
Quand, la tête penchée, un bras sur la croix sainte,
A minuit, belle et pâle, elle écouta mes vers!
Des jardins Médicis qui me rendra l'ombrage,
Les pins silencieux des jardins Pamphili,
Où dans son souvenir j'errais enseveli?
Que mon cœur tressaillait dans ce sentier sauvage,
A travers les vapeurs des flots de Tivoli,
Lorsque son voile humide effleurait mon visage!
Qu'ai-je admiré, profane, à ce bruit solennel
De l'airain, des clairons, des foudres de la guerre,
Quand les bras d'un vieillard, étendus vers le ciel,
Recueillaient ses pardons pour les rendre à la terre?
Profane, j'admirais ce front noble et charmant,
Rêve éternel de ceux qui l'ont vue un moment.
Rendez-moi, lieux chéris, dont le nom seul m'agite,
Rendez-les-moi, ces jours où j'ai vécu si vite,
Ce dévorant espoir d'un plaisir qu'on attend,
Ces craintes, ces transports, cette flamme sacrée
Que ses yeux répandaient dans mon sein palpitant,
Dont mon cœur s'embrasait à sa voix inspirée,
Ces siècles de bonheur pressés dans un instant!
Eh quoi! les ressaisir n'est plus en ma puissance;
Quoi! jamais oubliés, mais passés pour jamais!
Ils l'étaient à Venise; et, malgré son absence,
Elle anima pour moi ce tombeau que j'aimais.

ÉPILOGUE.

Je l'y voyais encore, et mon âme attristée
Regrette jusqu'aux lieux où je l'ai regrettée.
De nos beaux jours de Rome un effet pâle et doux
Éclairait ces débris, lorsque l'Adriatique
Venait, comme une veuve en deuil de son époux,
Mêler à mes soupirs son bruit mélancolique...
Ah! qu'ai-je dit? ces jours que je croyais perdus,
Que je redemandais au soleil d'Italie,
Un seul jour les vaut tous et me les a rendus.
Ils brillent à mes yeux sur la France embellie.
Celle de qui l'image accompagnait mes pas
Dans ce dernier palais des héros de Venise,
Funèbre monument, peuplé par le trépas,
Où l'immortalité sur la tombe est assise,
Celle à qui j'ai juré de ranimer ces morts,
Tremblante de ma crainte, heureuse de ma joie,
Elle a vu le succès couronner mes efforts.
Cette gloire est la sienne, et je la lui renvoie.
Oui, ces frémissements d'un plaisir douloureux,
Ces cris des spectateurs, ces pleurs versés par eux,
Ce pouvoir d'exciter l'espoir ou les alarmes,
D'emporter avec soi les cœurs dans son essor,
Ce triomphe enivrant a d'ineffables charmes;
Mais un de ses regards m'enivrait plus encor,
Et j'aurais tout donné pour une de ses larmes! [1]

---

[1] Cette pièce fut composée le lendemain de la première représentation de *Marino Faliero*, et envoyée comme dédicace.

LE MARRONNIER D'ÉLISA.

Da la Madeleine.

Le marronnier planté pour elle
Grandit sous la rosée ; il monte, il prend l'essor.
Que les hivers soient doux à sa tige nouvelle ;
Que des troupeaux errants la dent l'épargne encor ;
Si je le vois jamais aussi beau qu'elle est belle,
Jamais chêne orgueilleux n'égalera l'essor
    Du marronnier planté pour elle.

Le marronnier planté pour elle
Livre au soleil d'avril ses bourgeons entr'ouverts.
Printemps, de tes couleurs prodigue la plus belle ;
Nuit, tes pleurs les plus frais versés du haut des airs ;
Soleil, les plus doux feux de ta chaleur nouvelle ;
Donnez, prodiguez tout aux bourgeons entr'ouverts
    Du marronnier planté pour elle !

Le marronnier planté pour elle
Se couronne en riant de ses premières fleurs.
L'oiseau qui vient de naître, à leur blancheur nouvelle,
Vient confondre l'éclat de ses jeunes couleurs ;
Chantre léger des airs, tu deviendras fidèle
En commençant d'aimer sur les premières fleurs
    Du marronnier planté pour elle !

Le marronnier planté pour elle
Perd tour à tour loin d'elle et reprend ses rameaux.
Quand ses jours sont flétris en vain l'homme rappelle
Ceux dont il a jonché le chemin des tombeaux.
Plus de retour pour eux, plus de fraîcheur nouvelle !...
Ils s'effeuillent pourtant ainsi que les rameaux
    Du marronnier planté pour elle.

Le marronnier planté pour elle
Voit se faner les miens dans l'été de mes ans;
Ne viendra-t-elle donc que si la mort l'appelle?
Eh bien! que je succombe; et, sous l'herbe des champs,
En tombant de ses mains qu'une feuille se mêle
Aux feuilles que sur moi jettera tous les ans
Le marronnier planté pour elle.

ADIEU!

De Saint-Just.

Adieu, Madeleine chérie,
Qui te réfléchis dans les eaux,
Comme une fleur de la prairie
Se mire au cristal des ruisseaux.
Ta colline, où j'ai vu paraître
Un beau jour qui s'est éclipsé,
J'ai rêvé que j'en étais maître;
Adieu! ce doux rêve est passé.

Assis sur la rive opposée,
Je te vois, lorsque le soleil
Sur tes gazons boit la rosée,
Sourire encore à ton réveil,
Et d'un brouillard pâle entourée,
Quand le jour meurt avec le bruit,
Blanchir comme une ombre adorée
Qui nous apparaît dans la nuit.

Doux trésors de ma moisson mûre,
De vos épis un autre est roi;
Tilleuls dont j'aimais le murmure,
Vous n'aurez plus d'ombre pour moi.

Ton coq peut tourner à sa guise,
Clocher, que je fuis sans retour :
Ce n'est plus à moi que la brise
Lui dit d'annoncer un beau jour.

Cette fenêtre était la tienne,
Hirondelle, qui vins loger
Bien des printemps dans ma persienne,
Où je n'osais te déranger ;
Dès que la feuille était fanée,
Tu partais la première, et moi,
Avant toi je pars cette année ;
Mais reviendrai-je comme toi ?

Qu'ils soient l'amour d'un autre maître,
Ces pêchers dont j'ouvris les bras !
Leurs fruits verts, je les ai vus naître ;
Rougir je ne les verrai pas.
J'ai vu des bosquets que je quitte
Sous l'été les roses mourir ;
J'y vois planter la marguerite :
Je ne l'y verrai pas fleurir.

Ainsi tout passe, et l'on délaisse
Les lieux où l'on s'est répété :
« Ici luira sur ma vieillesse
« L'azur de son dernier été. »
Heureux, quand on les abandonne,
Si l'on part, en se comptant tous,
Si l'on part sans laisser personne
Sous l'herbe qui n'est plus à vous.

Adieu, prairie où sur la brune,
Lorsque tout dort, jusqu'aux roseaux,
J'entendais rire au clair de lune
Les lutins des bois et des eaux,

Qui, sous ses clartés taciturnes,
Du trône disputant l'honneur,
Se livraient des assauts nocturnes
Autour des meules du faneur.

Adieu, mystérieux ombrage,
Sombre fraîcheur, calme inspirant;
Mère de Dieu, de qui l'image
Consacre ce vieux tronc mourant,
Où, quand son heure est arrivée,
Le passereau loin des larcins
Vient cacher sa jeune couvée
Dans les plis de tes voiles saints.

Adieu, chapelle qui protége
Le pauvre contre ses douleurs;
Avenue où, foulant la neige
De mes acacias en fleurs,
Lorsque le vent l'avait semée
Du haut de ses rameaux tremblants,
Je suivais quelque trace aimée,
Empreinte sur ses flocons blancs.

Adieu, flots, dont le cours tranquille,
Couvert de berceaux verdoyants,
A ma nacelle, d'île en île,
Ouvrait mille sentiers fuyants,
Quand, rêveuse, elle allait sans guide
Me perdre en suivant vos détours
Dans l'ombre d'un dédale humide
Où je me retrouvais toujours.

Adieu, chers témoins de ma peine,
Forêt, jardin, flots que j'aimais!
Adieu, ma fraîche Madeleine!
Madeleine, adieu pour jamais!

Je pars, il le faut, et je cède;
Mais le cœur me saigne en partant.
Qu'un plus riche qui te possède
Soit heureux où nous l'étions tant!

MÉLUSINE[1]

TRAGÉDIE EN CINQ ACTES.

[1] Quatre actes de cet ouvrage étaient entièrement terminés mais un acte et demi seulement était écrit.

ACTE PREMIER

(Une salle gothique. Quelques livres sont déposés sur des rayons, d'autres sur deux tables, ainsi que plusieurs instruments de science et d'art. On entend gronder un orage qui se rapproche par degrés.)

SCÈNE I.

GONTRAN, qui dort appuyé sur une des tables où une lampe brûle près de lui; MÉLUSINE.

MÉLUSINE, ouvrant avec précaution la porte du fond et apercevant Gontran.

Encor lui!... mais il dort. Oh! ce livre, ce livre,
Qu'un hasard favorable à mes regards le livre!
Pourquoi me l'arracher? avec quel cri d'effroi
Il s'est jeté, tout pâle, entre ce livre et moi!
Ses mains l'ont caché là.

(Elle s'avance vers la bibliothèque.)

Cherchons. Peine inutile!

(S'élançant pour saisir un volume sur la table qui fait face à celle où Gontran est endormi.)

Que vois-je? ô ciel!

(Elle l'ouvre.)

Eh! non : le Coran!

(Elle en ouvre un autre.)

L'Évangile !
Deux écrits qu'ici-bas on ne lit qu'à genoux.
Oui, l'un est vrai pour eux, et l'autre vrai pour nous ;
Mais rien sous le soleil n'est vrai pour tous les hommes.
Qu'est-ce donc que savoir ? C'est douter ; et nous sommes
Ramenés par le doute au besoin de savoir :
Cercle où tourne sans fin notre esprit sans pouvoir.
Mais ce livre...

(L'orage éclate avec violence.)

Est-ce moi que Jéhovah menace ?
Sur cette terre en deuil qui l'a vu face à face ?
En vain blanchit l'éclair ; de la mer Morte en vain
Les flots semblent bondir sous le courroux divin ;
La foudre en vain mugit ; qu'il soit sacré, profane,
Salutaire ou fatal, que du ciel il émane
Ou de... je le lirai.

GONTRAN, qui s'éveille à demi et s'adresse à un personnage qu'on ne voit pas.

Bruit importun ! pourquoi
Permets-tu que ce bruit arrive jusqu'à moi ?
Il me trouble.

MÉLUSINE.

Fuyons !... c'est faiblesse : il sommeille.
Quel manuscrit savant occupait donc sa veille ?
Serait-ce ?... Le voilà sous sa lampe entr'ouvert !
Approchons !... De ses bras le vélin est couvert.
Oh ! ce livre toujours trompera mon attente,
Et, le seul interdit, c'est le seul qui me tente.

GONTRAN, éveillé tout à fait et toujours au même personnage.

Esclave, encore un coup ! je prétends reposer :
Va dire de ma part aux vents de s'apaiser,
Au lac ressuscité qui franchit sa limite
De rentrer dans la tombe où dort son eau maudite ;

Dis au tonnerre enfin de se taire à ma voix.
Va; depuis quand faut-il que je parle deux fois?
Va, cours, vole!

MÉLUSINE, à part.

Quel est cet esclave invisible?

GONTRAN.

Je ne veux rien de lui, rien.qu'un sommeil paisible;
Je ne l'ai pas.

MÉLUSINE.

Gontran!

GONTRAN, se levant.

Vous, Mélusine, ici!
Qui vous donne le droit de me surprendre ainsi?

MÉLUSINE.

Je venais...

GONTRAN.

Vous veniez pour m'épier encore.

MÉLUSINE.

Souvent l'étude ici m'appelle avant l'aurore;
Et vous le permettez.

GONTRAN.

Pourquoi l'ai-je permis?
Personne, avant le jour, n'y doit plus être admis;
Pas même vous, sortez!

MÉLUSINE.

Cette ardeur de connaître
Dont je suis consumée, en moi qui l'a fait naître?

Vous, Gontran.

GONTRAN.

C'est ma faute, et seul j'ai fait le mal.
D'un fol attachement l'excès vous est fatal.
Mieux eût valu pour vous que mon indifférence
Eût laissé votre esprit vieillir dans l'ignorance.

(Avec plus de douceur.)

Obéissez.

MÉLUSINE, qui fait un pas.

Je sors.

(Revenant.)

Mais à qui parliez-vous?

GONTRAN.

Quand?

MÉLUSINE.

Tout à l'heure.

GONTRAN.

Moi?

MÉLUSINE.

L'œil ardent de courroux.

GONTRAN.

Reste confus du trouble où le sommeil nous plonge!
On voit, les yeux ouverts, l'objet qu'on vit en songe.
Je rêvais.

MÉLUSINE.

Cependant l'ouragan s'est calmé;

Le lac dans sa torpeur retombe inanimé ;
Comme pour obéir, l'éclair meurt, et l'orage
S'enfuit silencieux dans les flancs du nuage.

GONTRAN.

Le hasard l'a voulu.

MÉLUSINE.

Non.

GONTRAN.

Quoi ! les éléments,
Vous les croyez soumis à mes commandements ?
Pouvez-vous le penser ? vous !

MÉLUSINE.

Qui sait ?

GONTRAN.

Vous, si fière
D'avoir de tant d'erreurs secoué la poussière !
Quelle pitié ! Laissez les vulgaires esprits
Croire à ce merveilleux dont ils sont tous épris.
Que souvent d'un hasard l'homme fait un miracle !...
Mais ce hasard aussi dément plus d'un oracle :
Lusignan sur ces bords fut l'exemple vivant
Des maux que nous prépare un espoir décevant.
Tenté par l'avenir, il quitta sa patrie :
Son sang devait, dit-on, régner sur la Syrie ;
Et, comme votre mère, attachée à son sort,
En y cherchant un sceptre il y trouva la mort.

MÉLUSINE.

Son sang bat dans mon cœur, Gontran.

GONTRAN.

Vous êtes vaine :

S'il n'a pas été roi, vous pouvez être reine;
C'est là votre pensée; eh bien, craignez l'orgueil :
Un pur esprit du ciel périt sur cet écueil,
Où l'écrasa de Dieu la main victorieuse.

MÉLUSINE.

C'est sous Dieu qu'il tomba, sa chute est glorieuse.

GONTRAN.

Superbe, courbez-vous, et ne me forcez pas
A maudire cette heure où le double trépas
Que j'ai longtemps pleuré vous laissa sans famille.
Lusignan m'était cher, et j'adoptai sa fille.
Si j'ai trop tôt mûri votre jeune raison,
Au lieu de m'en punir rejetez le poison
Qui, pour vous égarer, dans votre sein fermente.
Imitez votre sœur : aucun soin ne tourmente
Le repos de ses nuits, le calme de ses jours;
Mathilde est plus heureuse, et le sera toujours.

MÉLUSINE.

Que cinq ans entre nous mettent de différence!
Son cœur naïf s'endort dans sa sainte espérance,
Dans la paix qui l'attend à l'ombre de l'autel,
Sous le pieux bandeau des filles du Carmel;
Mais, moi, depuis un temps je me sens orpheline :
Vous ne refusiez rien naguère à Mélusine.

GONTRAN.

Quel vœu formez-vous donc qui ne soit satisfait?

MÉLUSINE.

Il en est un...

GONTRAN.

Parlez.

MÉLUSINE.

C'est démence; en effet,
Vous me direz, Gontran, que c'est pure démence
D'aspirer ici-bas à ce pouvoir immense.
Pourtant, le front penché vers mon lit de douleurs,
Quand ma sœur me pleura, je riais sous ses pleurs;
Dans le sommeil fiévreux de ma lente agonie,
Je riais, je rêvais cette joie infinie
De commander aux flots, de gouverner les airs;
J'avais pour messagers les vents et les éclairs,
Les astres pour sujets, l'univers pour domaine,
Et voyais, en soufflant sur la grandeur humaine
Tout s'abaisser d'effroi devant ma volonté.
Oui, j'ai de ce pouvoir rêvé l'immensité.

GONTRAN.

Hélas! qu'en feriez-vous?

MÉLUSINE.

Moi, lorsque le prophète,
Qui nous veut des lieux saints disputer la conquête,
Vient venger sur nos preux campés dans ce vallon
Sa honte encor saignante aux sables d'Ascalon,
Je pourrais à leurs coups attacher la victoire;
N'est-ce rien?

GONTRAN.

Dieu lui seul peut dispenser la gloire.

MÉLUSINE.

Quand ils doivent demain, ces vengeurs de la croix,
Donner un successeur à leurs deux premiers rois,
Quand de Jérusalem la couronne flottante
Fait battre tant de cœurs d'une jalouse attente,
Dire à cette couronne, objet de mille vœux :

« Au front de ce héros tombe, car je le veux! »
N'est-ce donc rien?

GONTRAN.

Quel est ce héros?

MÉLUSINE.

Le plus digne.

GONTRAN.

S'il est vrai, Dieu d'avance à leur choix le désigne.
Cet empire absolu dont il use à son gré
N'existe que pour lui.

MÉLUSINE, s'élançant vers le livre ouvert sur la table.

Gontran, je le saurai.

GONTRAN, lui reprenant le livre qu'elle a saisi.

Sacrilége, arrêtez! Quoi, malgré ma défense!
Quoi, pour tant de bienfaits voilà ma récompense!

MÉLUSINE.

Vos bienfaits! où sont-ils? que m'avez-vous appris?
L'ordre des temps, le sens d'un vain amas d'écrits,
Les mouvements des cieux et la vertu des plantes!
Quels bienfaits! J'ai calmé des tortures brûlantes;
J'ai guéri bien des maux, et je ne puis guérir
Un mal dont vos bienfaits me laisseront mourir.

GONTRAN.

Garde-toi d'accuser l'ami qui te résiste :
Non, ce pouvoir n'est pas, ma fille; ou, s'il existe,
Sans borne, il est sans frein dans un être borné.
Aveugle et tout-puissant cet être infortuné,
Dont s'exerce à tâtons la volonté suprême,
Marche, fatal à tous comme il l'est à lui-même,

Pour arriver un jour, las des maux qu'il a faits,
De douleurs en douleurs, de forfaits en forfaits,
A pousser vers le ciel ce cri : Je désespère!
Devant cet avenir recule et crois ton père,
Qui, pâle de terreur, contre toi te défend.
Ce pouvoir, c'est le fer dans les mains d'un enfant;
C'est le feu ; c'est le fruit dont l'arbre de Sodome
A notre bouche avide offre le doux fantôme :
Vermeil, il brille aux yeux des plus beaux dons du ciel ;
Au goût, ce fruit de mort n'est que cendre et que fiel.

MÉLUSINE.

On vient, Gontran!

SCÈNE II.

LES PRÉCÉDENTS, MATHILDE.

MATHILDE, à Mélusine.

   C'est vous ! mes terreurs m'ont trompée;
D'une pensée horrible en m'éveillant frappée,
Près d'un abîme ouvert je vous voyais, ma sœur.

GONTRAN.

Ce désordre du ciel a troublé votre cœur.

MÉLUSINE.

Quelle faiblesse, enfant!

MATHILDE.

     Lorsque la foudre gronde,
Calme, vous souriez.

MÉLUSINE.

   Toi, tu frémis.

MATHILDE.

Au monde
Pour toujours, comme moi, quand on va dire adieu,
On entend dans ce bruit la grande voix de Dieu.
Son nom, mon seul recours, s'échappa de ma bouche;
Sous le rameau bénit qui protége ma couche,
Mouillant mon front d'eau sainte et pliant les genoux,
Je priai, chère sœur, non pour moi, mais pour vous;
Pour vous aussi, Gontran, pour la nature entière;
Et le calme sembla renaître à ma prière.

MÉLUSINE, à part.

A sa prière!

MATHILDE.

Hélas! disais-je, il est minuit;
Baudouin sous l'eau du ciel s'égare dans la nuit.
A-t-il même un rocher pour abriter sa tête?
Ne permets pas du moins, mon Dieu, que la tempête
Au cimeterre unie abatte les chrétiens :
Fais qu'ils n'aient au désert d'ennemis que les tiens!

MÉLUSINE, bas à Gontran.

Je vous sais gré, Gontran, d'avoir calmé l'orage.

GONTRAN, à Mélusine.

Encor!

MÉLUSINE.

Que fait Baudouin? où va de son courage
S'exposer loin du camp l'aventureuse ardeur,
En poursuivant la gloire au prix de la grandeur?

GONTRAN.

Comment donc?

MÉLUSINE.

Ce château qui du milieu des sables
A surgi tout à coup...

GONTRAN.

Vous croyez à ces fables?

MATHILDE.

Nous croyons que, bâti par les esprits du ciel,
Il fut gardé par eux ; le soldat d'Ismaël
Ne put, même en passant, y planter sa bannière,
Et de ses pieds jamais n'y laissa la poussière.
Quel miracle, Gontran!

GONTRAN.

Ce miracle, il est dû...

MÉLUSINE, vivement.

A vous.

GONTRAN.

Comme aux guerriers qui l'ont bien défendu.
L'Arabe aime à conter, laissons là les merveilles
Dont, les deux bras croisés, il amuse ses veilles.

MÉLUSINE.

Mais enfin, seuls debout dans des champs désolés,
Ces murs verront demain nos barons rassemblés.
Si Baudouin est absent de ce conseil auguste,
Qui défendra la cause à mes yeux la plus juste,
La sienne?

GONTRAN.

Voilà donc ce héros sans rival?

MÉLUSINE.

Il a mille rivaux, mais il n'a point d'égal.

GONTRAN.

Quoi! pas même Raymond, pas même ce Tancrède
Qui s'est fait de sa gloire un titre à qui tout cède ;
Tancrède, ce géant de l'étendard sacré,
Qu'on voit déjà vainqueur quand il dit : Je vaincrai ;
Qui n'a marqué ses pas que par des funérailles ;
Qui sauta le premier sur les saintes murailles ;
Que jamais sous le ciel, au champ comme aux tournois,
Musulman ni chrétien n'a combattu deux fois.

MÉLUSINE.

Tant de hauts faits, Gontran, vivent dans ma mémoire ;
Mais, plus jeune, Baudouin n'est pas moins vieux de gloi
Et, du roi par son sang légitime héritier,
Éclipse de son nom l'Occident tout entier.

MATHILDE.

Ah! que me font, à moi, ces rivaux dans les armes?

(Montrant Mélusine.)

Quand sur ce pâle front je versai tant de larmes,
Un seul cœur, vous absent, comprit mon désespoir :
Ce fut le sien. Ses droits au souverain pouvoir,
D'autres dans le conseil en seront les arbitres ;
Mais aux vœux des deux sœurs il a du moins des titres.

GONTRAN.

Et j'approuve des vœux si désintéressés.

(A Mélusine.)

Lui seul de tant d'amants par vos dédains chassés,
Il resta votre ami sur ce triste rivage,

Quand il eut vu comme eux repousser son hommage.

MÉLUSINE.

Vous lui devez appui.

GONTRAN.

De moi n'attendez rien :
Je sais qu'on fait le mal même en voulant le bien.
Aurait-il, après tout, la voix de votre père?
De Lusignan jadis Tancrède fut le frère,
Lui fit contre la mort un rempart de son bras :
Pourrions-nous l'oublier sans être des ingrats?

MATHILDE.

Non.

GONTRAN.

D'ailleurs, peu jaloux d'avoir la préférence,
Baudouin voit la couronne avec indifférence;
Vers l'Europe, où bientôt il reviendra vainqueur,
Il tourne avec regret ses regards et son cœur.

MÉLUSINE.

Il vous le dit.

MATHILDE.

Ma sœur, l'Europe est donc bien belle.

MÉLUSINE.

Je ne la vis qu'enfant, et ne sens rien pour elle.
Je commençai de vivre au temps où sur ces bords
La science à mes yeux dévoila ses trésors.

MATHILDE.

Comment ne rien sentir pour l'heureux ciel de France?
Un souvenir si doux s'attache à notre enfance

GONTRAN.

C'est plus tard, c'est à l'âge où l'on craint l'avenir,
Qu'on se reprend d'amour pour ce doux souvenir.
Embelli par le temps, plus il fuit, plus on l'aime.

(A Mélusine.)

J'ai pensé comme vous; et, m'abusant moi-même,
Le bonheur de savoir, qui devait m'enivrer,
M'a laissé le regret de ne plus ignorer.
O riante ignorance, ô fraîcheur de la vie!
De nos premiers beaux jours ô fleur trop tôt ravie!
Jeune, on te foule aux pieds, et ton parfum pour nous
Sur le bord de la tombe est le seul qui soit doux.

MATHILDE.

Au midi de vos ans n'en pleurez pas l'aurore :
Tel je vous vis, Gontran, tel je vous vois encore;
Les ans sur votre front passent sans le toucher,
Et le temps pour vous seul semble ne pas marcher.

MÉLUSINE.

C'est vrai; lorsqu'ici-bas tout décline et tout change,
Par quel art merveilleux, par quel secret...

(Le son du cor retentit à la porte du château.)

GONTRAN.

Qu'entends-je?

MATHILDE.

Un pèlerin.

(Le même son se répète deux fois encore.)

GONTRAN.

Si tard!

MATHILDE.

Peut-être un chevalier;
Pour lui, comme pour tous, soyez hospitalier.

GONTRAN.

Oui, Mathilde.

MÉLUSINE, à part, en voyant Gontran prendre le livre.

Il l'emporte!

GONTRAN, de même, après l'avoir regardée un moment.

O justice éternelle!
L'esprit qui fut en moi, je le retrouve en elle.

(Il sort.)

SCÈNE III.

MÉLUSINE, MATHILDE.

MÉLUSINE.

Mathilde, il pleurait donc?

MATHILDE.

Qui?

MÉLUSINE.

Baudouin. Sur mon sort
Il pleurait devant toi?

MATHILDE.

Je vous l'ai dit.

MÉLUSINE.

Ma mort

Eût fait son désespoir?

MATHILDE.

Comme le mien.

MÉLUSINE.

Peut-être
Il était moins touché qu'il ne feignait de l'être.

MATHILDE.

A lui parler de vous, je m'oubliais ici,
Et je sais qu'à m'entendre il s'oubliait aussi.

MÉLUSINE.

S'imposait-il souvent ce long pèlerinage?

MATHILDE.

Il ne s'en lassait point.

MÉLUSINE.

Quel était son langage?

MATHILDE.

Triste.

MÉLUSINE.

Mais n'exprimant rien que de l'amitié?

MATHILDE.

Pour son amour, ma sœur, vous fûtes sans pitié.

MÉLUSINE.

Rien qu'une amitié froide?

MATHILDE.

Oh, non! de ses alarmes

J'ai vu l'émotion se trahir par des larmes.
Et s'attachant sur moi, mais ne voyant que vous,
Ses humides regards brillaient d'un feu si doux
Qu'en vain il me célait le mal qui le dévore ;
Je sentais que d'amour il vous aimait encore.

MÉLUSINE.

Toi, Mathilde ?

MATHILDE.

Pourquoi serait-il revenu ?
Quel charme douloureux l'eût ici retenu ?
Je le sentais, vous dis-je ; et comment m'y méprendre ?
Sa voix avait alors je ne sais quoi de tendre
Que la vôtre pour moi n'a pas dans sa douceur ;
Et pourtant vous m'aimez d'une amitié de sœur,
De mère ; et quand mon nom tombe de votre bouche,
Vous avez à le dire un charme qui me touche.

MÉLUSINE.

Cet amour sans espoir, il n'a pu l'étouffer !

MATHILDE.

Eh quoi ! de ses tourments je vous vois triompher.

MÉLUSINE.

Mathilde, ce plaisir, tu ne peux le comprendre :
Peut-être il est cruel ; mais c'en est un d'apprendre
Que le cœur d'un héros qui s'est vu mépriser
Se débat dans ses nœuds sans pouvoir les briser,
Forme mille projets de secouer sa chaîne,
Et revient plus esclave à l'amour par la haine,
Trouve un charme à sa honte, et, vaincu, désarmé,
Fait gloire enfin du joug dont il est opprimé.
Noble amour en effet pour l'objet qui l'inspire !
Et, rangé malgré lui sous un si dur empire,

Plus il est grand, ce cœur à souffrir obstiné,
Plus on est fière, enfant, de l'avoir dominé.

MATHILDE.

Dieu vous créa, ma sœur, pour le pouvoir suprême:
Moi, pour l'obéissance; elle est ma vie, et j'aime
Que la raison d'autrui, que l'âge ou le savoir
M'épargnent doucement jusqu'au soin de vouloir.
J'aime à courber mon front sous la grandeur divine;
Sous votre autorité sans effort je m'incline,
Et me plais à sentir, en la prenant pour loi,
Par combien d'heureux dons vous l'emportez sur moi.

MÉLUSINE.

O ma sœur, ô ma fille! ainsi du vœu sublime
Qui t'enchaîne à l'autel tu n'es donc pas victime?

MATHILDE.

Vous sauver à ce prix était-ce m'immoler?
Au Dieu dont j'entendais la voix vous appeler,
Je dis: « Rends-moi ma sœur, à toi je m'abandonne. »
Il m'a donné vos jours; les miens, je les lui donne:
Notre saint patriarche a reçu mon serment.

MÉLUSINE.

Pourtant, malgré ton vœu je mourais lentement.

MATHILDE.

Hélas!

MÉLUSINE.

Lorsque Gontran revint d'un long voyage...

MATHILDE.

Comme s'il eût pour loi d'accomplir mon ouvrage,
Tandis que je priais, vers vous il accourut;

Il souffla sur le mal, et le mal disparut :
Dieu me l'avait promis.

MÉLUSINE.

Et Dieu tint sa promesse ;
Mais si ton vœu te coûte un soupir de tristesse...

MATHILDE.

Le trahir, moi ! jamais. Je croirais voir encor
Votre âme vers le ciel prête à prendre l'essor.
Jamais !

MÉLUSINE, en la baisant sur le front.

Va reposer.

MATHILDE.

Non, près de vous je reste.

MÉLUSINE, regardant par la fenêtre qu'elle a ouverte.

As-tu peur ?

MATHILDE.

Pas ici. Sur la voûte céleste,
Que cherchez-vous, ma sœur ?

MÉLUSINE.

L'avenir.

MATHILDE.

Et les cieux
En peuvent révéler le mystère à nos yeux ?
Nos destins sont écrits sur le front des étoiles ?

MÉLUSINE.

Pour qui de la nature a su percer les voiles,
Sans doute pour Gontran.

MATHILDE.

Cherchez à deviner,
Tandis que sous mes doigts ces fuseaux vont tourner.
Dites-moi si Baudouin sera roi de Syrie.

MÉLUSINE.

Comment ne pas t'aimer avec idolâtrie?
Être modeste et bon, tu ne vis plus pour toi :
Si je forme un désir, tu le sais avant moi.
Tu vois que de Baudouin la grandeur m'intéresse ;
La première de lui tu me parles sans cesse.
J'aime à t'entretenir des lois de l'univers,
Et, ton front sur ta main, tes deux grands yeux ouverts,
Tu m'écoutes si bien...

MATHILDE.

Que j'ai l'air de comprendre.

MÉLUSINE.

Tu le fais pour me plaire et non pas pour apprendre ;
Mais combien mon plaisir te doit coûter d'ennui!
Désormais...

MATHILDE, apercevant Baudouin, qui entre.

Se peut-il?

MÉLUSINE.

Qu'as-tu donc?

MATHILDE.

Lui! c'est lui.

MÉLUSINE.

Baudouin!

SCÈNE IV.

LES MÊMES, BAUDOUIN.

MATHILDE, s'élançant à sa rencontre.

Blessé, peut-être?

MÉLUSINE.

En vainqueur, j'en suis sûre!

BAUDOUIN, à Mélusine.

Avec l'aide de Dieu, vainqueur,

(A Mathilde.)

Et sans blessure.

MATHILDE.

Le fer de l'infidèle épargna votre sang!

MÉLUSINE.

Quels remparts sont par vous enlevés au Croissant?

BAUDOUIN.

Dieu n'en a pas laissé sur ces plages stériles,
Du jour que son haleine y consuma cinq villes;
Mais aux murs de Damas conduits par Nourredin,
Des chrétiens prisonniers côtoyaient le Jourdain;
Je l'apprends et je pars : près du fleuve on arrive;
Ceux qu'on croyait surprendre endormis sur la rive,
On les trouve debout : d'un combat inégal
Les miens, cent contre mille, attendent le signal.
Il est donné; la mort frappe avec eux dans l'ombre,
Et leur courage enfin l'emporte sur le nombre.

MATHILDE.

On dirait que vous seul n'avez pas combattu.

BAUDOUIN.

Le martyre a des uns couronné la vertu,
D'autres sont rapportés à travers les ténèbres
Sur les drapeaux captifs, qu'ils ont pour lits funèbres.

(A Mélusine.)

Je les ai devancés, noble dame, et j'accours
De vos secrets pour eux implorer les secours ;
Sauvez-les, et rendez à la vie, à la gloire
Ces débris expirants d'une sainte victoire.

MÉLUSINE.

Qu'ils viennent ! à mes soins vos amis ont des droits,
Comme vous au bandeau qui ceint le front des rois.
La voix de vos égaux dont le conseil prononce,
Cet exploit vous l'assure, il vous nomme, il annonce
Que dans Jérusalem demain vous régnerez
Sur des sujets par vous vainqueurs ou délivrés.

BAUDOUIN, à Mathilde.

Quoi ! vous nous fuyez ?

MATHILDE, qui s'assied devant son ouvrage.

Non ; en travaillant j'écoute.
Mon avis, chevalier, vous touche peu sans doute
Sur ce grave sujet.

BAUDOUIN.

Le croyez-vous ?

MÉLUSINE.

Demain

Le sceptre que leur vœu mettra dans votre main
Devancera la Croix, et, marchant à leur tête,
Fera trembler l'Arabe et pâlir son prophète.

BAUDOUIN.

Si devant les barons le droit du sang fait loi,
Du roi le frère absent doit succéder au roi.

MÉLUSINE.

Lorsqu'il est par les mers séparé du royaume,
Le choisir, c'est, Baudouin, couronner un fantôme.

BAUDOUIN.

Si la gloire décide, est-il un droit plus grand
Que le nom de Tancrède à cet illustre rang?

MÉLUSINE.

Pourquoi, trop ébloui de la gloire d'un autre,
Quand vous citez son nom, oubliez-vous le vôtre?

BAUDOUIN.

Puissé-je m'en faire un! mais, pour y parvenir,
Il suffit d'une épée à qui sait la tenir.
Aux cendres de nos rois, à leur gloire guerrière,
Sans sceptre, on peut mêler sa gloire et sa poussière;
Lusignan dort près d'eux dans l'immortalité;
Et leur puissance enfin ne m'a jamais tenté.
Elle n'est, à mes yeux, qu'un illustre esclavage,
Puisqu'elle enchaînerait mes jours sur ce rivage.

MÉLUSINE.

Vous aimez mieux partir que régner?

BAUDOUIN.

J'aime mieux
Revenir au manoir où dorment mes aïeux,

Et, las de tout, j'espère, en y cachant ma vie,
Y retrouver la paix que ces bords m'ont ravie.

MATHILDE.

Je verrai donc, Baudouin, des cimes du Carmel
Vos vaisseaux loin de nous fuir sous l'azur du ciel,
Et pour jamais!

BAUDOUIN.

Heureux, je sens que cette terre
M'aurait fait oublier mon fief héréditaire,
Les vieux arbres qu'enfant j'ai connus les premiers;
Mais le bonheur pour moi n'est pas sous ses palmiers.
Je hais son ciel d'airain, ses blancs sommets, l'arène
Où son fleuve épuisé comme à regret se traîne,
Et sens sur cette grève, où le Jourdain tarit,
Mon espoir se flétrir comme tout s'y flétrit.
Dans le désert parfois brille une eau mensongère
Aux yeux, qu'en les trompant sa fraîcheur désaltère;
Ainsi, lorsque mes yeux dévorent l'horizon,
Le manoir paternel, son antique blason,
Sa croix où j'ai prié, ses créneaux, ses ombrages
M'apparaissent de loin fuyant sur les nuages.
Je les vois au couchant dans leur vol m'appeler,
Et voudrais vers l'Europe avec eux m'envoler;
Et je pars; mais partir est encore un supplice :
Puis-je, à travers les flots de cette onde où je glisse,
Dans cet air que je fends, puis-je emporter le bien
Qui seul est tout pour moi, sans lequel tout n'est rien,
Que doit rêver absent et pleurer ma faiblesse,
Elle enfin, et ce cœur qu'en partant je lui laisse?
Je me consume alors de regrets superflus;
Je hais le ciel natal; pour moi l'exil n'est plus
Sur la rive étrangère où je la vis si belle;
L'exil, c'est la patrie où je vivrai loin d'elle.

MÉLUSINE.

Pourquoi loin de ces bords voulez-vous l'entraîner?
Est-ce donc aussi doux que de l'y couronner?

BAUDOUIN.

Le puis-je?

MÉLUSINE.

Un roi peut tout.

BAUDOUIN.

Que n'est-il vrai!

MÉLUSINE.

Tout plie
Sous son autorité, qu'il commande ou supplie.

BAUDOUIN.

Je supplîrais.

MÉLUSINE.

En roi qu'on ne peut refuser.

BAUDOUIN.

Et je verrais l'obstacle à mes yeux se briser?

MÉLUSINE.

Il n'est point pour un roi d'obstacle insurmontable.

BAUDOUIN.

Oui, ce titre imposant me rend tout favorable,
Dieu même, et je l'ai vu d'un œil indifférent!
C'est mon droit, c'est mon bien; pour monter à ce rang
Il n'est point de danger que mon cœur ne défie.
Je suis ambitieux, et je m'en glorifie;

Je le suis par amour : je veux régner; je veux,
En leur donnant des lois, en triomphant pour eux,
M'emparer d'un trésor plus cher qu'un diadème,
Plus enivrant cent fois que la gloire elle-même,
Et, pour le conquérir puisqu'il faut être roi,
Je le serai : demain tout fléchira sous moi.

MÉLUSINE.

Régnez donc!

MATHILDE.

Mais Tancrède indigné!...

BAUDOUIN.

Qu'il s'indigne!
Qu'importe, si nos pairs me jugent le plus digne?
Que me font et sa brigue, et sa gloire, et son bras?
Je l'honore, Mathilde, et je ne le crains pas.
Je pouvais, par respect, dépouiller ma naissance,
Quand je ne lui cédais qu'une vaine puissance;
Mais immoler pour lui mon bonheur de mes mains!
Non, j'oppose à ses droits ceux de deux souverains,
Leur sang royal au sien, qu'il fait parler en maître;
J'oppose à ce qu'il fut... ce qu'un jour je dois être.
D'un passé qui vieillit, que peut le souvenir
Contre tous les dangers qu'enferme l'avenir?
Eh bien donc, qu'à son bras mon jeune bras succède :
Il a pour avenir le passé de Tancrède.

MÉLUSINE.

Dieu vous le doit, Baudouin; régnez : je reconnais
Le Godefroy nouveau qu'en vous je devinais.
Régnez : à vous le trône! à vous la renommée
Qui croît comme la palme au pays d'Idumée!
A vous les vœux de tous, leur suffrage et le mien!
Je donne ici l'exemple à l'Orient chrétien;

Et si cette âme enfin, qui pour vous fut si fière,
Vous a de son respect salué la première,
Croyez... Mais vos amis ne m'attendent-ils pas?
Puissé-je de leur couche écarter le trépas!
En vous quittant pour eux, je vous sers : à vos larmes
Ce n'est pas seulement rendre des frères d'armes;
C'est assurer des bras à vos nobles projets,
Baudouin; c'est à leur roi conserver des sujets.

(Elle sort.)

SCÈNE V.

BAUDOUIN, MATHILDE.

BAUDOUIN

Restez!

MATHILDE.

Que voulez-vous?

BAUDOUIN.

Si leur choix me la donne,
Savez-vous sur quel front je mettrai la couronne?

MATHILDE.

Un seul est à mes yeux digne de la porter;
Soyez heureux, Baudouin!

BAUDOUIN.

S'il la daigne accepter,
Je le suis.

MATHILDE.

Qu'à vos vœux ma sœur soit moins rebelle!

BAUDOUIN.

Par elle dédaigné, je ne fais rien pour elle.

MATHILDE.

Qu'entends-je?

BAUDOUIN.

Dans ce cœur, que blessa son mépris,
Une autre règne.

MATHILDE.

O ciel!

BAUDOUIN.

Dans ces yeux attendris
Qu'enflammaient les éclairs d'une muette ivresse,
Une autre répandait la joie ou la tristesse :
C'est vous!

MATHILDE.

Moi!

BAUDOUIN.

Vous. L'amour que j'ai dû vous céler
A pris dans son espoir la force de parler.

MATHILDE.

Malgré mon vœu, Baudouin?

BAUDOUIN.

A ma voix souveraine,
Un mot du patriarche en va rompre la chaîne.

MATHILDE.

Dieu vous entend.

BAUDOUIN.

Que Dieu me voie à vos genoux.

MATHILDE.

Vous l'outragez.

BAUDOUIN.

Je n'aime et n'aimerai que vous.

MATHILDE.

Union sacrilége!

BAUDOUIN.

Elle deviendra sainte.
Mathilde, suis-je aimé?

MATHILDE.

De surprise et de crainte
Je tremble.

BAUDOUIN.

Cette main, qu'elle se donne à moi...

MATHILDE.

Non.

BAUDOUIN.

Aujourd'hui...

MATHILDE.

Fuyez!

BAUDOUIN.

Demain je serai roi
Pour l'obtenir de Dieu.

MATHILDE, qui tombe sur un siége.

Je me soutiens à peine ;
Fuyez.

BAUDOUIN, en s'élançant pour sortir.

Je serai roi, pour que vous soyez reine !

ACTE DEUXIÈME

(Même décoration.)

SCÈNE I.

GONTRAN, MÉLUSINE.

GONTRAN, qui entre vivement, à Mélusine.

Laissez-moi !

MÉLUSINE.

Je vous suis.

GONTRAN.

N'insistez plus.

MÉLUSINE.

Parlez.

GONTRAN.

Aux regards des humains ces secrets sont voilés.

MÉLUSINE.

Ils sont connus de vous; faites-les-moi connaître.

GONTRAN.

Jamais!

MÉLUSINE.

Vous pouvez tout.

GONTRAN.

Je ne puis rien.

MÉLUSINE.

En maître
Vous commandez, Gontran, aux éléments soumis.

GONTRAN.

Erreur

MÉLUSINE.

Que ce pouvoir me soit par vous transmis,
Baudouin règne.

GONTRAN.

Encor lui! j'étais loin de m'attendre
Qu'il dût vous inspirer un intérêt si tendre,
Lui qui par vos dédains ne fut pas épargné.

MÉLUSINE.

Peut-être je l'aimais quand je l'ai dédaigné.

GONTRAN.

Vous l'aimiez! ô néant de la science humaine,
Et que la mienne alors doit vous paraître vaine!
Je sais tout, je puis tout, Mélusine! et ne puis

Lire au cœur d'un enfant, tout-puissant que je suis.

MÉLUSINE.

Comment lire en mon cœur ? Je l'ignorais moi-même ;
Mais le voile est tombé : je me connais, je l'aime ;
Je l'aime, et d'un amour égal en son excès
A l'empire inhumain que sur lui j'exerçais.
A travers mes rigueurs ses yeux me trouvaient belle ;
Il m'excusait injuste ; il m'adorait rebelle ;
Il souffrait de mes maux ; il mourait de ma mort.
Aujourd'hui le soleil lui pesait sur ce bord :
Il partait, et d'un mot sur ce bord je l'enchaîne.
Je veux qu'à son dégoût d'une grandeur prochaine
L'ambition succède, et son cœur palpitant
D'ambitieux désirs s'émeut en m'écoutant.
Il pense, il sent par moi, c'est pour moi qu'il respire ;
Et je rougirais, moi, de l'amour qu'il m'inspire !
J'en suis fière : puissance, honneurs, félicité,
Baudouin me devra tout. Ah ! que la vérité
Dans son jour formidable à moi se manifeste,
Et, prenant pour ma part la royauté céleste,
Qu'à pleines mains sur lui je puisse accumuler
Les terrestres grandeurs dont je veux l'accabler.

GONTRAN.

Si j'avais ce pouvoir, l'auteur de la nature
Au rang du créateur mettrait sa créature.

MÉLUSINE.

Il suffit de vouloir pour s'égaler à lui,
Et d'oser.

GONTRAN.

A vos yeux quel jour trompeur a lui !

MÉLUSINE.

C'est un rayon du ciel.

GONTRAN.

Un reflet de l'abîme.

MÉLUSINE.

Dût-il en l'éclairant consumer la victime,
Qu'il inonde une fois mes regards enchantés!
Je veux noyer mon âme aux flots de ses clartés,
Pénétrer de leurs feux ma substance immortelle.
La parole magique, ô Gontran, quelle est-elle?
Je la dis; je verrai de l'œil dont je vous vois
D'impalpables esprits, désertant à ma voix
Les profondeurs du ciel, de l'onde et de la terre,
Des sépulcres béants m'expliquer le mystère,
Et soumettre à mes lois, comme aux arrêts du sort,
La matière, l'espace, et la vie et la mort.
Mais parlez! que leur foule à mon ordre obéisse,
Du livre défendu que la clarté jaillisse,
Ou, dans l'ombre, au milieu d'un cercle d'ossements,
J'irai tenter sans vous de noirs enchantements,
Jeter aux vents des nuits des formules terribles,
Évoquer par leurs noms les êtres invisibles,
Tous, jusqu'à lui...

GONTRAN.

Qui donc?

MÉLUSINE.

J'oserai le nommer;
Et, si nul ne répond, je sais l'art d'exprimer
Des pavots d'Orient un suc mortel qui glace.
Vous me l'avez appris, et je vous en rends grâce :
Je pourrai, grâce à vous, tarir en un moment

L'inextinguible soif dont je meurs lentement.

GONTRAN.

Mais ce pouvoir fatal, sais-tu ce qu'il nous coûte?

MÉLUSINE, vivement.

Il existe donc?

GONTRAN.

Oui, pour notre perte. Écoute.

MÉLUSINE, avec un transport de joie.

Il existe!

GONTRAN.

A ma voix puisse t'épouvanter
La profondeur du gouffre où tu veux te jeter!
Puisse, au penchant du crime où tu cours sur ma trace,
L'exemple d'un maudit consterner ton audace!

MÉLUSINE.

D'un maudit!

GONTRAN.

Moi, c'est moi.

MÉLUSINE.

Vous!

GONTRAN.

Je connais celui
Que tu veux évoquer.

MÉLUSINE.

Eh bien?

GONTRAN.

Je suis à lui.

MÉLUSINE.

A cet ange intrépide?

GONTRAN.

A cet esprit immonde.

MÉLUSINE.

Il vous a tout donné?

GONTRAN.

Tout vendu.

MÉLUSINE.

Dans ce monde
Le pouvoir de tout faire?

GONTRAN.

En abusant de tout.

MÉLUSINE.

D'être partout présent?

GONTRAN.

Et malheureux partout.

MÉLUSINE.

Un siècle entier de règne?

GONTRAN.

Un siècle entier qui passe
Devant l'éternité n'est qu'un point dans l'espace.
Mais j'aspirais au mal ; mais, le pacte signé,

J'ai dit dans mon orgueil : Je règne !... Ai-je régné ?
Pouvais-je dépouiller ma nature première ?
Quoique Dieu, toujours homme; en cherchant la lumière
Au foyer de la vie, aux sources du savoir,
Je montais pour tomber, je m'aveuglais pour voir.
Jouet du bras d'airain qui me sert et m'opprime,
Je voulais la vertu, j'accomplissais le crime,
Le crime sans danger, le crime sans plaisir :
Quel plaisir goûte un cœur qui n'a plus de désir ?
Et quel dégoût de soi fut jamais comparable
En tristesse, en horreur, au sort d'un misérable
Qui peut tout ici-bas, et se sent dévorer
Par l'incurable ennui de ne rien désirer ?

MÉLUSINE.

Mais vous n'aimiez donc pas ?

GONTRAN.

               Trahi dans ma tendresse,
Le meurtre ensanglanta cette main vengeresse,
Et le fer... Mais que dis-je ? en avais-je besoin ?
Un signe de mes yeux assassinait de loin;
Ma fille, je pouvais tuer par la pensée,
Et, jaloux, je l'ai fait dans ma rage insensée,
Oui, de l'objet aimé la mort prenait les jours,
Et moi qu'elle épargnait, moi, j'avançais toujours
Sur ma route déserte, et voyais en arrière
S'amonceler des miens l'insensible poussière.
Parmi des inconnus, seul avec mes remords,
J'errais, las des vivants et plus froid que les morts,
Quand de cette vallée à la vie interdite,
Triste comme mon cœur et comme moi maudite,
L'aspect désespérant rit à mon désespoir.
Mon souffle de ces rocs fit sortir ce manoir;
Plus tard je t'y connus; ce que mon espérance
S'était en vain promis de ma toute-puissance,

Enfant, je le trouvai dans tes premiers accents,
Ton sourire ingénu, tes regards innocents,
Et sentis de mon cœur s'apaiser la torture
Quand je revins soumis aux lois de ma nature.
Mais avais-je en ce monde épuisé les douleurs?
Non; tu veux me quitter; tu veux mourir, tu meurs.
Toi, ma fille! elle aussi! tu veux que sur la terre
Une dernière fois je reste solitaire,
Pour dire en survivant à tout ce que j'aimais :
« Je souffrirai toujours, je n'aimerai jamais! »
Ou, si je satisfais la soif qui te dévore,
Dans l'abîme sans fond, dans la nuit sans aurore,
Un vain règne d'un jour, un siècle d'un instant
Te jettera damnée au maître qui m'attend.

MÉLUSINE.

Mais pour que ce sujet en maître vous réclame,
Qu'a-t-il donc exigé dans son pacte?

GONTRAN.

Mon âme.

MÉLUSINE.

Au lieu de vous soumettre, il fallait commander,
Tout obtenir de lui sans lui rien accorder.

GONTRAN.

D'abord je l'ai voulu; libre encore on le brave;
Puis on cède, et de roi je fus bientôt esclave.
Elle est à lui, cette âme; il n'a qu'à l'appeler,
De ce corps en poussière elle va s'envoler.
Voudra-t-il que pour moi, demain, le jour se lève,
Et ce jour qui me luit, voudra-t-il qu'il s'achève?
Je crois sentir son bras vers mon front s'allonger
Pour y graver son signe, et m'abattre, et changer
En des tourments sans fin ce reste d'existence.

Chaque heure que j'entends murmure ma sentence;
A chaque mot de toi qui me semble un adieu,
Mon cœur épouvanté se retourne vers Dieu;
Mais, s'il me pardonnait, Dieu serait sans mémoire;
J'invoque le néant, et je n'y puis pas croire.
Ah! prends pitié de toi, car c'est toi que je plains;
Les forfaits et les maux dont mes longs jours sont pleins,
Qu'avec moi pour jamais l'enfer les engloutisse!
Mais, toi, n'allume pas son ardente justice.
Par ces pleurs qu'en tremblant je verse à tes genoux,
Crains celui dont les yeux, dont les mains sont sur nous;
Prosterne devant Dieu ton orgueil, et, chrétienne,
Adoucis ma souffrance en m'épargnant la tienne.

MÉLUSINE.

Quels que soient les tourments qui suivront vos malheur
Je les accepterais... et me rends à vos pleurs.

GONTRAN.

Ma fille!

MÉLUSINE.

  Je vaincrai son esprit qui m'obsède;
Mais vous...

GONTRAN.

  Quelqu'un s'approche; ah, tais-toi!

MÉLUSINE.

      C'est Tancrède.

SCÈNE II.

LES PRÉCÉDENTS, TANCRÈDE.

TANCRÈDE.

Mélusine, salut! Gontran, salut à vous!
Tancrède en vous parlant tremble encor de courroux!
J'ai conquis cette terre et je l'ai défendue :
Trouvez-vous qu'à mon front la royauté soit due?

MÉLUSINE.

Je suis femme, seigneur, et, pour vous couronner,
Je n'ai pas au conseil de suffrage à donner.

GONTRAN.

Aux intérêts humains pour jamais je renonce;
Qu'un plus sage que moi sur ces débats prononce.

TANCRÈDE, à Gontran et à Mélusine.

Que vous soyez ou non juges de ces débats,
Vous qui foulez en paix la terre où je combats,
Croisez en paix vos mains sur la pierre sacrée
Des chaînes d'Ismaël par mes mains délivrée,
Vous savez qui je suis, et vous devez savoir
Que, si j'eus des rivaux, j'ai cessé d'en avoir.
Ils dorment; l'olivier couvre de son ombrage
Mes égaux par le nom, mes pairs par le courage;
Près du tombeau divin qu'ils vengeaient avec moi,
Ils dorment, ces martyrs ; mais chacun d'eux fut roi.
Je veux l'être à mon tour : suis-je digne de l'être?
En disant : « Je le crois ! » je parais fier peut-être;
Je le dis : les travaux qui m'ont rendu fameux
Parlent haut pour ma cause, et je parle comme eux.

GONTRAN.

C'est au ciel d'Orient contester sa lumière,
Que nier sur ce bord votre gloire guerrière.

TANCRÈDE.

Et n'est-ce pas, Gontran, la nier en effet
Sous les feux de ce ciel, qui sait ce que j'ai fait,
Insulter aux exploits que son soleil éclaire,
Que de m'en disputer un si juste salaire ?
Baudouin l'ose pourtant, Baudouin qui tant de fois
Devant les miens sans honte humilia ses droits.
Il se laisse aujourd'hui surprendre à leur prestige.
Je ne sais quel succès l'a frappé de vertige,
Succès dont à la nuit il doit une moitié,
Et l'autre au dévoûment d'une noble amitié.
N'importe, il s'en prévaut pour braver une gloire
Dont lui seul dans nos rangs a perdu la mémoire,
Pour jeter fièrement son nom sur mon chemin
Et réclamer un sceptre où j'ai porté la main.

MÉLUSINE.

. . . .
. . . .

TABLE[1]

Notice sur Casimir Delavigne.	3

DERNIERS CHANTS.

La Brigantine, ballade.	33
Pietro, ballade.	35
La Ballerine, poëme.	38
Chant I. — Nice.	38
II. — La Ballerine	41
La Grotte du Chien.	45
Memmo, poëme.	47
Chant I. — Le Chevrier.	47
II. — Adda.	50
III. — Les Présages.	53
IV. — La Mort du Bandit.	55
La Toilette de Constance, ballade.	60
Un Conclave, ballade.	62
Le Prêtre, poëme.	67
Chant I. — L'Enfant de chœur.	67
II. — Le jeune Prêtre.	71
III. — Le Vendredi saint.	75
IV. — La Veillée.	81
V. — Le Dernier Jour du Carnaval.	87
VI. — La Lettre.	97
VII. — Le Crime.	101
VIII. — La Place du Peuple.	105

[1] Les personnes qui désireront réunir en un volume LES MESSÉNIENNES et LES DERNIERS CHANTS devront se reporter, pour la table de ce premier ouvrage, à la fin des MESSÉNIENNES, qui forment la première partie des POÉSIES.

La Villa Adrienne.	110
La Fleur du Colisée.	112
Un Miracle, poëme.	114
Chant I. — Le Retour du bal.	114
II. — Les Limbes.	123
III. — Jésus-Christ dans les limbes. . .	127
IV. — Le Retour de l'église.	131
Une Étoile sur les lagunes.	136
Le Gondolier.	138
L'Ame du purgatoire.	139
La Vache perdue.	142
Le Passage du mont Saint-Bernard.	145
Épilogue.	148
Le Marronnier d'Élisa.	152
Adieu.	155
Mélusine, tragédie.	157

FIN DE LA TABLE.

Paris. — Imprimerie de P.-A. BOURDIER et Cie, rue Mazarine, 30.

www.ingramcontent.com/pod-product-compliance
Lightning Source LLC
Chambersburg PA
CBHW071113230426
43666CB00009B/1947